다이어트,
비콰이어트!

내 몸에 새로운 생각을 입혀라
다이어트, 비과이어트!

초판 1쇄 발행 2025년 3월 27일
지은이 김가영

발행인 이연선
발행처 재재책집

등록 제25100-2021-000105호 (2021년 12월 21일)

주소 서울 구로구 디지털로33길 11, 1006호 ㈜올댓컨텐츠
전화 070) 8825-0319
전자우편 zeze_bookzip@naver.com

디자인 이민선
인쇄·제작 영신사

© 김가영, 2025

값 19,000원
ISBN 979-11-986018-3-4 (93300)

※ 이 책은 저작권법에 따라 보호받는 저작물이므로 무단전재 및 복제를 금합니다.

---

* 이 저서는 2021년 대한민국 교육부와 한국연구재단의 지원을 받아 수행된 연구임(NRF-2021S1A5B5A16078570)
This work was supported by the Ministry of Education of the Republic of Korea and the National Research Foundation of Korea(NRF-2021S1A5B5A16078570)

내 몸에 새로운 생각을 입혀라

다이어트, 비콰이어트!

Body Literacy

김가영 지음

재재
책집

일러두기

이 책에서는 'Body'의 외래어 표기를 '바디'로 통일했다. 국립국어원 외래어 표기법에 따르면 '보디'로 표기하는 것이 원칙이지만 '바디'라는 표현이 제품명을 비롯해 논문, 기사에서 더 많이 사용되고 일반인 사이에서도 통용되므로 많은 독자들이 직관적으로 이해하기 쉽고 자연스럽게 받아들이도록 하기 위함이다.

세상이 요구하는 몸이 아니라
내가 살아갈 몸을 사랑할 용기를 위해
이제 내 몸을 있는 그대로 읽고
이해하는 시간이 찾아오기를,
몸과 나 사이의 관계를 다시 쓰는
당신에게 이 책을 바칩니다.

| 프롤로그 |

누구나 다른 몸을 꿈꾼다.
내 몸을 사랑하는 법을
제대로 알지도 못하면서

〈쥬만지〉의 주인공들, 우리와 하나도 다르지 않다

우리 가족의 최애 영화 중의 하나는 드웨인 존슨 주연의 〈쥬만지: 새로운 세계〉(2017)다. 재미도 있을 뿐 아니라 감동과 사랑, 모험과 교훈이 가득해 가족 영화로 안성맞춤이다. 이 영화의 인기 비결은 영화에 등장하는 네 명의 아이들이 게임 세계로 빨려 들어가면서 게임 캐릭터에 맞게 몸과 성격이 '급격하게' 바뀐다는 설정에 있다. 왜소한 몸에 소극적인 성격의 주인공 스펜서는 근육질 몸매와 강한 리더인 '닥터 브레이브스톤'으로, 소극적인 여성 마샤는 강인한 전사 '루비'로, 근육질의 운동선수 프리지는 작은 키의 동물학자 '무스'로 변한다. SNS만 좋아하고 외모에 자신 있던 베서니는 뚱뚱한 중년 아저씨 셸리 오베론 교수로 변해버린다.

이들은 그렇게 각자 현실의 자신 모습과는 성격도 몸도 매우 동떨어진 처지가 된 상태로 게임 안에서 미션을 수행한다. 그 과정에서 각자 몸에 대한 편견을 극복하고 상대방의 입장도 헤아리게 된다. 다른 몸이 되어서야 비로소 자신의 강점을 발견하기도 한다. 이 모든 모험이 끝나고 현실로 돌아왔을 때, 비로소 그들은 자기 자신의 본 모습대로 살아갈 수 있는 자신감과 확신, 신념을 갖기로 결심한다. 등장인물들은 현실에서 모두 다른 몸을 꿈꾸었고, 모두 다른 몸이 되어보고서야 자기 몸의 가치를 깨우친다.

사실 몸이 바뀌는 설정의 이야기 구조는 아주 새롭지만은 않다. 이 영화가 나에게 유치한 오락 영화로만 남아 있지 않고 의미 있었던 이유는, 현실의 우리 역시 이들처럼 자기 신체에 만족하지 못하는 '신체불만족 시대'를 살아가고 있기 때문이 아닐까? 여전히 이상 속의 나를 꿈꾸고 있는지 한번 생각해보자. 이 책에서 하고자 하는 이야기도 내가 이 영화를 통해 깨달은 교훈과 일맥상통한다. 모두가 다른 몸을 꿈꿀 수밖에 없는 현실을 직시하고, 모두가 자기 자신으로 살아갈 수 있는 방법을 모색해보자는 말이다. 우리는 영화 속 주인공들이 보여주는 '몸'이 갖게 될 수많은 경험들을 극복하고 현실에서 당당히 자신으로 살아가는 주인공들을 봤다. 이제 우리도 내 안에 있는 새로운 나를 발견해보자.

몸에 대한 인식, 나조차도 불만족하고 있었다

대학에서 체육을 전공한 나는 몸에 대한 다양한 연구를 하고 스포츠에 관련된 과목들을 가르치면서 나 자신이 다른 사람보다는 '몸'에 대해 아는 게 조금은 많을 것이라고 생각했다. 하지만 어느 순간, 나조차도 몸에 대해 불만족하고 어디서든 부족한 부분만을 찾아대는 모습이 보였다. 몸에 대한 생각과 태도를 말하는 '바디 이미지'를 알고 있고, 긍정적인 마음으로 몸을 대해야 한다는 것을 알고 있는데도 말이다.

조금씩이라도 아는 것을 몸소 실천하지 못하면 아무 소용없는 배움이 되는 것 같았다. 미디어에서 보이는 날씬한 몸의 이미지들, 어떠한 몸매를 가져야 하는지 기준을 알려주는 듯한 광고 속 이미지들, 타인의 외모 및 몸매 평가, 몸매 가꾸기와 다이어트의 효과적인 방법들을 보고 들으면서 온전히 나만의 기준을 갖는 것은 너무나 어렵다. 집, 학교, 사회 그 어디에서도 가르쳐주지 않았던 내 몸을 제대로 알고 사랑하는 방법을 알아가고 싶었다. 이제라도 몸에 대한 연구를 통해 느낀 점을 일상에 적용하고 확장해나갈 수 있는 방법을 공유하고 싶었다. '몸 문해력, 바디 리터러시'를 소개하며, 우리가 몸에 대해 새로운 시선을 갖기를 기대해본다. 말 그대로 몸에 대한 문해력은 몸에 대해 읽고, 쓰고, 재창조해내는 능력을 말한다.

내가 경험한 협소한 몸 문화의 경험에서 벗어나 '다름'을 탐색하면서, 사회적 존재로서 내가 겪은 몸에 대한 다양한 생각과 배움의 조각들을 이 책에 모아보고자 했다. 내 몸을 긍정적으로 바라보면 일어날 수 있는 놀라운 변화를 함께 맞이해보고자 한다.

몸 문해력, 바디 리터러시를 소개하며

이 책은 우리 몸에 대한 인문 교양서라 할 수 있다. 여러 관점에서 몸과 우리가 맺었던 관계들, 시선들에 대해 풀어가보고자 했다. 이제는 분명 우리가 몸에 대한 주변의 기준, 미디어에서 보여준 일방적인 이미지 말고 자신을 돌아보고 나를 수용하는 방법을 한 번쯤 생각해볼 때가 되었다. 사회문화적 존재로서의 몸을 어떻게 다루어야 하는지에 대해 알고, 몸과 마음을 함께 돌봐야 하지 않을까? 몸에 대한 철학적 질문을 던지고 나를 들여다보는, 몸에 대한 인문학적 고찰을 함께 시작해보자.

이 책은 '신체 자기계발서'이기도 하다. 자기 변화가 필요할 때, 우리는 자기계발서를 한 번쯤 찾아서 읽어본다. 일상의 작은 생활 습관부터 장기 목표를 갖고 계획을 세울 때도 단단한 마음으로 자기 혁신을 꿈꾼다. 이러한 과정은 나를 가꾸고 아끼는 마음에서 비롯된 것 아닌가? 그런데 몸과 마음은 하나인데 어째서 '내면의 마음'에 대한 자기계발은 하지 않고 '외형적 몸의 변화'만을 추구하는 것일까? 건강한 식습관 갖기, 운동하기와 체중 조절하기 등의 다이어트도 물론 좋지만 내면의 마음, 몸에 대한 진짜 가치를 한번 알아가는 것도 동반되면 좋겠다는 생각이 든다. 내 몸을 진심으로 아끼고 사랑해줄 사람이 바로 나 자신이어야 한다. 누구보다도 내가 나를 사랑해야 할 이유를 함께 찾아 나가보고자 한다.

각 장은 이렇게 설계되었다

1장은 우리는 몸에 대한 어떤 생각과 태도를 갖고 있는지에 대해 탐구했다. 지금 이 시대에 우리 몸이 처한 위기에 질문을 던지고 '몸'에 대한 철학과 역사를 만들어가도록 인도하고자 한다. 이를 위해 우리가 바디 패닉에 빠진 이유를 철학적·사회학적·개인적·교육적 차원에서 다각도로 살펴본다.

2장에서는 그동안 우리 몸이 소비되었던 문화적 배경을 알아보고, 어떤 점을 비판적으로 사고해야 할지에 중점을 두었다. 우리 몸이 사회문화적 존재로서 사회화 과정을 겪을 때 어떻게 객체화되고 상업적 이익에 의해 상품화되는지 많은 사례를 통해 소개했다. 미디어와 광고, 패션 산업에서 이상적인 몸매를 강요하는 문화가 어떻게 형성되었는지, 그 결과 개인들이 어떤 자아 왜곡과 정신적 피해를 받는지를 집중 조명했다.

3장에서는 바디 포지티브 문화를 중심으로 다이어트 패러다임에 맞선 다양한 사례들을 소개했다. 패션, 뷰티, 미디어, 스포츠, 산업 및 문화 전반에 걸친 여러 분야에서 일어나고 있는 긍정적인 몸 문화 변화의 움직임을 살펴보았다. 특히 패션, 뷰티 산업이 글로벌 시장을 겨냥해서 몸의 다양성과 포용성을 드러내는 상품들을 제시하는 방향성에 초점을 맞추어 소개했다.

4장에서는 다양한 영역에서 내 몸을 제대로 읽고 보기 위해 실천할 수 있는 방법을 제안했다. 내 몸을 제대로 읽고 쓰는 능력인 '바디 리터러시'는 몸 주체성을 회복할 수 있게 도와주고 사회문화적 존재로서 살아갈 몸에 필수적인 기술을 갖추게 해주는 중요한 능력이다. 몸 문해력 교육이 있어야 범람하는 미디어의 홍수 속에서 우리 몸이 다시 혼란에 빠지지 않고 '긍정'되며 다시 주체성을 찾을 수 있다.

우리 몸을 응원한다

무엇보다 이 책을 통해 바디 리터러시, 몸 문해력의 시대를 열며 몸 교육을 위한 비판적 사고의 확장을 이끌어내고자 한다. 이를 위해 여러 읽기 자료와 생각거리가 제공되어 있으니 포괄적으로 몸을 살펴볼 수 있는 기회로 삼기 바란다. 부족한 글이지만, 몸에 대한 인문 교양서이자 신체 자기계발서로서, 이 책이 몸에 대한 우리의 생각과 태도를 변화시켜주길 기대해본다.

이제 사회문화적 맥락에서 몸의 주체성을 회복하기 위한 여정의 발걸음을 떼어보자. 몸에 대한 철학적 질문으로 몸의 가치를 탐구하고, 그것을 위협하는 문화적 요소들이 무엇인지 파헤쳐보자. 몸에 대한 긍정적인 인식, 내 몸을 지킬 방법과 도전 과제들을 소개했으니 어렵지 않게 발걸을 뗄 수 있을 것이다. 몸 문해력을 통해 나를 새롭게 지킬 방법이 무엇일지 찾아나서자. 우리 모두의 몸을 응원한다!

김가영

차례

프롤로그 누구나 다른 몸을 꿈꾼다.
내 몸을 사랑하는 법을 제대로 알지도 못하면서

1장 혼돈에 빠진 몸
지금 우리는 바디 패닉(Body Panic)에 빠졌다

신체 불만족 시대: 너도 나도 내 몸을 거부하다 · 19

<피지컬 100>이 보여준 이 시대의 몸: 내 몸의 가치는 어디에 있는가 · 24

✱ 몸의 사회화: 사회적 맥락에서 몸의 발달과 가치 변화 · 30

우리 몸 교육: 바디(Body)만 있고 이미지(Image)는 없다 · 32

긍정 바디 이미지, 바디 포지티브 운동의 기초가 되다 · 39

✱ 나의 바디 이미지 다이어리: 몸의 변화를 위한 글쓰기를 시작하다 · 47

몸, 다시 읽다: 바디 리터러시(Body Literacy)로 시작하다 · 49

몸 문해력, 바디 리터러시란 무엇인가 · 55

몸의 이야기에 귀 기울이자: 내 몸의 역사 기록하기 · 61

✱ 자문화기술지를 활용한 '나의 몸 역사 기록지' 만들기 · 69

질문의 힘: 인공지능 시대, 우리 몸에 다른 질문을 던지자 · 70

2장 지배된 몸 — 몸매 지상주의 문화의 틀 해부하기

섹시한 몸매를 욕망하게 만든 미디어: 몸의 상품화는 왜 문제가 될까? · 81

✱ 미디어 비평, 문화 디톡스를 위한 시작 · 89

외모 품평, 진심 어린 조언도 칭찬도 불편한 이유 · 91

✱ 외모 품평은 가벼운 농담이 아니다: 외모 품평이 범죄의 발화점이 되기까지 · 97

완벽한 몸매의 그녀, "단 한 번도 내 몸을 사랑한 적이 없었습니다" · 100

✱ 몸 문해력을 높이는 '내 몸 사랑' 행동 강령 · 105

그 언니의 몸매, 당신의 추앙 대상은 '허상'입니다 · 107

✱ 비판적 미디어 읽기로 허상 무너뜨리기: 문화경작이론 · 112

✱ '좋아요' 함정에서 벗어나기: 소셜미디어 노출 시간 관리법 · 113

새로운 몸매 지상주의의 서막: 씬스피레이션 vs. 피트스피레이션 · 115

✱ 전신 거울 앞에 선 그녀, 무엇을 보여주고 싶었을까? · 121

✱ 하루 10분 스쿼트, '애플힙'의 진정한 의미 되찾기 · 123

바디 프로필 전성시대, 건강한 자존감 vs. 무리한 이상 추구 · 125

온라인 다이어트 공화국, 나쁘지만은 않다 · 133

✱ 온라인 커뮤니티는 조직적인 사회집단이다 · 141

학교 체육을 평가와 경쟁을 넘어 몸 문해력 교육의 장으로 · 144

✱ 해외 체육 교육은 어떨까 · 153

3장 '긍정'된 몸

바디 포지티브로 다이어트 패러다임에 맞서다

이제는 바디 포지티브: 패션업계의 변화에 주목하라 · 157

✻ 패션 기업의 사회적 책임(CSR), 바디 포지티브가 답이다 · 163

도브(Dove), 비현실적인 아름다움의 기준에 도전하다 · 164

✻ 도브, 아름다움을 '페미니즘과 소비주의'로 이야기하다 · 172

내 사이즈가 문제라고?: '마이 사이즈 핏' 찾기 · 174

자신감이야말로 내 몸의 축복, 그러니까 당연히 '아이 필 프리티' · 181

다이어트, 비코이어트! · 188

자기 관리보다 자기 돌봄으로: 진정한 웰니스를 향한 길 · 194

✻ 자기 관리 말고 '자기만족'에 투자하라 · 201

모든 몸은 평등하다: 몸 다양성 정책에 진심인 영국의 여정 · 203

매력 자본으로 본 '금메달 매력'의 오상욱 선수 · 211

✻ 매력 자본, 몸 문해력 교육의 새로운 시선을 제시하다 · 218

K-바디(Body): 몸의 다양성과 포용성으로 새로운 기준이 되다 · 220

✻ K-뷰티와 K-팝 댄스 열풍의 교훈: 다양성과 포용성을 보여주다 · 226

4장 다시 주체성을 회복할 몸

내 몸을 제대로 읽는 바디 리터러시 7단계

1단계_ 내 몸 주체성 회복하기: 매일매일 자기 돌봄 루틴을 실천하라 · 231

2단계_ '밥상머리 몸 교육'으로 함께 시작하자 · 237

* 몸을 주제로 한 가족 독서 시간 갖기 · 242

3단계_ 학교 교육에서도 몸 문해력을 길러주자 · 244

4단계_ 지역사회가 함께하는 바디 토크 콘서트를 개최하자 · 249

* 제안: 바디 리터러시 강연 세부 계획안 · 255

5단계_ 미디어 리터러시와 몸을 만나게 하라 · 257

* 미디어 리터러시 교육을 활용한 몸 교육 프로그램 · 262

6단계_ AI 시대, 디지털 신체와 기술을 이해하자 · 264

* 디지털 기업들의 윤리적 책임: AI 기술을 활용한 바디 이미지 보호 정책 · 272

7단계_ 기업과 정부가 함께 협력하여 사회적 영향력을 극대화하자 · 273

* 몸 문해력의 든든한 후원자가 되기 위한 정부의 정책과 교육 · 279

* 제안: 뷰티 및 패션 기업들을 위한 세미나 · 281

에필로그 몸 문해력 교육을 위한 노력은 계속되어야 한다 · 282
참고 자료 · 285

1장

혼돈에 빠진 몸

지금 우리는 바디 패닉(Body Panic)에 빠졌다

"

우리는 몸에 대해 어떤 생각을 가지고 있을까?
우리는 몸에 대해 어떤 태도를 갖고 있을까?
우리가 살아가는 이 문화는 우리에게 어떤 몸을 갖고 있어야 한다고 이야기하는가?

1장에서는 우리가 '바디 패닉(Body Panic)'에 빠진 이유를 철학적·사회학적·개인적·교육적 차원에서 다각적으로 살펴본다. 또한 지금 이 시대에 우리 몸이 처한 위기에 질문을 던지고 이러한 질문들에 응답하면서 '몸'에 대한 가치를 생각해볼 것이다.
몸의 가치는 우리가 사회화되는 과정을 통해 변화되고 형성되어왔다. 사회는 신체에 대한 특정 규범과 기대를 만들어내고, 이러한 규범은 개인의 신체 인식과 행동에 영향을 미치기 때문이다.
1장에서는 사회문화적 맥락에서 몸의 주체성을 회복하기 위한 여정의 발걸음을 뗀다. 몸의 가치를 탐구하고 그것을 위협하는 요소들이 무엇인지, 이를 지키기 위한 방법은 무엇일지 찾아나갈 것이다. 더불어 우리가 시급히 찾아야 할 가치와 몸에 대한 긍정적인 인식, 그리고 내 몸을 지킬 방법과 도전 과제들을 소개할 것이다.

"

신체 불만족 시대:
너도 나도 내 몸을 거부하다

엄마가 딸에게 "너 그러다 돼지 돼"라고 말하는 세상

어느 날 우연히 동네 커피숍에서 듣게 된 엄마와 딸의 짧은 대화는 나로 하여금 많은 생각을 하게 했다.

"너, 이렇게 먹다가 어떻게 되는지 알아? 돼지 되는 거야!"

너무나 차갑고 매몰찬 표정으로 고작 다섯이나 여섯 살쯤 된 아이에게 엄마가 하는 말이었다. 그냥 쿠키 한 조각 더 먹고 싶다고 얘기했을 뿐인데 말이다. '맛있게' 케이크 한 조각을 입에 물고, 《외모 자존감 수업》(부운주, 그래도봄, 2022)이라는 책을 읽고 있었던 내가 다 뜨끔했다. '돼지가 된다니' 엄마가 딸에게 무서운 미래를 예고하는 경고의 말을 한 것이다.

'돼지'는 몸이 뚱뚱하다는 것을 조롱과 경멸의 의미를 담아 표현하는 말이다. 미야자키 하야오의 애니메이션 〈센과 치히로의 행방불명〉에 주인의 허락도 없이 음식을 마구 탐하다가 치히로 부모가 돼지로 변하는 것처럼 '돼지'는 옛이야기 속에서 대개는 욕심 많고 혐오스러운 대상을 비유한다. 그런데 이런 비유의 대상을 너무도 자연스럽게 자기 딸에게 하는 엄마라니, 이것이 비단 그 엄마만의 잘못일까?

20세기 독일 철학자 마르틴 하이데거는 '언어는 존재의 집'이라고 말했다. 언어는 단순한 의사소통의 도구가 아니라, 자기 존재가 드러나고 자기 생각이 드러나는 가장 강력한 도구라는 의미다. 자기 딸에게 '돼지'라는 말이 자연스럽게 나온 그 엄마는 딸의 존재와 딸에 대한 자신의 생각을 그 단어에 투영한 것이라 볼 수 있다.

그러면 어린 나이부터 엄마에게 그런 말을 듣고 자란다면 아이는 어떤 생각을 하게 될까? 엄마의 말과 사회적으로 강요되는 미의 기준이 더해져 자기 몸에 대한 부정적 생각이 이 아이를 괴롭히지 않을까? 이 아이가 외모나 몸에 대해 자유롭게 자신감을 갖고 살아갈 수 있을지에 대해 생각해보지 않을 수 없었다.

당장 그 아이 엄마의 입장에서 다시 생각해봤다. 그녀 역시 몸에 대한 감시와 평가를 당연시하고 살아오지 않았을까? 그러니 내 아이만큼은 '돼지'가 안 되도록 키우고 싶었으리라. 사회적 의미에서의 '돼지'가 되어 살아가는 것이 어떤 기분이고 어떤 의미인지 이미 너무도 익숙하게 듣고 익혀서 잘 알고 있을 테니까.

몸에 철학적 질문을 던지다

'몸에 대한 내 생각은 어떻게 형성되어왔을까?'

'과연, 내 몸은 어떤 문화 안에서 살아왔나?'

몸에 대해 생각할 때 내 머릿속에 첫 번째로 떠오르는 질문들이다.

몸에 대해 주고받는 말들은 언제 어디서든 듣고 말해지는 자연스러운 대화 주제다. 몸은 친구들을 만나든 가족들과 이야기하든 늘 이야기의 소재가 된다. 그리고 주로 '불만 사항'을 늘어놓고, 수정해야 할 부끄러움의 대상으로 소비된다. 이처럼 우리는 언제 어디서든, 누구와 대화하든 몸에 대한 외형적 평가에서 자유롭지 못하다.

때로는 타인이 몸을 평가하지 않으면 스스로 나서서 더욱 엄격하게 자기를 비하하기 바쁜 자신을 쉽게 발견한다. 거울 앞에 서면 어느 한 곳 만족스러운 부분이 없다. 눈가의 주름이 더욱 눈에 띄면 하루 종일 기분이 안 좋다. 나 또한 늘어난 뱃살이 부끄럽고 누군가 알아차릴까 봐 열심히 오버사이즈 룩을 선호한다. 몸을 연구하고 실천하겠다고 굳게 다짐한 나조차도 그냥 편하게 외모 품평을 하고 몸에 불만을 갖는 것이 먼저였다. 그런 생각이 잘못된 일이라는 생각조차 못 하고 살아갈 정도로, 한순간도 멈추지 않고 몸을 불평하고 살아가면서 왜 그럴까 진지하게 생각하지 못했다. 그러다 어느 순간 문득 깨달았다.

'잠깐, 나는 내 몸에게 왜 이러지?'

잠시 멈춰서서 생각해봤다.

'아니, 이 몸에 의지해, 이 몸으로 하루 24시간을 살고 1년 365일

을 살면서 내가 내 몸에게 대체 왜 이런 거지?'

그리고 나자 지금까지 내가 내 몸의 외형적 가치, 몸의 미적 측면만을 고려해 평가해왔음을 알게 되었다. 대체 그 기준이 뭐길래 늘 부정적 평가를 해왔는지 의문이 들었다. 흔히 하는 말 '지금 알던 것을 그때 알았더라면'이라는 생각이 머리를 강하게 스쳤다. 누군가가 제대로 알려주었다면 어땠을까? 최소한 가정에서 부모님이, 학교에서 선생님이, 텔레비전 교육 방송에서라도 '몸에 대한 철학적 고찰이 필요함'을 알려줬어야 했다.

몸에 대한 고찰은 우리가 우리 몸을 어떻게 바라봐야 하는지에 대한 방법과 어떻게 우리 몸을 가꾸어야 하는지, 몸의 올바른 가치관을 어떻게 정립해야 하는지에 대해 차근차근 배워가는 일이다. 우리가 사회에서 바라는 기준대로 무작정 따라가기보다는, 내가 바라보는 관점에 따라 내 몸의 가치가 변화한다는 사실을 인식할 수 있게 도와주는 교육이 필요하다. 내 몸에 대한 나의 인식을 중심으로 내 몸의 주체성을 회복하고 내가 내 몸의 진정한 주인이 된다는 것을 그 누군가는 진지하게 알려주었어야 했다.

내 몸의 가치는 내가 찾는다

언행일치. 말과 행동이 일치해야 하는 것은 누구나 알고 있다. 같은 맥락에서 몸에 대한 가치를 알고 그 가치대로 행해야 하는 일 또한 중요한데 실천하기가 쉽지 않다. 나는 몸에 대한 긍정적인 태도가 얼마나 좋은 효과를 발휘하는지 많은 연구 결과를 통해 알고 있다. 전공 학문을 공부하면서 몸에 대한 긍정적인 생각과 태도가 가져오는 놀라운 효과를 책과 논문 등 다양한 경로를 통해 알게 되었다. 그런데 이런 나마저도 몸 따로, 마음 따로이기 십상인 아침을 매일 맞이한다. 나 자신이 내 몸의 가치를 올바르게 평가하려 해도 하루하루 일상을 지나면서 나도 모르게 사회적인 '몸 가치관'에 물들어버린다는 사실은, 몸에 대한 가치관과 철학이야말로 혼자 힘으로는 지켜내기 힘든 무언가가 있다는 게 아닐까? 우리가 사회적 맥락에서 다 함께 우리의 몸에 대해 종합적으로 접근해야 하는 이유가 여기에 있다.

몸의 가치는 우리가 사회화되는 과정을 통해 변화되고 형성되어 왔을 것이다. 사회는 신체에 대한 특정 규범과 기대를 만들어내고, 이러한 규범은 개인의 신체 인식과 행동에 영향을 미치기 때문이다. 그러니 이제 사회문화적 맥락에서 몸의 주체성을 회복하기 위한 여정을 시작해야 한다. 몸의 가치를 탐구하고 그것을 위협하는 요소들이 무엇인지, 이를 지키기 위한 방법은 무엇일지 찾아나가자.

신체 불만족 시대의 몸, 엄마가 딸에게 '돼지 된다'고 아무렇지 않게 말하는 세상에서 우리가 시급히 찾아야 할 가치는 몸에 대한 긍정적인 인식과 내 몸을 지킬 방법들이다. 이어질 글들에서는 이를 위해 우리가 알고, 바로잡고, 도전해야 할 과제들을 소개하고자 한다.

<피지컬 100>이 보여준 이 시대의 몸: 내 몸의 가치는 어디에 있는가

몸 가치의 재고찰: 실용성과 아름다움으로 공존하기

인간이 존재할 수 있는 근본은 몸이 있기 때문이다. 우리 몸의 가치는 어떻게 나눠질까?

몸의 가치는 기능적 가치와 미적 가치로 크게 나눠볼 수 있다. 내 몸이 기능적으로 무엇을 할 수 있는지, 내 몸은 미적으로 어떻게 보이는지로 이해하면 된다. 몸의 기능적 가치는 생리적 기능과 실용적 역할에 기반을 둔다. 고대 철학자 아리스토텔레스는 몸을 생존 도구로 보았고, 신체의 건강과 능력은 사회적 역할을 수행하는 데 필수적이라 여겼다. 그의 관점은 실용주의와 연결되며, 몸을 노동력과 생산성을 제공하는 중요한 자원으로 평가하게 한다. 현대 사회에서 몸의 기능적 가치는 운동 능력, 경제적 생산성, 효율성 등으로 측정 가능하다. 피트니스에서 드러나는 운동 능력이나 경제적 이득을 얻을 수 있는 노동의 도구로서의 몸이 몸의 기능적 가치를 강조하는 대표적인 사례다.

반면 몸의 미적 가치는 몸의 외형적 아름다움에 관한 것이다. 우리 몸의 미적 가치는 사회적·문화적 기준에 따라 형성되며 역사적으로 끊임없이 변해왔다. 이마누엘 칸트는 아름다움을 이상적이고 보편적인 가치로 보고 신체의 미적 가치를 정의했다. 그러나 현대 철학자 미셸 푸코는 미적 가치는 사회적 권력 구조 속에서 규율화된다고 주장했다. 이는 몸이 사회적 통계와 억압의 도구로 사용될 수 있음을 시사한다. 현대 사회에서 미디어를 통해 특정한 몸의 이미지가 이상화되며, 사람들로 하여금 이러한 외모 기준을 추구하도록 강요하는 것이 푸코가 주장한 사회적 권력 구조 속에 규율화된 몸의 이미지라 할 수 있다.

몸, 다시 존재의 중심으로: <피지컬 100>을 통해 본 완벽한 피지컬

몸의 미적 가치와 몸의 기능적 가치의 조화로움, 푸코가 주장한 사회적 권력 구조 속의 규율화된 몸의 이미지를 여실히 보여준 사례가 있다. 바로 2023년 1월 방영된 넷플릭스 예능 프로그램 <피지컬 100>이다. 이 프로그램은 '가장 완벽한 피지컬을 가진 최고의 몸을 찾아서'라는 모토에 맞게 신체의 극한 능력을 겨루는 기능적 가치를 여실히 보여줬다. 올림픽 메달리스트, 소방관, 배우, 헬스트레이너, 운동 유튜버 등 정말 다양한 직업군의 참가자들이 '몸' 하나로 모였다. 몸을 만든 다양한 종류와 레벨의 운동을 통해 선정된 100명의 정예 멤버들은 자기 몸의 다양한 신체 능력(지구력, 유연성, 팀플레이 정신)을 보여준다. 각종 운동과 생활 속 근력 단련의 과정을 통해 만들어진 몸들은 시청자들로 하여금 다양하게 다져진 몸의 미적 가치도 알게 해줬다. 그들의 단련된 몸은 마치 미술관에서 볼 수 있었던 미켈란젤로의 신체 조각상의 아름다움을 재현해놓은 착각마저 들게 했다. 이들은 방송 미션처럼, 완벽한 피지컬이란 신체적 기능과 미적 가치를 모두 포함한 몸의 가치를 보여주고자 한 것이 아닐까 싶다.

이처럼 대중문화에서는 몸의 기능적 가치와 미적 가치가 결합된

몸의 미적 가치와 기능적 가치를 극대화한 넷플릭스 <피지컬 100>(왼쪽)과 그리스인의 신체 미의식을 구현한 미론의 <원반 던지는 사람>
※ 출처: 넷플릭스, 위키커먼스

새로운 몸 가치 기준이 형성되고 있다. 이러한 변화는 신체를 단순히 기능적 도구나 미적 객체로만 보는 것을 넘어 몸의 가치를 포괄적으로 이해하려는 시도를 반영한다. 즉 몸은 그 자체로 존중받아야 하며 기능적 가치와 미적 가치의 균형을 맞추는 것이 중요하다는 것이다. 이를 위해서는 몸에 대한 긍정적 인식을 확산시키고 다양한 신체 이미지를 존중하는 문화가 필요하다. 앞으로 몸의 가치 평가에서는 건강과 자아 존중, 사회적 다양성을 포함한 포괄적인 접근이 필요해질 것이다. 그리고 궁극적으로 몸의 가치에 대한 재고찰은 신체의 진정한 가치를 인식하고 건강하고 균형 잡힌 삶을 영위하는 데 기여하게 될 것이다.

나는 내 몸의 가치를 어디에 두고 있을까?

나 스스로는 몸의 어떤 가치에 비중을 두고 있는지 생각해보았다. 나는 늘 몸의 기능적 가치를 우선시했고, 그래서 대체로 긍정적인 태도로 내 몸을 바라보고자 노력했다고 생각했다. 하지만 생각해보니 그건 나의 착각이었다. 나는 사실 내 몸을 온전히 받아들이지 못했고, 늘 불만족스럽고 어딘가 수정할 곳을 찾아 헤매고 있었는지도 모른다. 하나하나 기억을 되짚어보니, 충분히 만족하지 못했던 순간들이 내 기억 속에 파도처럼 밀려온다. 나는 왜 그 순간순간을 온전한 나로(내 몸까지 포함해서) 받아들이지 못했을까?

원인을 떠올려보니 내 기억을 인지할 수 있는 나이가 되었을 때부터 늘 내 몸을 있는 그대로 받아들이지 않았던 것 같다. 늘 몸에 대한 스트레스가 존재했다. 그중에서 가장 부정적인 생각과 태도가 자리 잡은 순간은 몸이 급격한 신체 변화를 맞이했을 때였다. 체형의 변화를 경험했던 10대 시절부터 신체적 노화에 따른 스트레스를 느끼는 지금까지 나는 그래왔던 것 같다.

요즘은 거울 앞에 설 때마다 늘어지고 터진 뱃살과 흰머리가 유난히 신경 쓰인다. 운동 하나 제대로 하지 않는 몸이 되어 구부정해진 자세가 날마다 통증을 유발한다. 나의 기능적 가치마저 지키지 못하는 나 자신이 부끄럽고 원망스럽다. 어느 하나라도 지켰어야 했나 싶다. 몸에 대한 긍정적 태도가 무너지니, 갖가지 외부적 기준을 들이대기 바빴다. 남들의 몸매를 관찰하고 비교하기 일쑤고, 마네킹같이 균형 잡힌 몸매를 보며 좌절하기를 반복했다. 이제는 주변 사람들의 각종 피부과 시술 경험 이야기에 날마다 귀가 팔랑거렸다. 혹시나 놓칠세라 좋다는 건 알아둬야 하지 않겠나 하는 생각에 마음이 급했다. 그래도 정신을 차리고, 더 늦기 전에 내 몸의 가치를 알고 중심을 잃어버린 나를 바로 세워야겠다는 생각이 들었다.

문화 권력의 구조 안에서 우리 몸의 가치 정립하기

다시 한번, 사회적 맥락에서 몸의 가치를 바로 세워야 한다는 점을 기억하자. 왜냐하면 다이어트가 새해 소망 우선순위에 있는 우리 사회는 문화적 맥락 안에서 몸의 가치 비중이 미적 가치에 치우쳐 있는 것 같기 때문이다. 각종 미용, 패션용품들은 멋진 몸매를 가꾸라고 부추긴다. 몸의 미적 가치 편중에 더해 몸 자체의 상품화 또한 한창이다. 대중매체에서 보이는 연예인들의 몸과 이런 몸을 따르는 유행은 우리의 몸이 사회적 기준에 맞는 외모와 신체를 갖추어야 함을 강요하듯 알려준다. 이러한 가치를 반영하고 표현하는 것이 사회적 압력이며, 문화 권력의 구조 안에서 우리 몸에게 요구되는 덕목임을 분명히 말해주고 있다.

이처럼 몸의 가치를 기능적 가치와 미적 가치로 각자 독립적으로 볼 수 있겠지만, 실제로는 몸의 가치가 하나만을 지향하지는 않고 두 개의 가치가 상호작용하며 통합적 가치를 형성한다. 〈피지컬 100〉에서 운동선수의 신체 기능에서 건강한 몸의 표준을 제시해준 것처럼 느낀 이들도 있을 것이고, 모델의 날씬하게 단련된 몸매를 더 가치 있게 여긴 이들도 있을 수 있을 것이다. 그러나 누군가는 기능적 가치와 미적 가치를 동시에 중요하게 평가할 수도 있다. 우리도 살면서 오직 미적 가치만 추구했다고 보기는 어렵다. 나름의 건강한 기준을 추구한다고 여기면서도 정작 나에게 적정 수준이 아닐 때도 있는 것이다. 이처럼 적정 기준조차 잡기가 어려운데 몸에 대한 가치를 추구한다느니, 내 몸의 철학을 정한다느니 하는 것은 더욱더 어려운 것이 현실이다. 하지만 몸 본연의 가치를 들여다보고, 우리 사회가 만들어놓은 문화적 메시지를 하나씩 해석해가다 보면, 다시 나의 몸, 내 가치만을 발견할 수 있는 날이 반드시 온다. 그리고 그 가치를 찾는 일은 나와 내 몸을 위해 반드시 필요한 일이다.

몸의 사회화:
사회적 맥락에서 몸의 발달과 가치 변화

몸의 가치는 단순한 생리적 또는 외형적 특성에 그치지 않고 사회화 과정과 철학적 성찰을 통해 재구성된다. 현대 사회에서 몸은 기능적 가치를 넘어 미적 가치까지 포함하며, 이는 사회적 관계와 문화적 규범 속에서 끊임없이 재평가된다. 따라서 몸의 가치는 사회적 맥락과 철학적 이해가 조화롭게 결합될 때, 비로소 그 진정한 의미를 드러낼 수 있다.

신체 기능과 가치에 대한 인식 그리고 몸에 대한 개인의 사회적 역할과 책임은 연령에 따라 다음과 같은 변화를 맞는다.

1 | 유아기: 기초 신체 인식 형성

기어 다니기, 걷기, 잡기 등 신체의 기본적인 움직임을 통해 몸을 탐색하고 주변 환경과 상호작용하는 단계다. 부모가 아이에게 걷는 법을 가르치거나, 아이가 손으로 물건을 집으며 신체 조절 능력을 키우는 모습 등이 이 시기의 특징이다.

2 | 청소년기: 신체 이미지 형성과 사회적 압력의 변곡점

몸의 2차성징이 나타나고 신체의 급격한 변화가 찾아오는 시기다. 이와 함께 미적 가치에 대한 관심이 증가하는 시기여서, 또래 집단과 미디어의 영향을 받아 몸의 외형적 이미지에 민감해진다. 친구들과 외모나 몸을 비교하며 외모에 대한 고민이 깊어지고, 소셜미디어에서 유행하는 몸매 트렌드를 따르려는 청소년의 모습이 이 시기의 특징이다.

3 | 성년기: 신체 기능과 사회적 역할 통합

신체의 기능적 가치와 미적 가치가 조화롭게 평가되는 시기다. 직장과 사회에서의 역할 수행을 위해 외모 관리뿐 아니라 건강도 중요해진다. 직장인들이 건강을 위해 피트니스 센터를 다니거나, 외모 관리를 위해 미용 관련 서비스를 받는 모습을 쉽게 찾아볼 수 있다. 성년기는 긴 시기이므로 시대별로 차이점은 있다.

- 초기 성년기(20대 ~ 30대 초반): 신체 기능이 최상에 이르는 시기로 건강과 체력이 정점에 있다. 이 시기에는 직장, 연애, 결혼 등의 사회적 역할을 수행하기 위해 사회적 관계망에서 신체적 관리에 더욱 중점을 두기도 한다. 외모 가꾸기 관련 미용, 뷰티, 패션 산업 등에서 20~30대가 핵심 고객이 되는 것도 이러한 이유에서다.
- 중기 성년기(30대 중반 ~ 40대 후반): 신체적 기능이 점차 저하되기 시작하며, 건강 관리가 중요한 이슈로 떠오르는 시기이다. 직장과 가정에서 책임과 역할이 커짐에 따라 신체뿐 아니라 정신적 스트레스가 증가한다. 또한 자신의 외모 관리보다는 자녀 교육이나 건강한 생활 습관 유지가 더욱 중요한 과제가 된다. 바쁜 일상 속에서 건강 유지를 위해 규칙적인 운동을 하거나 체력 저하와 질병 예방으로 건강식품을 챙기는 모습이 그 예다.
- 후기 성년기(50대 이후): 신체의 노화가 본격적으로 시작되며, 건강 관리가 삶의 중요한 부분이 된다. 이 시기에는 신체의 기능 유지와 노화 예방을 위한 활동이 중심이 되며, 삶의 질을 높이기 위해 신체적·정신적 건강을 동시에 고려하는 것이 중요하다. 정기적인 건강 검진을 받고 운동과 명상 등으로 신체와 정신을 관리하는 모습. 직장에서의 역할이 줄어들면서도 건강한 노후를 준비하는 모습을 찾아볼 수 있다.

우리 몸 교육:
바디(Body)만 있고 이미지(Image)는 없다

아무도 '그려본' 적 없다

   사람은 저마다 어떤 사물이나 대상에 대해 갖는 자기만의 '이미지'가 있다. 그때의 이미지는 그 사람이 평소 사물이나 대상(사람)에게 느끼는 감정이나 과거의 기억과 깊은 연관을 맺기 마련이다. 고양이를 키워본 사람에게는 고양이의 이미지가 '나른하고 쿨한' 것이 되지만 그렇지 않은 사람에게는 그저 '쌀쌀맞고 의뭉스러운' 이미지에 불과할 수 있다. 이미지는 우리가 세상을 바라볼 때 나름의 방식과 기억으로 우리 머릿속에 세우는 '그림'이어서 그렇다. 그런데 우리가 유난히 자기만의 방식과 기억, 감상으로 '이미지'를 그리지 않는 것이 있다. 바로 우리들의 '몸'이다.

   우리는 모두 몸을 가지고 있다. 몸 없이 태어나는 사람은 없다.

우리는 각자 지닌 몸으로 숨 쉬고 움직이고 살아간다. 특별한 사건 사고가 있지 않은 한 대부분은 부모에게서 받은 몸을 평생 쓰고 살다가 생을 마감한다. 이 몸으로 건강을 관리하고 몸매를 관리하며 다이어트 등을 실천한다. 그런데 정작 우리 몸에 대한 나만의 그림, 이미지는 그려본 적이 없다. 내 머리가 상상하는 '이상형 몸'만 있을 뿐 '내가 가진 몸,' '내게 주어진 몸'에 대한 나의 이미지는 없다는 이야기다. 바디(Body)는 있는데 정작 이미지는 없는 결과. 주인인 나조차도 그리지 않는 몸은 대체 누구 것일까?

내 몸은 없고 이상형 몸만 있는 현실

이처럼 내 몸에 대한 '이미지'가 없을 때 우리는 혼란에 빠진다. 그리고 이 혼란은 내 몸을 사랑하는 대신 부족한 대상으로 만들고 불편한 것으로 받아들이게 한다. 우리나라 청소년들의 섭식장애 비율은 날로 높아지는 추세며["화난 소년들과 불안한 소녀들… 청소년 섭식장애도 '껑충'", 〈부산일보〉(2024.06.04.)] 과도한 다이어트로 영양 불균형 문제를 겪는 연령도 점점 낮아지고 있다["자녀의 과도한 다이어트, 어떻게 도와줘야 할까?", 〈정신의학신문〉(2024.05.28.)]. 이 아이들에게 '건강한 신체에 건강한 정신이 깃든다'는 오래된 문구를 들려주어야 한다. 그리고 더 나아가 '바디 이미지'를 알게 해주어야 한다.

바디 이미지(Body Image)란 한 사람이 나의 몸에 대해 어떻게 인식하고 행동하는지에 대한 '통합적인' 개념이다. 나에 대한 총체적인 생각이며 우리 자신이 몸에 대해 어떻게 생각하는지, 왜 그런 생각이 생겨났는지, 어떻게 하면 그 생각들에 대한 답을 얻을 수 있는지 구체적으로 알려주는 도구다. 바디 이미지란 나 자신에 대한 정서적인 그림이며, 나와 내 몸에 대한 관계를 나타낸다. 그리고 나의 몸매와 외모에 대한 나의 주관적이고도 객관적이라고 생각되는 평가들과 직결되며, 우리의 몸과 외모에 대한 다양한 인식, 생각, 신념, 느낌과 행동까지 모두 함께 고려해보는 개념이다. 한마디로 바디 이미지란 인식과 행동, 정서적 그림, 내 몸에 대한 관계, 신념까지 포괄하는 아주 복잡하고 어려운 개념이라 할 수 있다.

바디 이미지, 이래서 필요하다

바디 이미지가 필요한 이유는 명백하다. 바디 이미지를 알아야, 우리가 우리 몸을 온전히 내 것으로 '사유(私有)'할 수 있게 되기 때문이다. 우리는 몸에 대한 온갖 사회적·문화적 담론들에 둘러싸여 살고 있다. 아침 방송을 켜자마자 나오는 건강, 다이어트, 몸매 관리 프로그램, 홈쇼핑 채널에서 쏟아지는 다이어트약과 운동기구, 날씬하다 못해 저체중을 자랑(?)하는 연예인들을 우리는 늘 보고 살아간다. 어쩌면 대부분의 사람들이 몸에 대한 부끄러움, 자책감, 소외감을 느끼며 살아가고 있지 않을까 싶다. 다이어트가 늘 새해 목표 일순위고, 헬스장은 아름다운 몸매를 가꾸라고 부추긴다. 미디어에는 날씬한 연예인들만 선망의 대상으로 존재하는 듯하다. 이렇다 보니 몸은 늘 남들에게 평가 대상이 되는 것을 당연하게 여기고, 미의 사회적 기준에 내 몸을 맞추려 애쓰고 있는 자신을 발견한다. 우리가 몸에 부정적 생각과 태도를 쌓아가는 동안 몸에 대한 불만족도 높아져만 간다. 이것이 우리가 바디 이미지를 알아야 하는 필수적인 이유다.

바디 이미지 '교육'도 필요하다. '바디 이미지'에 대해 정확히 교육 과정에서 배워본 적이 없기 때문이다. 어떠한 교육기관에서도, 미디어에서도 가르쳐주지 않았다. 몸 철학에 대해 생각할 기회가 우리에게 없었던 것처럼 말이다. 그러나 부정적 바디 이미지가 형성되면 나타나는 다양한 정신적·신체적 질병들을 들어봤을 것이다. 섭식장애 및 폭식증, 신체이형장애 등이 대표적이다. 이런 질병을 돕는 센터나 정신 의학, 심리 상담 센터들도 점점 늘어나는 추세다. 우리가 교육의 영역 아니면 일상에서라도 조금씩 바디 이미지를 배워갈 수 있었다면 더 많은 사람이 몸과 정신이 함께 건강한 삶을 영위할 수 있지 않을까? 우리가 바디 이미지에 대해 왜 정확히 배워야 하고, 바디 이미지가 왜 배움의 대상이 되어야 하는지, 어째서 웰빙 라이프의 기본으로 자리 잡아야 하는지를 아는 것이 필요한 이유가 여기에 있다.

앞에서 말한 섭식장애 청소년의 증가, 과도한 다이어트에 몰두하는 연령이 점차 낮아지고 있는 것은, 그만큼 자기 몸에 대한 아이들의 부정 평가가 늘어나고 있다는 방증이다. 한 번도 가르치지 않았던 바디 이미지 교육은 이런 아이들에게 건강한 몸이란 어떤 것이고, 어떤 태도와 자세로 자신의 몸을 받아들여야 하는지를 가르쳐줄 것이다.

사실 학문적으로 바디 이미지는 낯선 학문이 아니다. 이미 바디 이미지는 심리학, 사회학, 여성학, 정신의학, 교육학, 미디어, 체육학 등의 다양한 분야의 연구자들이 융복합 연구를 하고 있는 분야다. 영국이나 호주 등의 국가들은 정부 차원에서 긍정적인 바디 이미지 형성을 위해 관련된 정책을 만들고, 다양한 사회 캠페인, 교육 프로그램에 노력을 기울이고 있다. 다양한 산업계와 각종 지역 단체에서도 바디 이미지와 관련된 소셜 캠페인 등을 펼치기도 한다(이와 관련해서는 이어지는 3장에서 좀 더 구체적이고 상세히 다룰 것이다).

바디 이미지를 알아보는 질문들

그렇다면 바디 이미지를 어떻게 알 수 있을까?

바디 이미지에 대해 오래 연구한 토머스 캐시(Thomas Cash) 박사는 저서 《바디 이미지 수업》(박미라 외 옮김, 사우, 2019)에서 몇 가지 질문을 통해 바디 이미지가 무엇을 다루고 있는지 소개한다. 캐시 박사가 소개한 '바디 이미지를 알아보기 위한 사전 질문'은 다음과 같다.

- 내가 좋아하는 몸의 부분보다 만족하지 못하는 몸의 부분이 더 많이 신경이 쓰이나?
- 나보다 다른 사람들의 평가가 내 외모를 평가하는 데 더 많은 비

중을 차지하나?
- 남들이 어떻게 생각할지 걱정하며 많은 시간을 보내는가?
- 나의 전체 가치를 판단할 때, 외모가 중요한 기준이 되나?
- 신체와 관련해서 자의식을 느끼면, 특정한 활동이나 상황을 피하는가?
- 나의 외모를 바꾸거나 완벽한 몸을 갖기 위해 시간과 노력, 돈을 많이 투자하고 있나?
- 자신의 몸을 있는 그대로 받아들이는 데 어려움을 느끼는가?

—《바디 이미지 수업》, 11쪽

위 질문들에 내가 무엇을 느끼는지 한 번씩 체크해보자. 내가 캐시 박사의 질문 항목을 보고 우선 든 생각은, 이 중 단 몇 개의 질문에 답하는 것만으로도 내가 나 자신의 몸에 대해 얼마만큼 생각해왔는지, 얼마만큼 내 몸을 들여다보고 보살폈는지에 대한 '정도'를 알 수 있다는 점이었다. 그리고 우리 몸에 대해 갖는 내 태도가 만족인지 불만족인지에 대한 결과도 가늠해볼 수 있었다. 이처럼 몸과 외모에 대한 어떤 고민이든 모두 바디 이미지의 문제로 귀결된다. 왜냐하면 바디 이미지는 내 몸에 대한 나의 생각, 태도, 관계, 정서적 그림이기 때문이다. 그래서 바디 이미지를 알아가는 것은 곧 내 몸의 주체성을 찾고, '나다움'을 발견하는 여정이기도 하다.

바디 이미지를 알고 나면 얻을 수 있는 것들

'심신이 건강해야 한다'는 말은 만고 불변의 진리다. 몸이 건강해야 에너지가 생기고 동기도 목적도 생긴다. 바디 이미지는 내 몸을 알고 사랑하게 됨으로써 나 자신을 돌보게 되는 출발점이 되어준다. '나에 대한 진정한 보살핌'의 시작이 바디 이미지를 아는 것에서 시작한다는 의미다. 따라서 바디 이미지는 나의 몸과 마음을 다 함께 다루는 총체적인 보살핌의 개념이다.

나를 알아가는 과정에서 '바디 이미지'에 대한 나의 생각이 없다면 나의 몸, 나를 이루는 큰 부분이 비어 있다고 해도 과언이 아니지 않을까? 나에 대해 알아야 할, 나를 담고 있는 몸에 대해 알고 있어야 할 소중한 것들을 그냥 두어서는 안 된다. 온전한 나와 함께 살기 위해, 나와 좋은 관계를 맺기 위해, 이제 바디 이미지를 주관적으로 또는 객관적으로 살펴보는 방법에 대해 차근차근 함께 알아가보자.

긍정 바디 이미지,
바디 포지티브 운동의 기초가 되다

긍정 바디 이미지란?

바디 이미지에서 더 나아가 긍정적 측면을 확장한 개념이 따로 있다. 바디 이미지(Body Image) 선행연구가 주로 부정적 결과에 대한 내용이 축적되다 보니, 긍정 바디 이미지(Positive Body Image)라는 새로운 개념으로의 확립이 필요해졌다(Tylka, 2018; Tylka & Wood-Barcalow, 2015). 긍정 바디 이미지는 신체에 대한 존중과 사랑을 포괄하고, 외부로부터 보호 장막을 기르는 능력을 포함하는 복합적인 개념이다. 이를 위한 여섯 가지 핵심 구성 요소는 다음과 같다.

첫째, 신체 감사하기
둘째, 신체 인정과 사랑하기

셋째, 아름다움에 대해 폭넓게 이해하기
넷째, 신체 돌봄에 투자하기
다섯째, 내적 긍정성 키우기
여섯째, 부정적 정보에 대해 보호 장막 갖기

긍정 바디 이미지의 핵심 개념인 신체 감사는 신체적 기능, 건강함에 대한 감사함뿐 아니라 자신의 바디 이미지의 특이 사항에도 감사하는 마음을 갖는 것을 말한다. 신체 인정과 사랑은 이상적인 바디 이미지와 부조화를 이루더라도 있는 그대로의 모습을 인정하고 사랑하는 것이다. 아름다움에 대한 폭넓은 개념화는 아름다움이 포괄하는 내적 성향을 이해하고, 다양한 관점의 아름다움을 인지하는 것에 초점을 둔다. 신체 돌봄을 위한 투자는 건강한 신체를 만들기 위해 필요한 규칙적인 운동, 충분한 수면, 수분 섭취 등을 잘 챙기는 것을 포함하는 개념이다. 내적 긍정성은 친절하고 배려심 깊은 마음가짐과 행동 등을 표현하는 내적 아름다움을 말한다. 부정적 정보에 대해 보호 장막을 갖는 것은 바디 이미지 형성에 부정적인 정보를 거르고 긍정적인 정보를 선택적으로 흡수하는 행동을 일컫는데, 주로 미디어나 문화적 메시지를 비판적으로 읽어낼 수 있는 능력이 이에 해당된다.

긍정 바디 이미지의 개념을 알고 있는 사람들은 편협하고 왜곡된 미디어 메시지를 적극적으로 걸러낼 수 있어 힘을 갖는다. 자신의 바디 이미지를 긍정적으로 형성하도록, 있는 그대로의 나를 인정하고 사랑하고 돌봐주는 것이 긍정 바디 이지미를 형성하는 방법의 기본이다. 또한 외부 기준에 휘둘리지 않도록 아름다움의 개념을 확장하고 내적 긍정성을 키우고 부정적 영향을 미칠 수 있는 미디어 정보를 거를 수 있는 기준을 갖는 것이 필요하다. 특히 요즘 같은 정보 과잉 시대에는 대중문화에서 쏟아져 들어오는 해로운 문화적 메시지에 비판적 관점을 갖고 이를 걸러내는 일이 더욱 중요해졌다(Wood-Barcalow, Tylka & Augustus-Holvath, 2010).

바디 포지티브 운동의 역사

이처럼 핵심 개념에서도 알 수 있듯이, 긍정 바디 이미지는 사람들에게 몸의 주체성, 다양성, 포용성에 대한 사고의 틀을 제공한다. 긍정 바디 이미지를 형성하는 것이 중요한 이유는 몸의 다양성을 존중할 줄 알게 되고, 몸의 정신적 건강함을 챙기게 되고, 사회구조적 문제로 인해 몸의 차별을 경험한다는 것을 이해할 수 있는 비판적 능력을 갖게 하기 때문이다. 건강한 삶과 사회적 웰빙을 위한 역할도 할 것이다(Cohen et al., 2019). 그래서 이 개념은 우리 책의 핵심 내용이 되고, 사회적 변화를 이끌어내는 바디 포지티브 운동(Body Positive Movement)의 핵심 토대가 된다. 바디 포지티브 운동은 '바디 포지티비티(Body Positivity)'라는 용어로도 함께 쓰인다.

1960년대 미국의 '비만 받아들이기' 운동에서 시작된 바디 포지티브 운동은 제2차 페미니즘 운동의 연장선이기도 하다. 당시 여성 운동은 성차별, 가사 노동의 불평등, 외모에 대한 강박적 사회 기준에 도전하고, 사회적 해방 운동의 형태를 띠고 있었다. 이러한 흐름에서 비만에 대한 사회적 혐오에 반대하고 더 나아가 모든 신체 형태와 사이즈에 대한 차별, 즉 신체 해방 운동을 부르짖는 형태로 본격적으로 확장되었다.

1970년대에는 바디 포지티브 운동이 비만 여성의 권리에 대한 문제였다. 비만인들이 의료, 취업, 사회적 관계에서 몸으로 겪게 되는 사회적 차별에 반기를 드는 운동이었다. 그러다 1990년대에 접어들면서 이 운동은 단순히 비만 수용의 주장에서 모든 신체의 다양성을 포괄하는 운동으로 발전했다. 몸의 사이즈뿐 아니라 성 정체성, 장애인, 유색인종 등 다양한 정체성의 문제도 포함했다. 말 그대로, 몸에 대한 사회적·정치적 맥락에서 비판적 관점을 갖고, 사회 변화 운동으로 강화된 것이다.

2000년대에는 미디어 환경, 특히 소셜 미디어가 빠르게 확산되었다. 이는 바디 포지티브 운동이 더욱더 널리 확산되는 계기를 마련했다. '#bodypositivity, #bodypositivemovement' 같은 해시태그로 개인의 몸 가치를 대중들과 공유하고 연대하기 시작했다. 이에 유명 연예인들도 동참하면서 더욱 널리 알려지게 된다. 자신의 몸 긍정성을 표출하고, 다양성을 옹호하는 지지자들과 함께 이를 상업적으로 이용하는 사람들도 생겨났다. 상업적으로 소비주의와 결합한 바디 포지티브 운동은 원래의 취지에서 벗어났다는 비판도 받게 된다. 특히, 마케팅 도구로 바디 포지티브 메시지를 이용한 패션,

뷰티 기업들은 사회적 비판의 취지를 약하게 만들었다는 우려를 낳았다.

여러 지역사회단체에서도 몸에 대한 사회적 인식 변화를 주도하는 캠페인을 다양하게 펼쳐왔다. 주로 여성단체에서는 미디어나 뷰티, 패션 산업에 몸의 다양성을 담아내라는 요구를 꾸준히 해왔다. 북미에서는 전국여성단체(National Women's Organization)가 내 몸 사랑 캠페인(Love your body)을 펼치며, 신체 이미지의 다양성을 꾸준히 주장하고, 편협된 외모와 신체 이미지를 조장하는 미디어, 뷰티 브랜드에게 변화를 추구하는 사회운동을 지속해가고 있다. 또한 한국여성민우회에서는 여성의 외모, 몸 이미지를 주제로 끊임없이 다양성과 성평등 가치를 실현하기 위한 사회적 운동을 이어 나가고 있다. 2016년에는 미디어운동본부에서 미디어의 몸 다양성 확보를 위한 실태 조사를 실시하여, 미디어에서 여성의 외모 신체 다양성을 적극적으로 모니터링하는 역할을 했다.

바디 포지티브 혁명을 꿈꾸며, 미디어의 노력과 변화를 촉구한다

그러나 아무리 바디 포지티브를 외쳐도, 사회가 쉽게 변하지는 않는다. 미디어를 포함해 여러 뷰티, 식품, 패션 산업이 끊임없이 이상적인 미의 기준을 강제로 주입하는 일을 멈추지 않기 때문이다. 이들의 강요는 집요하며 철두철미하다(이러한 내용은 2장에서 다양한 사례를 통해 확인할 것이다). 그래서 이들이 제시하는 미의 기준이나 몸매를 새로운 담론이 넘어서기가 매우 힘들다. 그 결과 있는 그대로의 나 자신을 사랑하고, 다양한 몸의 이야기를 하며, 서로가 서로의 몸에 대한 포용적인 태도를 지니자는 새롭고 바람직한 트렌드는 더 이상 확산되지 못하고 있다. 하지만, 그래도 여전히 이러한 운동을 지속하고, 더 앞으로 나아가야 할 이유가 분명히 있다. 이것이 우리 모두를 위한 바람직한 방향임이 분명하기 때문이다.

바디 포지티브 문화의 저변이 확대되려면 먼저 사회문화적인 관점이 변해야 한다. 이 같은 관점의 변화는 구성원들의 관점 변화를 필수로 수반하게 되는데, 이것이 가능해지려면 매우 긴 시간이 필요하다. 게다가 사회를 구성하는 다양한 분야에서 각자가 많은 노력을 투입해야 한다. 그중에서도 나는 미디어의 노력과 변화를 촉구한다. 대중매체만큼 사회 구성원들에게 큰 영향을 미치는 것이 없다고 생각하기 때문이다. 지금처럼 텔레비전 프로그램의 아침 정보 마당부터 예능, 다큐멘터리에 이르기까지 너도나도 다이어트에 성공했다는 일화를 소개하고 출산 몇 주 만에 임신 전 몸무게로 돌아갔다는 스타들의 소식을 대단한 일처럼 소개하는 프로그램으로 일관한다면, 전 국민의 다이어트를 향한 질주는 멈추기 힘들다.

미디어의 변화에 더해 바디 포지티브로 변화하는 시점과 방향도 매우 중요하다. 시점은 '지금 당장'이며, 방향은 '양방향'이어야 한다. 사회 구성원 하나하나의 노력으로 시작되는 아래에서의 혁명도 있어야 하고, 정부 정책과 필수 교육 프로그램처럼 위에서 내려오는 변화도 있어야 한다. 위와 아래에서 동시에 작용해야 변화의 물꼬를 틀 수 있다. 위에서 오는 변화는 이미 다이어트 산업을 중심으로 구성되고 고착된 산업적 트렌드가 있기에 더욱 필요하다. 예를 들자면, MZ들은 이미 뷰티, 패션, 피트니스 등 다양한 산업계에서 외형적 몸을 강조하는 광고들에 반기를 들며 소신 있는 소비자 운동을 바디 포지티브 운동과 결합하고 있다. 뷰티 브랜드 '도브(Dove)의 자존감 프로젝트'는 기업의 소셜 캠페인이 기업의 이익 창출을 넘어 소비자를 위해 어떤 가치를 전달해야 하는지 잘 보여주는 성공 사례다. 이 책의 3장에서 이러한 사례들을 소개할 것이다. '긍정' 된 몸을 위해 바디 포지티브 운동이 우리 몸에 어떤 영향을 미칠지 기대해볼 수 있다.

바디 포지티브 운동의 의의

일상에서 내 몸을 긍정하고 수용하자는 '바디 포지티브 운동'은 모두가 자연스럽게 받아들이는 자연스러운 문화이자 개념이 되어야 한다. 우리를 둘러싼 몸에 대한 해로운 문화적 메시지를 바디 포지티브를 통해 조금씩 해소해나갈 수 있다. 이를 위해 다양한 교육 기관들은 학생들에게 신체에 대한 다양한 기능과 가치를 가르치고, 아이들이 자신의 몸에 대한 긍정주의를 확립할 수 있도록 적극적으로 개입해야 한다. 이는 꽤 오랫동안 공을 들여 해야 할 우리의 교육 대계가 되어야 한다. 바디 포지티브에 근거한 다양한 신체 및 정신 프로그램을 마련하고, 이를 활용한 교내외 체험 활동과 다양한 문화적 연계 학습이 이루어져야 한다. 이처럼 우리 몸에 대한 패러다임을 바꾸는 일에는 교육계뿐 아니라 기업과 미디어, 사회 기관 등도 함께 노력해야 할 것이다. 개인과 사회, 문화, 기업, 정부 등이 모두 협력하고 연대할 때 우리가 직면한 많은 몸의 문제들을 해결하는 실마리가 될 수 있을 것이다.

바디 포지티브 운동은 세 가지 측면에서 몸의 새로운 가치를 세우는 데 중요한 역할을 했다.

첫째, 비판적 사고력을 확장시킨다.
둘째, 교육과 실천의 중요성을 일깨워준다.
셋째, 사회적 책임감을 고취시킨다.

이 같은 역할은 우리 사회가 나다운 건강한 몸을 만들어나가는 데 다 같이 앞장설 원동력을 제공해준 것이라 해석할 수 있다. 그래서 우리는 바디 포지티브 운동의 교훈을 되새기고, 더 나아가 사회문화적 맥락에서 내 몸을 바라보고, 이제 몸의 문해력을 기르는 길로 나아가야 한다.

이제 소개할 '바디 리터러시'는 우리 몸을 비판적이고 주체적으로 이해할 수 있는 능력을 키워줄 것이다.

나의 바디 이미지 다이어리:
몸의 변화를 위한 글쓰기를 시작하다

　우리가 몸에 대해 생각할 때 처음 드는 생각은 '무엇'을 가장 먼저 생각해야 하는가일 것이다. 첫 시작이 막막하다면 일단 바디 이미지에 영향을 미쳤다고 생각한 경험들을 끄집어내서 일기처럼 글을 써내려가 보자. 바디 이미지를 형성하는 데 몸의 수많은 경험들이 쌓여서 만들어졌을 테니 경험만큼 좋은 밑천은 없다.,
　표현적 글쓰기의 방법으로 몸에 대한 다양한 경험들, 사건들에 대한 나의 생각과 태도, 감정을 적어보자. 토머스 캐시 박사가 《바디 이미지 수업》에서 소개한 '자기변화를 위한 헬프시트: 표현적 글쓰기'를 활용하면 나의 몸 경험에 대한 재발견, 사건과 감정을 구별하고 나아가는 것을 경험해볼 수 있다.
　표현적 글쓰기의 방식은 심리학자 제임스 W. 페니베이커(James W. Pennebaker, 2004)가 고안한 글쓰기 방식으로, 감정적으로 힘든 경험을 글쓰기를 통해 해소할 수 있는 방법이다. 표현적 글쓰기의 목적은 그저 감정적으로 힘들었던 사건을 잊어버리기 위한 것이 아니라, 과거의 경험에서 의미 있는 이야기를 만들어내고자 하는 데 있다. 글을 쓰는 동안 내 몸에 대한 경험을 끄집어내고 그 경험에 대한 나의 감정을 써보고 오지 내 관점에서 그 사건에 대한 서사를 만들어낼 수 있게 도와준다.
　내 몸의 경험들을 살펴보면서, 부정적이었던 요소들을 걸러내고 긍정의 경험을 위해 무엇을 할 수 있는지도 생각해보자. 이러한 과정은 우리 인식의 변화를 위한 것이다. 사람은 생각한 대로 느낀다고 한다. 내 몸이 경험한 사건 자체와 그 사건을 경험한 내가 무엇을 느꼈는지 감정과 생각을 분리해서 생각해보자. 왜냐하면 내가 그 사건을 어떻게 생각하고 느꼈느냐에 따라 나의 바디 이미지도 달라지기 때문이다. 내면의 경험을 바라보고, 이를 해소할 수 있는 글쓰기를 한번 해보자.

내 몸의 경험으로 새로운 서사 만들기

　내 인생의 시기마다 내 몸에 대한 경험들을 떠올려보자. 개인적으로 가족, 친구 관계에서 대중문화와 미디어에서 받은 영향에 대해 곰곰이 생각해보자. 그중에서 큰 계기가 되었던 사건이 있으면 한번 적어보자. 그때로 돌아가자. 그때의 신체적 특징을 서술해보고 내가 경험한 사건을 적고 내가 느낀 감정, 변화들을 적어보자. 이때 주의할 점은 솔직히 적어야 한다는 점이다. 조용한 곳에서 방해받지 않고 쭉 써내려가자. 그때의 감정과 생각에 집중하되 부정적인 감정뿐 아니라 긍정적 감정이 있는지 찾아보자. 한 편의 이야기를 완성한다는 생각으로 나의 서사를 만들어가자.

1 | 아동기: 나의 신체 특징, 내가 마주한 사건의 경험, 감정
_____
_____
_____

2 | 청소년기: 나의 신체 특징, 내가 마주한 사건의 경험, 감정
_____
_____
_____

3 | 성년기: 나의 신체 특징, 내가 마주한 사건의 경험, 감정
_____
_____
_____

4 | 중년기: 나의 신체 특징, 내가 마주한 사건의 경험, 감정
_____
_____
_____

5 | 노년기: 나의 신체 특징, 내가 마주한 사건의 경험, 감정
_____
_____
_____

몸, 다시 읽다:
바디 리터러시(Body Literacy)로 시작하다

'긴 콘텐츠'에 저항하는 시대, 그러나 여전한 아날로그 감성

이 시대에 '문해력'은 여전히 화두다. 글을 읽고, 쓰고, 이해하는 것이 정말 중요한 시대다. 이제 많은 이들이 5분 영상도 참고 보지 못하는 지경에 이르게 되었다고 한다. 사실 나도 콘텐츠를 선택할 때 5분 내외에서 그 콘텐츠를 볼지 말지를 점검한다. 어느 경우엔 5분이 채 안 걸리기도 한다. 쇼츠와 릴스, 틱톡 같은 숏폼(Short-form)이 대세인 요즘, 조금만 길어져도 '긴 글 주의' 경고문을 붙여야 할 정도다.

대중문화는 이렇듯 더욱더 빠른 속도로 급하게 유행을 소비해버린다. 그런데 한편으로, 아날로그적 감성도 동시에 유행이 되고 있다. '텍스트 힙(Text Hip)'이라는 새로운 트렌드도 생겨났다. 이른바

책을 읽는 것이 멋진 일이 되고, 자랑거리가 되었다. 책을 읽는 20대가 늘어나고 직접 손으로 쓰는 다이어리 꾸미기(다꾸)도 젊은 층 사이에서 오랫동안 유행의 시기를 보내는 중이다. 문화의 흐름이 어떤 방향으로 흘러가는지 명확하게 정의 내리기는 이르지만, '레트로'의 열풍은 오랫동안 장르를 바꾸어가며 우리 곁에 계속 남아 있는 듯하다. 어쩌면, 이제 너무나 급변하는 세상에서 다시 아날로그적 문화에 대한 그리움을 대변하는 것 같기도 하다.

몸의 문해력, 바디 리터러시는 '몸을 읽는 법'이다

이런 문화적 맥락에 맞추어 우리 몸도 한 템포 쉬엄쉬엄 가보면 어떨까 생각해봤다. 그리고 그에 발맞추어 몸을 소비하는 방법과 몸을 대하는 태도도 함께 달라지면 어떨까? 유행을 따르느라 급급해 몸매를 바꿔가는 것 말고, 급변하는 시대에 따라 빠르게 소비되는 몸 말고, 내 몸을 이해하고 내 몸 다시 읽기를 시작해보는 것 말이다.

나의 이 같은 권유는 "우리는 왜 몸을 천천히 더 깊이 이해해야 하는가?"에 대한 물음으로 직결된다. 이 물음에 답하기 위해서는 현대 사회에서 우리가 각자의 몸을 어떻게 인식하고 있을지 먼저 생각해보아야 한다. 미디어, 사회적 규범, 기술 발전이 우리의 신체를 둘러싼 사고방식에 깊은 영향을 미치고 있다. 그러나 몸을 단순한 신체적 존재로만 인식하는 것은 위험하다. 우리 몸은 사회적·문화적 그리고 기술적 맥락에서 더욱 복잡하게 해석되기 때문이다.

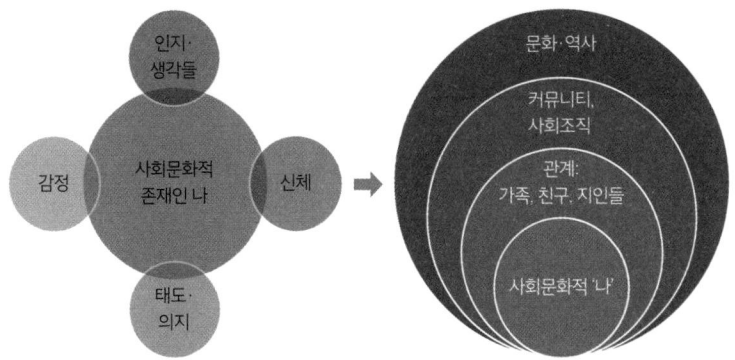

바디 리터러시의 맥락적 이해도: '사회문화적 존재인 나'는 개인적으로 여러 감정, 생각, 태도를 갖게 된다. 그러나 나는 관계, 사회조직, 문화·역사적 맥락에도 영향을 받게 된다.

그런 의미에서 나는 이 책 전체를 통해 몸의 문해력, 즉 '바디 리터러시'를 처음으로 소개해보고자 한다.

바디 리터러시(몸에 대한 문해력)는 한마디로 '내 몸을 읽는 법'이다. 우리 몸이 가진 의미는 얼마나 복잡한가? 앞에서 말했듯, 몸은 단순한 신체적 존재만이 아니다. 따라서 몸을 이해하기 위해서는 여러 문맥적 이해와 기술이 필요하다. 사회적·문화적·기술적 맥락에서의 몸을 바라봐야 한다. 이 책에서 나는 그 다양한 맥락에 놓인 우리 몸에 대한 해석과 우리 몸을 다시 읽는 법을 이야기해보려 한다. 이로써 우리 몸을 온전히 받아들이는 법에 대해 말할 수 있다(이 책에서는 바디 리터러시와 몸의 문해력 두 가지 용어를 섞어 쓸 것이다).

머릿속에 새로운 생각이 자리 잡기 위해서는 문제 인식이 먼저 자리를 잡아야 한다. 몸에 대한 이해 역시 몸에 대한 기존의 통념과 고정관념을 비판적으로 바라보는 것에서 출발해야 한다. 몸은 주로 외모나 상품화된 이미지로 소비되며, 이는 개인의 자존감과 정신 건강에 부정적인 영향을 미치고 있기 때문이다. 새로운 몸 문화를 창조하기 위한 첫걸음은 자신의 몸을 제대로 이해하고 소통하는 능력, 즉 '바디 리터러시'를 함양하는 것에서 시작된다.

바디 리터러시가 추구하는 네 가지 목표

몸에 대한 문해력을 높이는 것은 사회적 통념이나 외부 기준에 얽매이지 않고 자신과 건강한 관계를 맺는 데 초점을 맞추는 것이다. 목표는 다음 네 가지다.

첫째, 자기 인식을 통해 몸의 주체성 회복하기
둘째, 사회·문화·기술적 맥락에서 몸을 이해하기
셋째, 몸에 대한 태도 수정하기: 몸에 대한 존중
넷째, 웰빙을 위해 자기 돌봄 우선시하기: 내 몸과 소통하고 좋은 관계 맺기

디지털 시대이자 인공지능 시대에, 사회적 변화 속에서도 변화히는 문화적 메시지들이 강요하는 외모나 몸매 가꾸기 기준에 흔들리지 않고 자신의 몸 주체성을 회복하는 것이 바디 리터러시의 최우선 목표다. 그러기 위해서는 사회·문화·기술적 맥락에서 개인의 몸을 지켜내는 것은 쉽지 않다는 것을 인지하고, 사회 배경에 대한 영

향력을 인지해야 한다. 단순한 신체적 외모 관리나 다이어트 차원을 넘어 정신적·정서적·사회적 건강과 웰빙을 위한 자기 주도적인 접근을 가능하도록 해야 한다. 그러니 몸에 대한 기본적 철학을 확립할 수 있도록 돕는 것도 바디 리터러시가 지향하는 목표 중 하나다. 몸의 주체성을 회복하려면 몸에 대한 나의 태도가 수정되어야 한다. 몸의 긍정성과 다양성, 포용성이 중요함을 인지하고 실천하는 단계로 나아가자.

바디 리터러시는 긍정적으로 몸을 바라보는 바디 포지티브 운동의 연장선상에서 몸에 대한 긍정적이고 현실적인 태도를 지지한다. 그래서 몸에 대한 변화를 이끌어 내는 인식과 태도, 기술을 익혀 새로운 몸 문화가 형성되도록 격려한다. 마지막으로, 온전한 웰빙을 위해 자기 돌봄 우선시하기를 독려한다. 자신의 몸과 소통하는 법을 배워야 한다는 메시지를 전달한다. 몸이 보내는 신체적·정신적·정서적 신호나 감각을 이해하고, 필요에 맞는 조치를 취함으로써 '몸과 건강한 관계를 맺는 것'을 중시한다.

기존의 몸에 대한 접근과의 차별성: 바디 리터러시 교육의 가치

몸에 대한 논의는 오랫동안 의학적 건강, 다이어트, 식이 조절, 운동 그리고 심리 상담 치료의 영역이었다. 이러한 접근은 몸을 개별적인 문제의 대상으로 분리하여 다루면서, 각 영역에서 몸을 건강하게 관리하는 방법들을 제공하기는 했다. 하지만 이러한 접근은 몸을 단순히 신체를 생물학적 존재, 기능적인 관점에서만 바라보기 쉬워서 몸에 대한 통합적인 이해가 어렵다. 그래서 사회문화적 맥락에서 몸이 갖는 의미를 해석하는 데 한계가 있다.

그래서 바디 리터러시 교육의 가치는 몸에 대한 인식을 변화시키고, 이를 통해 개인의 정신적·정서적 웰빙을 이끌어내도록 하는 데 있다. 사회문화적·디지털 기술적 맥락에서 몸을 이해하고 존중과 수용의 자세로 내가 몸을 대하는 태도를 수정하면, 내 몸의 주체성을 회복하고 내 몸과의 새로운 관계를 정립할 수 있을 것이다.

몸 문해력,
바디 리터러시란 무엇인가

몸 문해력의 핵심 요소

바디 리터러시는 몸을 이해하고 해석하는 다차원적 능력이므로, 이를 개념화하기 위해서는 몇 가지 핵심 요소가 필요하다.

첫째, 자기 인식: 주체적으로 몸과 소통하기

주체적으로 몸과 소통하는 것은 자신의 몸에 대한 감각, 기능, 건강 상태를 이해하고, 이를 자발적으로 관리하는 능력을 말한다. 신체적 자기 인식은 자신의 체형, 피부 상태, 피로 정도를 인식하고 적절히 관리하는 능력이다. 정신적·정서적 인식은 자신의 정신적·정서적 상태가 몸의 상태와 어떻게 연결되는지 이해하고, 감정이 내 몸에 어떤 변화를 주는지 면밀히 느낄 수 있도록 인지하는 것이다.

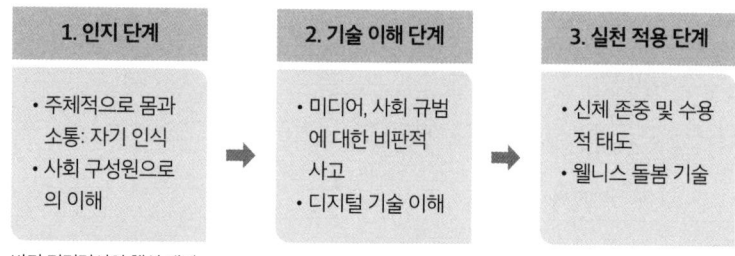

바디 리터러시의 핵심 개념

둘째, 사회문화적 존재로서 몸 이해하기

몸의 사회적 의미를 이해하려면, 자신의 몸에 대한 사회적 규범, 문화적 가치에 의해 통제되는 방식을 이해하는 능력이 필요하다. 사회에서 몸이 어떻게 평가받는지 이해해야 한다. 그래야 그로 인해 통제받고 있는 것이 무엇인지 파악할 수 있다. 예를 들어, 사회적 의미의 젠더 규범, 외모 지상주의, 몸매 지상주의, 사회적 계층을 몸과 관련하여 연관성을 이해하는 것이 이에 해당한다. 몸의 문화적 의미는 자신이 속한 문화에서 몸이 어떻게 이상화되는지, 대중 미디어 등이 몸의 관점을 어떻게 형성하는지 분석하는 능력을 말한다. 몸의 사이즈, 이상적인 몸의 기준, 특정 외모에 대한 추앙은 문화적 바디 이미지를 잘 대변해준다.

셋째, 디지털 기술과 몸의 관계 이해하기

디지털 전환 시대에 접어들면서 디지털 신체라는 또 다른 몸을 경험하거나 기술적 신체 증강을 활용할 수 있는 일이 많아졌다.

디지털 세상에서 내 아바타를 만들고, 새로운 캐릭터(미디어 필터)

로 가상의 나를 꾸미며, VR(가상현실)에서 새로운 신체 경험을 하는 다양한 디지털 신체 경험이 가능해졌다. 또한 우리의 몸을 실제와 다르게 구현할 수도 있게 되었다. 이를 위해서 가상과 현실의 차이를 이해하고 몸의 이미지를 만들어가는 능력이 필요하다.

기술적 신체 증강은 AI 기술이나 웨어러블 기술의 발전으로 스마트 워치, 인공 장기, 생체 이식, 로봇 의수 등 몸의 신체적 변화를 관리할 수 있는 능력까지 가능케 하는 것을 의미한다. 바디 리터러시는 이러한 기술을 이해하고 적절히 활용할 수 있는 능력을 기르고, 데이터나 기술에 절대적으로 의존하지 않고 비판적으로 기술을 받아들이는 데 도움을 줄 것이다. 몸이 새로운 기술과 융합하여 변화된 환경에서 몸을 이해하는 능력이 필요하다.

넷째, 비판적 사고 기술 확장하기

모든 문화적 메시지는 비판적 사고를 통해 해석할 필요가 있다. 미디어 리터러시 교육이 더욱 강조되는 요즘을 생각해보자. 미디어 리터러시는 미디어를 읽고, 재창조해내고, 비판적으로 생각하는 능력을 말한다. 미디어가 보여주는 이미지를 있는 그대로 수용할 것이 아니라 미디어를 재분석하고 다양한 메시지를 면밀히 살펴볼 수 있는 능력을 갖춰야 한다는 말이다. 소셜미디어에서 우리가 흔히 보는 이미지는 대부분 이미지 수정과 편집 과정을 거친다는 것을 아는 것이 중요하다. 만약 이를 있는 그대로 받아들인다면 왜곡된 이미지를 나의 몸과 비교하기 쉽다.

비판적 사고가 필요한 부분은 미디어뿐이 아니다. 사회의 신체 규범에 대해서도 비판적 사고가 필요하다. 이는 사회적 규범이 몸에 가하는 압력을 비판적으로 읽어내고, 이를 적극적으로 거부하고 재구성하는 능력을 의미한다. 일례로 체중이나 성별, 나이에 대한 차별에 반기를 들고 문제점을 지적해내는 능력을 말한다.

다섯째, 몸에 대한 존중과 수용적 태도 갖기
몸에 대한 존중을 바탕으로 다양한 신체 조건을 이해하고 이를 포용할 수 있는 태도를 길러야 한다. 수용적 태도도 중요하다. 있는 그대로의 내 몸에 대한 사랑과 감사가 긍정적인 바디 이미지를 형성할 수 있다. 나의 몸을 수용하고 타인도 이해하면서, 몸에 대해 존중하는 수용적 태도를 길러야 한다.

여섯째, 웰니스를 위한 자기 돌봄 기술 갖기
건강 문해력은 신체와 관련된 정보를 읽고 이해하는 실천 능력을 말한다. 건강 문해력이 높은 사람은 주체적으로 건강 정보를 선택하여 실행하고 예방적 차원에서 건강을 관리할 수 있다. 자기 돌봄 능력은 신체적·정신적·정서적 건강을 골고루 유지하기 위해 돌보는 능력이다. 적절한 식습관, 운동, 휴식, 명상 등을 통해 건강한 생활을 유지하고, 이에 더해 유해한 사회문화적 정보를 거르며 진정한 웰니스를 위한 자기 돌봄 능력이 반드시 필요하다.

몸 문해력으로 열어갈 시대

우리가 맞이할 미래 사회는 더욱 기술 중심으로 변해가고 있다. 인공지능과 디지털 기술은 개인 맞춤형 영양제 추천, 피부 관리 루틴 제공 등 헬스 케어도 가능하고, 몸으로 인한 정신적 어려움의 상담사가 되어주기도 한다. 더 나아가 맞춤 교육 프로그램이 몸에 대한 올바른 이해를 돕는 도구로서 활용될 수 있는 방안을 제시할 수 있을 것이다. 하지만 기술에 대한 의존을 높일수록 몸의 인식에 위험을 초래할 수 있다. 그래서 우리는 몸에 대한 문해력을 키우는 것이 중요해질 것이다. 바디 리터러시 교육을 통해 몸에 대한 통제권을 다시 우리에게 가져와야 한다. 언제든지 디지털 세상에서 가상의 '나'를 만들어낼 수 있는 이 시대에, 사회문화적 맥락과 더불어 디지털 기술 시대의 올바른 바디 리터러시를 키우는 것이 더욱 필요해졌다.

현실과 가상의 세계를 오가는 '나'는 다양한 형태일 수 있다. 하지만 현실 속 나와 디지털 세상의 나는 근본적으로 '같은 나'여야 하지 않을까? 바디 리터러시는 몸을 단순히 물리적 존재로 인식하는 것을 넘어서 '사회적·문화적·기술적 맥락에서 몸을 읽어내는 총체적인 능력'이다. 이것이 급변하는 시대에 우리가 '내 몸 읽기'를 당장 시작해야 하는 이유다. 건강한 몸의 철학을 새롭게 정립하고, 새로운 질문을 던지고, 몸에 대한 긍정적 태도를 기르고, 비판적 관점을 지녀야 몸에 대한 문해력을 높일 수 있다. 특히 다양한 디지털 기술의 혜택을 온전히 누리기 위해서는 올바른 디지털 몸 문해력도 필요하다.

간단하게 요약하자면, 기술의 비판적 수용, 디지털 디톡스, 자기 주도적 건강 관리를 중심으로 기술을 활용해야 할 것이다. 디지털 시대의 바디 리터러시는 기술이 신체에 미치는 영향과 이를 활용해야 한다. 이때 비판적 사고와 자기 주체성은 핵심이 되며, 신체에 대한 새로운 태도를 형성하는 밑거름이 될 것이다. 이 책을 통해 좀 더 많은 이들이 바디 리터러시라는 새로운 능력을 기르고, 몸에 대한 새로운 이해를 통해 개인의 자존감 회복과 사회적 포용성을 증진시키는 미래를 맞이하기를 바라는 마음이다.

몸의 이야기에 귀 기울이자:
내 몸의 역사 기록하기

몸에 대해 침묵하지 말자

"모든 사람에게는 자기만의 이야기가 있고 역사가 있다. 지금 이곳에서 내 이야기와 내 역사를 들려주려 한다. 내 몸과 내 허기에 관해 고백하려 한다."

미국 페미니스트 작가 록산 게이(Roxane Gay)의 《헝거: 몸과 허기에 관한 고백》(노지양, 옮김, 사이행성, 2018) 첫 장에 나오는 문장이다. 나는 짧고 강력한 그녀의 이야기에 곧바로 몰입됐다. 몸에 대한 그녀의 역사는 너무나 참혹하고 진솔했으며, 동시에 당당하고 감동적이었다. 내가 굳이 이곳에서 찬사 몇 마디 보탠다고 그녀의 글이 더욱 빛나지는 못할 것이다. 하지만 우리가 그녀의 글을 통해 더욱 당당하고 자신 있게 우리의 몸 역사를 써나가는 계기가 될 것 같다는 생각은 확실하다.

미국으로 이민 간 아이티계 흑인인 게이는 부유한 가정이었지만 어린 시절 성폭행으로 몸과 마음에 큰 충격을 받고 자신의 '몸'을 은신처로 삼는다. 《헝거》에서 그녀는 초고도 비만인(키 190센티미터, 261킬로그램)이 되어 거대한 몸이 사회에서 경험할 수 있는 온갖 비난과 편견에 평생을 맞닿아 살아간 이야기를 너무도 담담하고 솔직하게 풀어나간다.

그녀는 자신이 너무 많은 공간을 차지해 남에게 피해를 주고, 그래서 필요한 것조차 당당히 요구할 수 없는 처지로 살아왔음을 고백한다. 정상 범주가 아닌 것에 대해 저질러지는 사회의 혐오에 침묵하고, 자신만의 정신 감옥에 갇힌 채 수십 년을 살아왔다고 고백한다. 게이는 40년이 넘게 동고동락한 자기 몸에 대한 글쓰기가 심장 한가운데를 갈라 펼쳐놓는 것과 같다고 했다. 그 누구도 자신의 몸과 같은 초고도 비만에 대해서는 관심이 없고 무시되거나 조롱받았기 때문이다.

나는 그녀가 깬 침묵이 단지 한 사람의 고백으로 끝나지 않을 것이라 확신한다. 그리고 몸 이야기는 모두에게 소중하며, 사회의 편견과 울타리를 차고 나와서 소중한 자신을 발견하는 것이 모두에게 중요하다는 사실을 온 세상 사람이 깨닫기를 바란다.

"있는 그대로의 내 몸을 괜찮게 여기고 잘 지내는 척하면 매우 쉬울 것이다. 내 몸을 내가 미안해하고 설명을 해야 하는 무언가로 보지 않는다면 좋을 것이다. 나는 페미니스트이고 여성을 비현실적인 이상에 구겨 넣으려 하는 천편일률적인 미의 기준이 사라져야 한다고 믿는다. 다양한 체형을 포함하는 더 넓은 의미의 미의 정의가 있어야 한다고 믿는다. 여성이 자신의 몸을 편안하게 여기는 것이 매우 중요하고 그렇게 되기 위해 자신의 몸을 세세한 부분까지 바꾸려 들지 않아야 한다고 믿는다."

—《헝거》, 36쪽.

그녀의 이 말은 이 책의 핵심 메시지와 그대로 맞닿아 있다.

《헝거》를 통해 느낀 점은 내가 다른 사람의 몸으로 살아갈 수 없는 것처럼, 누군가가 경험한 몸 역시 내가 감히 이야기할 수는 없다는 것이다. 그러니 우리는 우리 자신의 역사 안에서, 우리가 만들어갈 몸 문화의 주체가 되어 당당히 우리의 몸 역사를 정립해 나가야 한다. 오늘부터라도 내 몸의 역사를 기록해보자.

자문화기술지로 내 몸의 역사를 되짚어보다

최근에 나는 '바디 포지티브'를 중심으로 자문화기술지 연구를 진행했다(김가영, 2023). 바디 포지티브란 내 몸을 긍정적으로 받아들이자는 운동이고, 자문화기술지 연구란 '나'로부터의 목소리와 경험을 바탕으로 한 연구로 현재에 중점을 두고 내가 경험한 문화를 나 중심으로 서술하는, 나에 대한 문화인류학 서술지로 설명될 수 있다 (박순용, 장희원 & 조민아, 2010).

이 연구는 '나'의 몸 틀에서 바라본 다양한 몸 담론들에 대한 감정, 태도, 이해 등을 신체적·정신적·사회적 측면에서 통합하여 성찰해보는 데 초점을 맞춘다. 연구자인 '나'가 주체가 되어 그동안 어떤 주제의 연구를 해왔는지, 내 몸의 개인적 경험들은 무엇이었는지, 타인과의 관계에서 내 몸은 어떤 담론과 맞닿았는지 되짚어보는 성찰의 시간을 가졌다.

'나'는 나의 바디 이미지를 어떻게 평가하는가, 나는 어떤 문화에서 살아왔고 내가 속한 문화에 대한 나의 태도는 어떠했는가, 내가 접한 미디어와 미디어를 평가하는 내 생각을 기록하고 일상에서 접하는 말과 기억, 연구에서 얻은 통찰, 바디 이미지를 알게 되었을 때의 감정 등을 되짚어보았다. 이번 자문화기술지 연구를 통해 내 경험과 내 몸이 어떻게 사회화되어갔는지, 바디 포지티브 문화를 어떻게 접하게 되었는지 성찰해보게 되었다.

회고: 타인과의 관계에서 내가 경험한 문화 속 몸

내가 살아온 문화에서 나의 몸이 무엇을 경험했을까 되짚어봤다. 나는 몸에 대해 어떤 고민이 있었고 무엇이 스트레스였는지, 다이어트와 어떤 관계를 맺었는지가 먼저 떠올랐다. 나와 가족들의 경우 지금껏 다이어트를 힘들게 해보았다거나 몸에 대한 극심한 스트레스를 받아온 경우는 아니다. 내 경우, 인바디 측정 결과 BMI 기준으로 평균에 가까웠고 살찌지도 마르지도 않은 몸이라고 스스로 생각해왔다. 그다음으로 외모는 어떠했는가. 우리 사회에서 몸매와 외모가 훌륭한 것이 중요하지 않았나 싶어 외모와 관련된 기억을 떠올려봤다. 몸매와 외모, 딱 이 두 가지가 몸 문화의 핵심이 아닐까 싶은 기본 전제가 있었나 보다.

학창 시절에는 피부 트러블이 적은 편이었지만 곱슬머리가 늘 거슬렸고, 무릎의 튼살이 신경 쓰였던 기억이 있다. 달걀형 얼굴이 아닌 것이 불만이었고 안경을 쓴 탓에 덜 예뻐 보이는 눈도 실망스러웠다. 주변 친구들을 봐도 학교에서 예쁜 친구들이 선생님과의 관계가 더 매끄럽고 유연했던 기억도 있다. 외모 스트레스가 적었던 이유는 아마도 외모에 대해서는 무관심에 가까운 집안 분위기가 한몫했다. 어머니도 외모 관리에 크게 신경 쓰는 분이 아니었고 나 역시 어머니를 닮아서 외모에는 크게 마음을 쓰지 않았다. 부정적 바디 이미지를 형성하는 데 가족의 영향이 적었다는 점은 거의 행운이 아닌가 싶다. 적어도 집안에서는 다이어트하라느니, 외모를 꾸미고 가꾸라느니 하는 소리를 듣지 않았으니 말이다.

그렇다면 친구와 주변 사람들과의 관계에서 내 몸은 어떤 경험을 했을까? 아마도 친구들과 주변 사람들의 평가에 대해서는 확실히 신경이 쓰였던 것 같다. 청소년기에는 뻗친 머리를 다듬고, 교복 치마를 접어 올려 입던 기억이 난다. 다리가 두꺼워 보일까 걱정하고, 팔뚝 살이 염려되었던 기억도 난다. 특히 날씬하고 예쁜 아이들은 선생님께 특별한 관심을 받았다는 사실도 기억에 남는다. 그 아이들이 청소 시간에 청소 대신 선생님과 수다를 떨며 시간을 보냈던 일도 선명하게 머리에 남아 있다. 심지어 예쁜 아이가 수업 시간에 쉬는 시간을 만들기 위해 선생님께 애교를 부리도록 반 분위기가 조성되었던 기억도 되살아난다. 이게 '뷰티 프리미엄'이었다는 사실을 이제야 알았지만, 살아가면서 외모와 몸매는 매우 중요한 평가 기준이 된다는 사실은 누가 가르쳐주지 않아도 분명히 알았던 것 같다.

그런데 이 글을 쓰는 내내, 불만족스러웠던 것에 대해 적어 내려가야 할 것이 점점 늘어나고 있다는 것을 새삼 깨닫는다. 사실 내면의 불만족과 상처들을 전부 끄집어내고 있지 못하다는 생각마저 든다. 아니면, 다 잃어버리고 지나쳐버린 수많은 말들과 경험들이 내 몸 어딘가에 남아 있는 것일까? 《헝거》에서처럼 철저하게 솔직한 나의 경험을 서술하지 못했지만, 내가 고민했던 나의 경험에 대한 해석, 성찰, 반성의 시간은 내 몸의 역사는 '나' 자신임을 깨닫게 했다.

알아차리지 못했던 개인적 경험의 가치를 발견하다

나는 자문화기술지 연구법에 따라 나의 기억을 회고한 뒤에 다양한 미디어를 포함한 문화적 인공물들을 분석하고 성찰했다. 출발은 각종 미디어를 비판적으로 읽는 것에서 시작했다. 또한 10여 년 넘게 진행했던 연구 결과에 대해 느낀 점을 회상하고, 내가 살아온 몸의 경험을 모두 소환해보았다. 일상에서 이루어졌던 몸에 대한 수많은 대화의 기억, 외모 품평이 당연시되었던 사회 분위기, 타인의 시선이 중요했던 이유는 무엇일지 성찰해보는 시간도 되었다.

다이어트 커뮤니티들은 따라 하거나 도태되거나, 보여주길 강요하는 사회와 보여주고 싶은 나 사이의 간극에 대해 이야기하는 듯했다. 탈다이어트를 선언한 유튜버의 뼈아픈 고백도 바디 포지티브 문화가 절실히 필요한 이유를 증명해주고 있었다. 내가 어떻게 바디 포지티브 문화가 궁금했는지 추적해가는 자문화기술지 연구 방법은 연구자로서 알아차리고 성찰할 수 있는 이야기들로 가득했다. 무엇보다 다이어트 문화 중심의 패러다임에서 바디 포지티브로의 전환이 절실함을 알아가는 성찰의 기회가 되었다. 그리고 연구자로서 바디 포지티브 문화를 알려야 한다는 사명감이 들게 한 계기가 되었다. 우리가 우리 몸의 역사를 써내려가면서, 내가 알아차리지 못했던 나의 이야기를 기록해보면 어떨까?

내 몸의 역사를 만들어가는 여정

몸에 대한 경험들은 저마다 매우 다양할 것이다. 몸을 가진 모든 이들은 좋든 싫든 몸에 대한 부정적·긍정적 기억을 모두 몸에 새겨나가게 된다. 이러한 경험들이 쌓여 나의 몸 철학, 몸 가치를 만들어가고 사회적 환경 안에서 몸 담론에 대한 기준들을 배워 나간다. 많은 사람이 타인의 시선으로부터 평가받고 감시당하는 느낌으로 살아가고 있지 않을까 염려된다. 사회적 미의 기준에 부합하지 않는다는 생각에 자신의 몸에 대해 만족하지 못하고 불안한 감정을 지닌 채 살아가고 있는데, 이 불편함과 어려움을 그 누가 해소해줄 수 있는지 의문이 들었다. 다양한 몸 문화에 대한 연구를 하면서 알게 되었지만, 사회문화적 이슈들은 복잡하고 긴 역사를 가지고 있었다. 그래서 나는 지금 마주한 다이어트 중심, 외모 지상주의 문화를 긍정적인 몸 만들기를 위한 바디 포지티브 문화로 대체하면서 어떻게 하면 이 둘의 간극을 줄일 수 있을지 고민되기 시작했다.

연구자의 시선으로 바라보는 '바디 포지티브 문화'에 대한 여정은 짧지만 강력했다. 아직 바디 포지티브가 무엇인지 정확히 개념을 알고 실천하는 사람들이 많지 않으리라고 본다. 단순히 용어가 익숙지 않아서는 아니다. 바디 포지티브가 우리 사회 이면에 깊숙이 들어와 있지 않기 때문이다. 한국말로 '내 몸 긍정주의'로 해석되는 이 말은 '내 몸을 있는 그대로 긍정한다'는 대전제를 가지고 있다. 어쩌면 내 몸에 만족하고 긍정하라는 것이 환상에 불과하거나 터무니없는 주장처럼 들릴 수도 있다. 과히 '바디 포지티브 혁명'이 일어나야 가능할지도 모른다. '말이야 쉽지', '자기 몸에 만족하는 사람이 어디 있어?', '맘에 드는 구석이 하나도 없어', '여기를 좀 고쳐야겠어' 같은 숱한 말들은 내 몸에 만족하지 못하는 우리 모두의 모습이 아닐까? 촘촘하게 놓인 허들에 대한 이야기를 조금씩 풀어가다 보면 나를 긍정할 수 있는 이유를 찾아낼 수 있다. 이 책이 그 여정으로 우리를 안내할 것이다.

자문화기술지를 활용한
'나의 몸 역사 기록지' 만들기

　일상에서 자문화기술지 방법으로 몸의 역사를 기록하면, 긍정 바디 이미지를 형성하는 데 많은 도움이 된다. 방법은 어렵지 않다. 일기를 쓰는 것에서 시작해도 좋다. 일기를 쓸 때는 몸의 경험을 해석하고 내 감정과 느낌에 초점을 맞춰보자. 영화나 드라마 한 편을 보더라도 내가 외모나 몸매에 대해 얼마나 평가하는 말을 얼마나 하는지 기록하는 것은 어떨까? 일상에서 남들로부터 듣고 싶었던 '이상적인' 말을 담아 고쳐 써볼 수 있다. 친구들과 대화할 때 외모나 몸매를 평가하지 말거나, 아예 몸에 대한 이야기를 삼가보자. 당연히, 몸을 수정해야 할 대상으로 보지 말고 고민도 늘어놓지 않는다.

　이처럼 나의 일상 경험을 바탕으로 내 몸에 대한 생각, 기록 등을 모으고 문화 콘텐츠(영화, 드라마, 연극, 책, 공연, 전시 등)와 연결된 내 생각과 감상평, 타인에게 들은 말, 타인의 기준이 나에게 미친 영향이 무엇인지 살펴보자. 몸에 대한 경험, 생각, 기록 등을 조각조각 모아가다 보면 나의 몸에 대한 가치관, 나다운 몸 담론을 만들어갈 수 있는 기초 공사가 완공된다.

[자문화기술지 활동 목록]
- 내 몸 탐구 활동 보고서: 셀프 인터뷰하기
- 몸의 일기 쓰기: 바디 이미지 다이어리 쓰기
- 오늘은 내가 영화감독: 영화 주인공의 몸, 외모 내 맘대로 바꿔서 생각하기
- 뉴스 비평: 뉴스에서 다이어트, 건강 관리 비법에 대한 나의 생각 추가하기
- 외모 품평 사절단: 타인의 외모나 몸매 평가 기준에 반기 들기

질문의 힘:
인공지능 시대, 우리 몸에 다른 질문을 던지자

질문의 힘이 중요한 이유

"질문하지 않는 삶은 살 가치가 없다."

— 소크라테스

"나는 특별히 똑똑한 것이 아니다. 단지 문제와 질문을 더 오래 탐구할 뿐이다."

— 알베르트 아인슈타인

철학자 소크라테스와 과학자 아인슈타인의 말은 질문하고 탐구하며 생각하는 힘이 얼마나 중요한지 단번에 깨닫게 한다. 질문은 변화를 이끄는 시작점이다. 질문은 단순히 정보를 얻기 위한 도구라

기보다는 새로운 생각을 이끌어내고 문제를 해결하게 도와주며, 더 나은 방향으로 이끌어주는 원동력이다. 그래서 '질문하는 힘'이야말로 인공지능 시대에 최고로 필요한 능력으로 다시 각광받고 있다.

디지털 기술이 날로 발전하고 있는 요즘, 도대체 무슨 질문을 해야 할지도 모르겠는데 질문들을 어떻게 활용할지도 각 개인에게 달렸다고 한다. 인공지능의 발달로 정보의 양이 헤아릴 수 없이 방대해져 자신에게 필요한 정보를 찾아내고 활용하는 능력이 매우 중요해졌기 때문이다. 중요한 것을 분별하고 비판적으로 정보를 분석해 창의적인 해결책을 찾는 능력이 점점 중요해지고 있다. 인터넷 검색만으로도 수많은 정보들이 쏟아졌는데, 이제는 인공지능 챗봇이 개인에게 맞는 정보를 검색해서 정리해 보여주기까지 하니 생각하고 정리하는 시간이 대폭 줄어들었다. 하지만 인공지능이 내놓은 답변이 나에게 최적의 것인지는 스스로가 점검하고 풀어가야 할 문제다. 질문과 문제를 깊이 있게 탐구하기 위해서는 반드시 스스로 방향성을 갖고 질문하고 이해하는 과정이 수반된다. 앞서 우리가 철학적 질문의 중요성에 대해 언급했듯이, 더욱더 철학적 사고가 필요한 요즘이다.

질문의 힘과 다이어트

다이어트를 결심한 당신, 인공지능 챗봇과 다이어트에 대한 대화를 시작해보자. 질문을 해야 할 텐데 어떤 질문부터 하고 싶은지 생각해보면 어떨까? 혹시 인공지능 챗봇 챗GPT에게 다이어트 방법들을 질문하고 있지는 않았나? 매우 효과적이고 합리적인 수만 가지 방법들을 알아내고 있을 당신에게 먼저 응원의 박수를 보낸다. 어쩌면 당신은 챗GPT에게 아주 논리적이고 체계적인 답변을 얻었을 것이다. 그러나 궁극적으로는 '너만의 판단이 필요하다'는 조언을 얻었을지도 모른다. '궁극적으로'라는 부사어가 붙은 것은 내 몸에 대한 태도나 생각은 나 말고는 그 누구도 모르기 때문이다.

디지털 시대에 인터넷만 검색해도 수많은 다이어트 방법을 손쉽게 얻을 수 있는 요즘, 여러 방법을 잠깐이라도 시도한 적은 많을 것이다. 그러나 정작 다이어트에 대한 내 생각과 태도를 작정하고 깊이 있게 따져본 적이 있을까? 과연 내가 이 기준을 세운 이유는 무엇인지, 왜 이 다이어트가 필요한지, 나 자신은 이 다이어트에 대해 진심인지를 물어본 적이 있느냐 말이다. 정말 나를 위한 것인지 다시 생각해볼 문제다. 이게 바로 질문할 때 철학적 사고가 필요한 이유다. 내 몸을 알고 내 몸에 대한 태도와 생각을 제대로 알아가기 위해서는 제대로 된 질문을 던질 줄 알아야 한다. 내 몸의 진짜 변화를 위해서는 이 같은 근본적인 질문에서 시작해야 한다.

그러자면 나를 알고 개인 맞춤 시대에 필요한 나만의 기준을 갖추어야 하지 않을까? 그래서 이제는 '내 몸을 긍정하는 마인드셋'이 절실히 필요하다. 챗GPT든 수많은 다이어트 성공 사례든 상관없이, '나 자신'에게 물어야 한다는 이야기다. 내가 제안하는 긍정 마인드셋은 새로운 시대에 맞게 힙한 질문을 던지며 나다운 정답을 찾아가는 것이다. 그렇다면 어떤 질문을, 어떤 마음가짐으로, 어떤 기준으로 해야 할까?

질문을 바꾸면 대답이 바뀐다. 당연하게 받아들였던 명제를 이제 잠시 한번 더 생각해보자. 제대로 물어야 제대로 된 답을 얻을 수 있다는 의미다. 나의 질문들을 한 번만 더 점검해보자.

우리는 몸에 어떤 질문을 해야 할까? 왜 그런 질문을 해야 할까?

다이어트에도 효과적인 '남다른 질문들'

다이어트에도 이 공식은 유효하다. 다이어트 방법을 질문하더라도 현재 문화의 맥락에서 비슷한 질문들만 쳇바퀴 돌며 하게 될 가능성이 많으므로, '다른' 질문을 하기 위해서는 마인드셋부터 바꿔야 한다. '몸의 주체를 나로, 내적 기준으로' 바꾼 다음 질문하는 것이다. 우리가 바디 리터러시의 핵심 개념으로 알게 된 몸의 주체성 회복에 초점을 맞춰보자. 우리가 그동안 다이어트에 실패했던 경험이 있다면 떠올려보자. 혹시 질문이 잘못된 것이 아닐까? 예를 들어, '어떻게 살을 뺄 수 있을까?'라는 질문은 추상적이다. 질문을 좀 더 효과적으로 바꿔보자.

"내가 지금까지 다이어트에 실패한 이유는 무엇일까?"

"내가 진정 원하는 것이 무엇일까?"

"이 음식을 먹고 싶은 이유가 무엇일까?"

"오늘 작게라도 실천할 수 있는 한 가지는 무엇일까?

다이어트에 대한 질문을 하기 전에 나의 행동, 목표, 선택들에 대한 자기 성찰이 필요하다. 내가 원하는 것은 단순히 특정 몸무게가 아닐 것이다. 건강, 자신감, 에너지, 체력 증진 등 다양한 개인적 목표와 바람이 있을 텐데, 근본적인 질문을 통해 궁극적으로 원하는 목표로 다시 나아가자. 또한 감정적인 부분, 정서적 측면의 몸의 욕구에 귀 기울여보자. 내가 선택했던 것들과 나의 감정 상태를 파악하고 이해해보자. 지속 가능한 실천 방법을 찾아나서자. 바디 리터러시를 키우면 이 같은 사고력도 키워질 수 있다. 내 몸에 대한 성찰과 반성, 철학적 사고를 키우는 것이 바로 몸의 문해력을 높이는 것과 일맥상통한다. 여기서, 그저 '질문의 힘'을 한번 더 보태는 것뿐이다. 이것이 인공지능 시대, 질문의 중요함과 바디 리터러시의 가치가 만나는 지점이다.

질문을 위한 새로운 기준 세우기

자, 이제는 새로운 질문 기준이 필요하다. 아래 소개하는 세 가지 기준은 우리가 내 몸과 건강을 위한 다이어트를 생각할 때 어떤 자세와 태도로 접근해야 하는지를 잘 알려줄 것이다.

첫째, 미적 집착에서 건강으로 초점을 맞추자.
둘째, 외부 검증보다는 내부 승인으로 시스템을 전환하자.
셋째, 웰빙을 위한 네트워크 환경을 조성하자.

첫째, 미적 집착에서 건강으로 초점을 맞추자. 기존의 다이어트 방법은 특정 몸매를 달성하는 데 집착하느라 건강의 중요성이 간과될 때가 많았다. 내 몸을 알고 나를 위한 다이어트는 몸의 미적 가치를 초월해 몸과 마음에 긍정적 변화를 가져오는 것이 되어야 한다. 이런 마인드셋을 세우기 위해 스스로에게 해야 할 질문은 이런 것이다. 아예 특정 몸무게나 몸매 말고, 건강에 대해 초점을 둔 질문을 해보자.

둘째, 외부 검증보다는 내부 승인으로 시스템을 전환하자. 표준화된 다이어트 방법은 외부 검증을 요구한다. 대표적인 사례가 헬스 트레이너에게 식단을 일일이 보고하고 확인받거나 타인의 체중 감량과 근육량을 비교하고 체크하는 일일 것이다. 타인의 승인을 끊임없이 받는 시스템은 지속 가능하지 않을뿐더러, 나에게 맞지 않아 악순환을 반복하게 될 가능성이 크다. 이를 벗어나기 위해서는 자기 몸이 작동하는 방식을 스스로 수용하고 긍정적인 바디 이미지를 확립해야 한다. 다음과 같은 질문을 해보면 어떨까?

- 건강한 몸을 위해 당장 버려야 할 해로운 습관은 무엇인가?

이 질문은 해로운 습관에서 벗어나 음식과 건강한 관계를 발전시키기 위한 길을 보여줄 수 있다. 밤마다 야식을 먹는 습관이 있거나 아침은 굶고 점심에 몰아 먹는 습관 등이 있다면 당장 버리기 위해 해야 할 목록에 들어가야 할 것이다.

셋째, 웰빙을 위한 네트워크 환경을 조성하자. 우리는 타인과 함께 살아가는 사회에 살아가고 있다. 따라서 서로 상당한 영향을 주고받는다. 그래서 내가 원하는, 지향하는 방향과 같은 마인드셋을 가지고 서로를 응원하는 사람들과 함께하는 것이 중요하다. 사회적 기준에 맞는 외모보다 각자의 웰빙을 중시하는 네트워크를 구축해서 지속 가능한 다이어트를 하고, 몸에 대한 긍정적인 접근 방식을 만들어갈 수 있는 사람들과 어울리자. 다음과 같은 질문을 해보자.

- 나는 나의 주변 사람들과 사회문화에 대한 비판적인 사고를 자유롭게 할 수 있나?
- 나는 내 가족의 응원과 독려를 받고 있나? 반대로, 나는 내 가족의 건강을 위한 응원과 독려를 하고 있나?

특히 소아비만이 고민인 가정의 경우에는 이런 응원과 독려의 시간이 필수다. 아이에게만 식단, 운동을 강요해서는 것은 절대 안 된다. 가족의 네트워크에서 출발하는 게 좋다.

질문도 개인 맞춤형으로

질문은 단순한 문장이 아니다. 그것은 스스로와의 대화이자 성장의 시작점이다. 질문도 하다 보면 는다. 뭐든 의문을 갖고 일단 질문을 해보자. 하나씩 따지다 보면 나에게 맞는 질문법이 생긴다. 결론은 우리도 이미 알고 있을 것이다. 건강의 중요성을 받아들이고 긍정적인 마음가짐을 기르며 주변을 서로 지지하고 자기 관리를 잘하자는 결론인데, 그 초점이 어디에 있었는지 초점 조절을 다시 해보자는 말이다. 이제는 우리의 초점을 사회적 기준에서 개인의 웰빙으로 옮기는 때다. AI 시대에 개인 맞춤이 그 어느 때보다 쉬워졌는데, 디지털 기술을 활용하면서 남들과 다르게 질문하는 생활을 해보자.

지금, 당신은 어떤 질문들로 삶을 채우고 있나?

2장

지배된 몸

몸매 지상주의 문화의 틀 해부하기

"

1장에서는 혼돈에 빠진 몸에 대해 몸의 철학, 몸의 가치 탐색, 몸에 대한 주제들을 생각해 보았다. 이에 더해 바디 이미지, 긍정 바디 이미지, 바디 리터러시까지 몸에 대한 중요한 개념을 소개하고, 우리 몸을 대할 나의 생각과 태도를 점검했다.

2장에서는 그동안 우리 몸이 소비되었던 문화적 배경을 알아보고, 어떤 점을 개선할 수 있는지 찾아보는 시간을 갖고자 한다.

몸이 한 개인인 문화적 존재로서 사회화 과정을 겪을 때 우리 몸이 어떻게 객체화되고 상업적 이익에 의해 상품화되는지 많은 사례를 통해 소개할 것이다. 미디어와 광고, 패션 산업에서 이상적인 몸매를 강요하는 문화가 어떻게 형성되었는지, 그리고 그 결과 개인들이 어떤 자아 왜곡과 정신적 피해를 받는지를 집중 조명할 것이다. 또한 이러한 몸 문화가 몸의 자연스러움과 다양성을 억압하며 불필요한 다이어트와 외모 집착을 조장하고 있다는, 공공연히 알고 있지만 묵인하고 있는 문제도 제기해보고자 한다.

"

섹시한 몸매를 욕망하게 만든 미디어: 몸의 상품화는 왜 문제가 될까?

이게 운동선수의 이미지라고?

누구나 마음속에 뮤즈 하나쯤은 품고 살 것이다. 내 경우는 꽤 오랫동안 '마리아 샤라포바(Maria Sharapova)'가 그 자리를 차지했다. 17세 때인 2004년에 윔블던 대회에서 우승하면서 세상의 주목을 한몸에 받은 샤라포바는 다섯 번의 그랜드 슬램 타이틀을 차지했다. 당시 샤라포바의 인기는 엄청났다. 그녀가 입고 나오는 테니스 드레스, 일상의 패션들, 그녀 이름을 딴 향수, 수도 없이 많은 광고에서 그녀를 볼 수 있었다. 이제는 은퇴하고 시간이 흘렀지만, 지금도 그때 당시를 생각해보면 눈길을 사로잡는 늘씬한 몸매의 샤라포바가 강력한 서브를 날리고 괴성을 지르며 악착같이 공을 쳐내던 모습이 너무나 멋졌던 기억이 난다.

그런데 나에게 가장 강렬한 기억으로 남았던 샤라포바의 이미지는 승리의 순간에 환호를 지르던 모습도, 강력한 서브로 경기장을 압도했던 모습도 아닌 그녀의 '수영복 착용' 사진이었다. 윔블던(2004년), US 오픈(2006년), 호주 오픈(2008년), 그리고 프랑스 오픈(2012년, 2014년)에서 우승한 실력, 전 세계 랭킹 1위를 여러 차례 기록한 테니스 슈퍼스타의 가장 강렬한 이미지가 '수영복' 사진이라니, 너무 허무했다.

그 충격의 사진을 발견한 곳은 미국의 유명 스포츠 잡지 〈스포츠 일러스트레이티드(Sports Illustrated)〉의 특별판 '수영복 이슈(swimsuit issue)'였다. 이 특별판에 섹시한 포즈를 한 마리아 샤라포바가 나와 있었다. 당시 나는 미국의 대학원에서 첫 학기를 맞아 교재

잡지 〈스포츠 일러스트레이티드〉에 실린 마리아 샤라포바
※ 출처: www.swimsuit.si.com

를 사러 서점에 들렀고, 잡지 코너에서 샤라포바 사진을 보았다. 그날 그 일을 계기로 나는 운동선수에게 운동 능력과 미적 능력이 어떻게 관련 있을지 너무나 궁금해졌다.

이 관심은 꽤나 오랫동안 나의 탐구 대상이 되었고, 궁극적으로 나는 여성 운동선수들의 성 상품화 문화를 살펴보게 되었다. 운동성(Athleticism)과 섹슈얼리티(Sexuality)의 관계에 대한 여정이 시작된 것이다. 여성 스포츠 스타들의 미디어 이미지는 어떻게 재현되는지, 그 이미지에는 어떤 사회적 메시지가 내포되어 있는지, 어떤 문화가 만들어지고 있는지 하나씩 연결 고리를 찾아 나가게 되었다.

Athletic or sexy?

운동선수의 미디어 이미지는 어떠해야 할까? 이 질문에 깊이 고민한 것이 나를 지금에 이르게 했다. 'Athletic or sexy?'는 〈젠더이슈(Gender Issues)〉 학술지에 발표한 내 논문 제목이기도 하다(Kim & Sagas, 2014). 사실 나는 운동선수들이 수영복 모델이 되어서는 안 된다는 주장을 하려는 것이 아니다. 그들 역시 얼마든지 수영복 모델로 활동할 수 있다. 다만 이러한 이미지가 어떤 방식으로 이용되고 그 이미지에 어떤 의도가 담겨 있느냐가 무엇보다 중요함을 말하고 싶다. 만약 그 특별한 수영복 이미지가 운동으로 다져진 멋진 몸을 드러내는 목적이 아니라면, 즉 운동의 가치나 몸의 기능적 역할에 대한 존경이 아니라 그저 멋진 몸매 자체가 목적이 되는 몸매 우선주의에 목적을 둔 것이라면 그 의도를 의심해야 한다. 이는 미디어 수용자들에게 운동선수의 몸으로부터의 바람직한 몸의 가치를 전달한다고 할 수 없을 것이다. 또한 운동선수를 꿈꾸는 미래 세대에게도 부정적인 영향을 끼칠 것이 분명하다.

이 '사건'의 깊이는 나에게는 끝없이 깊은 우물보다도 깊었다. 그동안 미디어에서는 여성 운동선수들을 그저 여성성이 강조되도록 부각하거나 때론 성적으로 어필하는 이미지들을 부각하여 뉴스는 물론이고 광고와 홍보 이미지를 열심히 만들어내고 있었다는 사실을 너무나 명확히 알게 된 계기가 되었기 때문이다. 그야말로 미국의 미디어에서 여성 운동선수들의 멋진 몸매 전시는 스포츠 비즈니스의 '꽃'이었다. 성 상품화 마케팅이야말로 여성 스포츠 비즈니스의 핵심 전략 자체였다. 여성 스포츠를 부흥시키기 위한 수단으로 성 상품화는 선택이 아닌 필수처럼 여겨졌다.

SISI, 여성의 몸 상품화에 앞장서다

〈스포츠 일러스트레이티드〉의 수영복 이슈(SISI)는 어떤 메시지를 전달하고 싶은 걸까? 가장 아름답고 날씬하고 선망의 대상이 되는 모델들을 아름다운 배경에 최고의 사진 기술로 펼쳐 보여줬으니 여성의 궁극적 아름다움을 재현한 것일까? 아니면 그저 남성들의 시각으로 섹시한 몸매를 전시하고 소비하게 만든 것일까? 아니면 우리가 가져야 할 이상적 몸을 표현한 것일까? 잡지의 이미지들을 보는 내내 불편하지만 부럽고, 부끄럽지만 질투 나는 이 알 수 없는 마음의 정체가 궁금해졌다. 이런 질문들이 나의 미디어 비평의 시작이 된 것이다.

매년 2월에 올해의 표지 모델을 뉴욕의 타임스퀘어에 처음으로 공개하는 쇼를 하는 〈SISI〉는 소프트-포르노 수준의 신체 노출 이미지를 싣는 게 대부분이다. 또한 수영복 이슈판의 광고는 여성의 몸을 풍자한 이미지를 싣는 특징이 있다. 이를테면 M&M 초콜릿이 수영복을 입고 있는 이미지나 햄버거 광고조차 수영복으로 모조리 바꿔서 광고하는 식이다. 이러한 현상은 몇십 년에 걸쳐 이루어져 왔으며, 여성 스포츠 선수 스스로 이를 당연하게 받아들여 스스로 성 상품화의 중심에 서는 결과를 낳고 있었다. 여기에 게스트로 초대되어 모델이 된 것은 그들 자신에게 이 일이 영광스러운 경험이 되기 때문이다. 이름만 들어도 알 만한 올림픽 메달리스트, 프로 선수들은 이 잡지에 늘 등장했다. 수영복 이슈에서 나온다는 것은 그 자체로 '나 좀 잘나가'라는 증표와 같았다. 스포츠 마케팅은 운동선수의 인기를 섹시함으로 더욱 돋보이게 만들고 있었다.

미디어 이미지에 세뇌당하지 말자

운동선수들의 특별한 등장에 대해 뭔가 특별한 의미가 있지 않을까? 나는 이제까지 출간되었던 모든 〈SISI〉에 등장한 운동선수들의 모습을 좀 더 구체적으로 유형화해보자는 생각이 들었다. 마리

여성 패션모델과 매치된 남성 운동선수의 모습
※ 출처: www.swisuit.si.com

아 샤라포바뿐만 아니라 앞으로도 많은 여성 스포츠 스타가 이 코너를 장식하리라는 예상이 들었기 때문이다. 〈스포츠 일러스트레이티드〉 수영복 이슈 홈페이지(www.swimsuit.si.com)에 가면 운동선수 모델들을 모아둔 세션도 별도로 있다.

특별히 여성과 남성 모델의 차이, 여성 운동선수와 여성 모델 간의 차이를 비교한 결과는 흥미로웠다. 여성 패션모델과의 비교에서 여성 운동선수는 특별히 다른 포즈의 비중이 높지 않았고 비슷한 유형의 모습을 드러냈다. 예를 들어, 바닥에 흘러내리듯이 눕거나 살짝 기울인 몸, 어딘가를 응시하는 표정은 누군가를 유혹하고 있는 듯했다. 반면 남성 운동선수들의 등장은 달랐다.

옆의 사진처럼 유명 패션모델과 남성 스포츠 선수의 매치를 보여주었다. 또는 남성 운동선수들은 여성 패션모델 또는 그들의 여자친구와 함께 화보를 찍기도 한다. 그러나 그 반대는 없다. 여성 운동선수는 오직 모델로서의 포즈만 취할 뿐 함께하는 파트너는 없었다.

이것 역시 확실히 젠더 역할이 강조된 구조로 해석해볼 수 있다. 연구를 위해 수십 년치 〈SISI〉를 보는 내내 수십 장 아니 수백 장의 비슷한 이미지를 보고 있자니 이제 이러한 이미지는 내가 납득하고 체화해야 할 숙제같이 느껴졌다. 멋지게 편집된 미디어 이미지에 세뇌당하는 나를 직면하고, 나는 이러한 연구를 통해 사회문화적 문맥 안에서 몸에 대한 미디어 이미지를 읽어가는 것이 우리의 몸을 지키는 중요한 기술이 될 것이라 확신하게 되었다. 여성의 몸매는 이러해야 하고 몸의 이미지는 미디어의 제작자에 의해 새롭게 구조화된다는 강력한 메시지가 뼛속에 새겨졌다.

운동선수를 섹시함으로 평가하면 안 되는 이유

그렇다면 우리는 왜 미디어에 속지 말아야 할까?

미디어에서 여성의 몸을 성 상품화하게 되면 수용자들 역시 여기에 영향을 받아 남성의 시선에서 자기 자신의 몸을 객체화하게 된다. 이러한 과정을 바버라 프레드릭슨(Barbara L. Fredrickson)과 톰 이안 로버츠(Tom i-Ann Roberts)는 '객체화 이론(Objectification theory)'이라 불렀다. 이 이론에서 가장 주목할 부분은 남성의 시선에서 여성의 몸을 객체화한다는 점이다. 뿐만 아니라 여성 스스로도 몸을 객체화하는 체화 과정을 거쳐 타인의 시선을 의식하고, 남성 중심의 사회에서 비현실적인 몸의 기준을 받아들이는 과정을 거친다. 이러한 내면화 과정은 여성들이 외모와 몸매에 스스로 책임감을 느끼게 만들고, 사회적 기준에 순응하게 하는 결과를 낳는다.

더욱 주목해야 할 점은 성 상품화 문화 속에서는 내 몸에 대한 가치가 타인의 객체로서, 상품화 대상으로서 여겨지는 것에 대한 저항이 적다는 것이다. 즉 가슴이나 엉덩이 등의 여성 몸의 특정 부분이 부각되고, 여성의 젠더 역할을 더욱 강조하는 단계까지 나아가게 만든다는 점이다. 이는 여성의 다른 가치를 평가 절하하는 데까지 이를 수 있다. 예를 들어, 뛰어난 경기력으로 운동을 하고 있어도 외모나 몸매에서 사회적 기준에 미치지 못하면 외형적 조건에 가치가 더욱 부각되어 보일 수도 있다.

성적 객체화는 사람을 온전한 인격체로 보기보다는 성적 욕망과 연결 짓고, 여기에 외모와 몸매 가치가 결부되었을 때 가치를 인정받게 만든다. 그러므로 〈SISI〉의 수영복 이미지가 여성 스포츠 자체에 대한 평가 절하도 될 수 있고, 운동선수들에 대한 몸의 가치를 폄하하는 결정적 계기를 마련하기도 한다. 그럼에도 불구하고 운동선수들이 그토록 그 잡지의 모델이 되는 것이 영광인 이유는 성 상품화 문화 안에서 체화되며 몸의 가치를 미적 측면에서 평가받는데 익숙해진 결과이지 않을까 싶다.

미디어 비평,
문화 디톡스를 위한 시작

　미디어 비평 연구를 하면서 느낀 점은 몸 자체가 상품화되었을 때는 이미지에서 의도된 메시지를 수용자들이 어떻게 받아들일 수 있는지를 미디어 생산자는 반드시 주의해야 한다는 점이다. 여성 운동선수들의 몸을 보여줬을 뿐이지만, 수용자들에게는 선수들과 같은 몸을 가져야 한다는 미디어가 제시해주는 사회적 메시지를 전달할 수 있기 때문이다. 결국 최고의 여성 운동선수의 몸도 섹시하고 늘씬해야 한다는 메시지를 미디어가 강력히 전달하고 있다고 볼 수 있다. 수십 년치 스포츠 잡지들이 내포한 여성 선수 모델의 표정, 손짓, 자세, 사진 촬영 장소 등을 구체적으로 코딩하는 절차를 거치면서 이 같은 심증은 더욱더 명확해졌다. 미디어가 전달하는 방식에 의해 수용자들이 받아들이게 되는 것을 절대로 간과할 수 없다.

　특정한 이미지를 미디어에서 지속적으로 전달받게 되면 이러한 이미지가 체화되고 내면화된다는 미디어 이론이 있다. 그래서 미디어를 비판적으로 읽고 걸러낼 수 있는 능력이 필요하다는 것을 연구하면서 몸소 느끼게 되었다. 미디어를 비판적으로 바라보고 부정적 메시지를 걸러낼 수 있는 능력이 바디 리터러시의 핵심 기술이기도 하다.

여성의 몸, 성 상품화
　주디스 버틀러(Judith Butler)는 《젠더 트러블(Gender Trouble)》(Routledge, 1990)에서, 여성의 미디어 이미지는 사회적으로 축적된 성 역할을 끊임없이 재생산하고 변형하며 거대한 사회적 질서를 만들어낸다고 지적했다. 이러한 성 편협적인 이미지를 적극적으로 개선하기 위해서는 미디어에 대한 강력한 규제도 필요하고 수용자, 소비자 스스로 강력한 사회적 운동에 동참하는 일이 필요하다. 건강하고 다양한 몸을 표현하는 데에는 많은 노력과 행동이 요구된다. 이미 수십 년, 수백 년에 걸쳐 몸은 상품화되고 대상화의 도구로 표현되어왔기 때문이다. 몇몇 해외 국가들은 미디어에 대한 규제, 몸의 표현에 대한 법률 및 정책을 수립하기 위한 노력을 해오고 있다(이에 대한 내용은 다음 글들에서 차례로 소개하고자 한다). 이러한 노력들이 모일 때 비로소 우리 사회는 진정한 포용력을 갖게 되고 미디어로부터 해로운 메시지를 막아내며 편협한 이미지가 사람들을 해치지 않게 할 수 있을 것이다.

날씬함의 사회적 의미

샤를렌 너지 헤세바이버(Sharlene Nagy Hesse-Biber)는 《날씬함의 문화(Cult of Thinness)》(Oxford University Press, 2007)에서 우리는 매일의 일상에서 우리가 무엇을 먹고 무엇을 입는지와 같은 문화적 환경에 의해 세상을 바라보는 시선을 형성하고, 우리가 우리의 바디 이미지를 형성한 가치를 만들어낸다고 했다. 우리 사회에서 날씬하고 획일적인 미디어 이미지에 대한 사회적 메시지는 모두 우리 주변의 미디어, 교육, 주변 사람들로부터 끊임없이 영향을 받아 형성되어온 것이다. 따라서 우리는 문화적 맥락에서 우리 몸을 다시 바라보고, 나다운 몸을 찾기 위한 노력을 해야 한다.

외모 품평,
진심 어린 조언도 칭찬도 불편한 이유

하루라도 외모를 품평하지 않으면 입안에 가시라도 돋듯

"너 배가 남산만 하다. 임신 몇 주는 된 것 같아", "못 본 사이에 왜 이렇게 주름이 늘었어?", "살찌니까 뚱뚱하고 둔해 보여" 등등 일상 속 외모에 대한 평가의 말들은 넘쳐난다. 익숙해서인지 때로는 가벼운 농담처럼, 때로는 진심 어린 조언의 말로 둔갑해 끊임없이 외모와 몸매에 대한 타인의 평가가 이어진다. 직장에서도 학교에서도 늘 외모나 몸매는 누군가의 감시의 대상이 된다. "오~ 오늘 스타일 좋은데", "옆 사무실 ○○ 대리, 코 수술한 거 같지 않아?", "너는 다리는 예쁜데 발목이 두꺼워서 치마는 안 어울려" 등 하루라도 외모를 품평하지 않으면 입안에 가시라도 돋는 병에 집단으로 걸린 것만 같다.

이처럼, 언제 어느 자리에서든, 누구와 만나든 사람들이 외모와 몸매를 평가하는 말을 꺼내는 것은 이미 우리에겐 익숙해진 일상이 되었다. 텔레비전 앞에서는 출연자들의 외모와 몸매를, 친구들과 모임 자리에서는 다른 친구의 외모와 몸매를, 그 누구도 없으면 나 자신의 외모와 몸매를 놓고 아무런 죄책감 없이 단점을 찾아 평가하기 바쁘다. 하루쯤 스스로 자신이 외모나 몸매에 평가의 말을 얼마나 하는지 의식적으로 체크해보자. 아마 그 횟수와 평가 기준에 깜짝 놀랄 것이다.

일상 속 외모 품평이 너무나 익숙하고 자연스럽다. 정작 우리는 문제가 있다는 생각조차 못한다. 무의식적이든 의식적이든 알게 모르게 내뱉는 외모 품평의 말들은 가랑비에 옷 젖듯 우리에게 스며들어 우리의 자존감을 무너뜨리고 심하면 우울증과 불안감, 자기 비하, 더 나아가서는 자기혐오에 빠지게 만든다. 여기서 벗어나려면 꽤 오랜 시간과 노력이 필요할지도 모른다.

영화배우 강동원 앉혀놓고 외모 이야기로 시간을 보낸 <유키즈>

이런 현상이 일상의 보통 사람들에게만 일어나는 일은 당연히 아니다. 외모 품평이나 외모 평가 하면 아마 대중 미디어가 최전선에 있다 해도 과언이 아닐 것이다.

즐겨 보는 TV 프로그램 <유키즈>에 영화배우 '강동원'이 <천박사 퇴마 연구소: 설경의 비밀>의 홍보 차 출연한 적이 있다. 그의 등장부터 MC들이 기대에 찬 눈빛을 보내는 등 분위기가 남달랐다. 강동원의 등장 이후 몇십 분간 오간 말이라곤 외모를 평가하는 말뿐이었다. MC 유재석과 조세호는 강동원과 자신들의 외모를 '굳이' 비교하고 스스로 외모를 폄하하면서 유머의 포인트를 열심히 제공해주었다. 편집 이미지도 시종일관 열렬히 강동원의 외모를 흠숭하기 바빴다. 새 영화를 관객에게 소개하는 배우로서의 감정이 궁금했던 나는 김이 빠졌다. 강동원도 외모 칭찬의 폭풍 속에 어찌할 바 몰라 했다.

이런 일은 비단 강동원에게만 일어나지는 않는다. 소위 '비주얼'이 좋기로 소문난 가수나 방송인들도 그들의 강점인 음악성이나 전문성을 시청자에게 알리기보다는 겉으로 드러난 패션이나 스타일, 외형적인 모습에 치중해서 전파를 타는 일이 얼마나 많은가. '사람'에 대해 궁금해하는 대신 '외형'에 주목해서 시간을 흘려보내는 일은 대중 미디어에서도, 우리 일상에서도 너무나도 자주 일어난다.

외모 품평, 왜 불편할까?

우리가 일상에서 늘 하는 외모 품평, 그저 얼굴이나 몸매에 대해 몇 마디 던지는 게 왜 그리 나쁠까 싶을 것이다. 그런데, 왠지 모르게 늘 마음이 불편하지 않았는가? 미디어에서는 외모 가꾸기와 외모 찬양에 관한 콘텐츠들이 인기가 많다. 외모 품평과 연관지어 곧바로 머리에 떠오르는 드라마들이 몇 개 있다. 인기리에 방영된 드라마 〈외모지상주의〉, 〈내 아이디는 강남미인〉, 〈여신 강림〉 같은 것이 대표적이다. 이런 드라마에는 대개 사회가 정해놓은 미의 기준에 맞지 않아 외모 스트레스로 고생하는 주인공이 등장한다. 그리고 그들은 대부분 다이어트나 성형 문제 등으로 정신적 스트레스뿐 아니라 신체적 고통도 겪는다.

세간에 화제가 되었던 〈내 아이디는 강남미인〉에는 외모 콤플렉스, 거식증, 다이어트, 먹토 등 몸과 관련된 이슈들이 드라마의 소재로 끊임없이 등장했다. 드라마 첫 회부터 여주인공이 얼굴에 대해 타인들을 점수로 평가하는 모습이 나온다. 그녀는 성형수술을 했음에도 늘 얼굴에 자신이 없고 남들과 비교하며 주눅 들어 있다. 반면 남주인공은 남들이 부러워하는 외모를 지녔지만 외모에 대해 남들을 평가하지 않고 본인 스스로도 외모에 개의치 않는다. 그는 드라마 속 대사에서 이렇게 말한다.

"성형 안 하면 안 될 얼굴? 넌 그딴 질 떨어지는 분류로 얼굴을 나누냐? 얼굴 말고 그 찌질한 마인드를 성형하지 그랬냐?"

나는 남자주인공, 도경석의 이런 대사가 매우 인상 깊었다. 그는 잘생긴 외모 덕에 사람들에게 부러움의 대상이 되지만, 그의 진정한 '매력'은 편견 없는 멋진 마인드였다. 그는 이런 내면을 갖추는 사람이 결국 최후의 승자가 아닐까 생각하게 하는 주인공이었다. 이 드라마는 주인공이 내면의 자신감을 찾았을 때 비로소 진정한 사랑과 사회를 살아갈 용기를 얻는다는 메시지를 전달한다.

사실 이 드라마는 '얼굴 천재'라는 별명을 지닐 정도로 외모가 뛰어난 배우 '차은우'가 남자 주인공이라 더 인기가 많았는지도 모르겠다. 하지만 드라마 속 주인공들의 성격, 대사 등에서 외모 품평 문화가 우리의 일상에서 얼마나 삶을 옥죄고 있는지 여실히 보여주어, 생각할 거리가 많은 드라마였다. 외모 평판에서 자유로울 수 있는 사람은 없지만 그 누가 평가의 주체가 된다는 말인지 잘 생각해볼 문제다.

외모 칭찬은 좋을 것일까?: 타인의 기대에 부응해야 한다는 부담감

그렇다면 외모에 대해 칭찬만 받는다면 문제될 것이 없을까? 일상 대화에서 '잘생기셨는데요', '날씬해졌어요' 등의 외모나 몸매에 대한 칭찬은 미덕으로 여겨졌다. 하지만 영화배우 강동원처럼 긍정적으로 외모를 평가받는 이도 끊임없이 미의 사회적 기준에 맞춰야 한다는 압박감에서 자유롭지 못했다고 고백한다. 설사 그 평가가 흉이 아니라 칭찬일지라도 말이다. 이는 긍정적 외모 평가도 부정적인 영향을 초래한다는 연구 결과로 설명된다(Calogero & Thompson, 2009). 사실 외모를 평가받는 자체는 누구나 부담스러울 수 있다는 결론이다. 왜냐하면 긍정적이든 부정적이든 평가라는 것은 타인의 기대에 부응하기 위해 늘 애쓰게 만들기 때문이다. 뿐만 아니라 외모에 대한 평가는 더욱더 적극적인 외모 관리 행동을 해나가는 경향을 나타나게 한다. 일종의 좋은 평가를 유지하고 싶은 심리가 작동한다고 보면 된다. 타인으로부터 시선과 평가를 받는 일은 누구나 부담스럽고 스스로를 자유롭지 못하게 만드는 일이다. 그러니 지금 당장 나부터, 타인에 대해서는 외모나 몸매를 평가하는 말을 줄이도록 다짐하고 실천해보자. 이 실천에는 당연히, 나 자신에 대한 평가의 잣대를 들이대지 않는 것도 포함된다.

외모 품평은 가벼운 농담이 아니다:
외모 품평이 범죄의 발화점이 되기까지

타인에 대한 습관적인 외모 품평은 단순한 의견 표명에 그치지 않는다. 때로는 타인을 모욕하거나 타인의 명예를 훼손하는 것, 성희롱에 이르기까지 다양한 형태의 범죄로 확대될 수 있다. 친구들끼리의 농담이고 놀이였다고 하기에는 결코 가볍지 않은 일에 이르게 되는 것이다. 이는 외모 품평이 매우 위험한 사회적 범죄 행위로까지 가게 되는 경우다.

우리 사회를 떠들썩하게 했던 'N번방 사건(2018)'과 '버닝썬 클럽 사건(2019)'을 기억할 것이다. 'N번방'은 여성과 미성년자를 대상으로 몸 사진을 찍어 협박하고 성적 착취물을 제작해서 텔레그램 등에서 유포한 디지털 성범죄 사건이고, '버닝썬'은 유명 연예인이 연루되어 강남 클럽을 무대로 성범죄, 마약 거래, 경찰 유착 등의 불법 행위를 저지른 사건이었다. 이 둘의 공통점은 여성의 몸을 '물건'처럼 다루고 피해자들을 성적 대상화함으로써 인간 존엄성을 크게 훼손했다는 것이었다.

외모 품평이 범죄로 이어질 가능성은 여러 요소에 따라 다양한 형태로 나타날 수 있고, 그 심각성에 따라 얼마든지 법적인 문제로 발전할 수 있다. 예전 같으면 농담으로 받아들였을 법한 직장 내 대화가 지금은 명백한 '성희롱'에 해당될 수 있으며, 인터넷이나 소셜미디어를 통해 외모를 품평하는 경우 사이버 범죄로 이어질 수 있다.

[외모 품평이 범죄로 이어지는 과정]
- 성적 대상화: 외모에 대한 비하나 찬사는 개인의 성적 대상화로 이어질 수 있다.
- 사회적 정당화: '농담' 또는 '문화'라고 용인되면서 심각성을 축소한다.
- 범죄의 발화점: 성적 착취, 협박, 성범죄와 같은 범법 행위로 발전하면 발생한다.

그렇다면 외모 품평을 우리 일상에서 사라지게 할 방법은 없을까? 나는 줄곧 개인적인 다짐과 실천이 필요하다고 썼지만, 이는 단순히 개인의 문제에서 그치지 않는다. 개인, 사회, 그리고 제도적 차원에서 다양한 노력이 필요하며, 사회공동체가 함께 노력해야 가능한 일이다.

개인적 차원에서 일상이나 미디어에서 무분별하게 이루어지는 외모에 대한 칭찬, 평판 문화에 대한 자각과 변화가 절실히 요구된다. 이제는 외모 품평이 단순한 의견을 넘어 타인에게 피해를 주고 법적 문제로 이어질 수 있다는 점을 유념하는 것이 중요하다. 혹여나 일상에서 무심코 해왔던, 타인의 외모를 비판하거나 품평하던 습관을 당장 버리자. 다이어트 성공과 실패, 섭식장애, 폭식증에 대한 무관심을 넘어서 얼마나 많은 사람들이 본인의 신체에 대해 타인의 평가로부터 자유롭지 못한지 생각해보자. 외모와 개인의 가치를 연결 지어 평가하는 일 또한 멈추어야 한다.

사회적 차원에서 외모 품평 문화를 개선할 수 있는 제안

첫째, 비판적인 미디어 읽기, 필터링 능력을 갖춰야 한다.

이 능력을 우리 사회가 함께 길러갈 수 있는 환경을 적극적으로 조성해야 한다. 무분별한 외모 품평 문화와 지나치게 날씬한 몸매에 대한 동경 어린 메시지들이 그대로 보도되는 미디어 환경 또한 개선되어야 한다. 예를 들어 시청자 모니터링 기능도 도움이 될 것이다. 더불어 미디어 제작자를 위한 긍정적 바디 이미지 교육을 실시하며, 미디어 제작 시 적용해야 할 바디 이미지 재현의 구체적인 가이드라인도 설정할 필요가 있다. 다양한 외모를 가진 사람들을 긍정적으로 보여주는 미디어 콘텐츠도 지금보다 훨씬 많이 공급되어야 한다.

둘째, 외모 차별과 품평의 말, 행동, 인지를 알려주는 교육 프로그램을 학교, 직장, 커뮤니티에 도입해야 한다.

외모와 관련된 고정관념을 깨는 캠페인이나 워크숍을 개최하거나 외모를 포용하는 문화를 장려하는 공동체 활동을 하는 것 등도 사람들의 인식을 변화시킬 수 있는 좋은 계기가 되어줄 것이다. 미디어 리터러시 교육을 통해 외모 중심의 미디어 콘텐츠의 영향을 비판적으로 수용할 수 있도록 돕는 일도 병행되어야 할 것이다.

셋째, 정부는 외모 품평과 관련된 법적 규제와 처벌을 강화해야 한다.

단순 외모 평가를 넘어 이것이 사이버 범죄나 성희롱 등으로 이어졌을 경우 강력한 사회적 제재가 필요하다. 타인의 명예, 수치심, 정신 건강을 침해하는 일에 대한 정확한 정의가 필요하다. 특히 사이버 범죄에 대한 수사와 처벌은 지금보다 훨씬 디테일하게 다루고 처리되어야 할 것이다. 직장, 학교 등에서도 외모 품평과 관련된 차별을 명확하게 금지하는 규정을 마련하고 이를 엄격히 시행하는 일도 병행해야 할 것이다.

프랑스에는 서비스 직업이나 고용 상황에서 외모에 따른 차별을 엄격히 금하는 '외모 차별 금지법'이 있다. 외모를 이유로 한 차별을 금한 캐나다 퀘백주의 '인권법', 성별, 인종, 장애, 나이 등을 이유로 한 차별을 금지한 영국의 '평등법' 등 외모로 인해 사회적 괴롭힘이나 차별하는 행위를 제재하는 외국의 사례를 참조하여 법 제정을 고려할 필요도 있다.

외모 품평을 일상에서 타파하기 위해서는 이러한 개인적·사회적·제도적 노력이 함께 어우러져야 한다. 이 세 가지가 균형 있게 이루어졌을 때 외모보다는 개인의 내면과 능력에 대한 존중이 중심이 되는 문화를 만들어갈 수 있다. 또한 자기 수용을 연습하고 자신의 단점과 결점을 있는 그대로 받아들이는 유연한 자세가 필요하다. 다음 글에서는 개인적 차원에서 몸의 자기 수용이 얼마나 중요한지 알아갈 수 있는 내용을 소개할 것이다.

완벽한 몸매의 그녀,
"단 한 번도 내 몸을 사랑한 적이 없었습니다"

완벽한 몸매의 '메간 폭스', 단 한 번도 사랑하지 못한 몸

"나는 내 몸을 사랑한 적이 단 한 번도 없었다."

'어, 이거 내 이야기 아니야?'라고 속으로 생각하고 있을 사람이 많을까 사실은 두렵다. 이 말은 할리우드 배우 메간 폭스(Megan Fox)가 2023년 〈SISI〉 인터뷰에서 신체이형장애(BDD)를 오랫동안 겪고 있다고 고백하며 한 말이다. 그녀가 누구인지 안다면 고개를 갸우뚱할지도 모르겠다. 왜냐하면 당시 그녀는 할리우드 블록버스터 영화 〈트랜스포머〉의 여주인공으로 국제적인 명성을 얻고 있었으며, 섹시하고 완벽한 몸매로 전 세계적으로 인기를 끌며 관심을 한 몸에 받았던 인물이기 때문이다. 반대로, 그녀가 누구인지 모른다 하더라도 마찬가지로 놀라운 말이다. 단 한 번도 자기 몸을 사랑할 수 없었다니 얼마나 슬픈 현실이겠는가. 무엇보다도 가장 이상적으로 아름답다고 여겨지는 배우조차 자신의 몸에 만족하지 못하다니 그만큼 충격적인 일도 없다[(〈SISI〉(2023.05.15.); "메간 폭스 '내 몸 사랑한 적 없어'… 그가 고백한 '신체이형장애'란?", 〈헬스조선〉(2023.05.17.)]

얼마나 많은 사람들이 자신의 몸을 사랑하지 못하고 한평생을 살아가고 있을지 막연하고 안타깝다. 과연 어떤 사람이 내 몸을 받아들이고 만족하고 있을까? 온통 불만족투성이일 우리들의 몸 이야기는 어디서부터 잘못된 것일까? 그녀의 내면 소리를 알고부터는 날씬하게 가꿔진 몸이 마냥 아름다워 보이지만은 않는다.

신체이형장애, 비현실적인 아름다움의 기준에 대한 결과

그녀가 겪고 있다는 '신체이형장애(Body Dysmorphic Disorder, BDD)'는 어떤 질병일까? 이는 자신의 외모나 신체에 심각한 결함이 있다고 믿는 정신 관련 질병이다. 이 병을 앓는 사람들은 몸에 대해 사소하거나 있지도 않은 결점을 끊임없이 찾아내 외모와 신체를 부정적으로 생각하고 혐오한다. 또 외모에 과도하게 집착하는 특성이 있어 외모를 가꾸는 행동을 지속하는 경향이 있다. 외모 결함에 대한 생각 또한 멈출 수 없어, 고통스러운 생각이 지속되어 일상생활이 힘든 수준에 이르게 된다.

신체이형장애는 전 세계 2% 정도의 인구가 겪고 있는 것으로 추정된다. 남성과 여성 모두 동일한 비율로 발생하며, 주로 청소년기나 성인 초기에 발병한다. 미디어와 사회적 압력이 강한 현대 사회에서는 더욱 흔하게 관찰된다. 메간 폭스의 고백은 신체이형장애에 대한 인식을 높이고 많은 사람들이 자신의 경험을 공감하고 도움을 받을 수 있도록 하는 데 기여했다. 신체이형장애의 주된 증상은 반복적으로 거울 보기, 타인으로부터 외모에 대한 확신을 구하는 행동에 집착하기 등이 있다. 때로는 사회적 상황을 회피하는 경향도 보인다. 이러한 행동은 자신이 느끼는 외모적 결함을 감추거나 수정하는 시도를 유발한다.

 신체이형장애를 겪고 극복하기 위해 애쓴 이들은 단지 메간 폭스만은 아니다. 그래미 수상 가수 빌리 아일리시(Billie Eilish)는 몸에 대한 평가를 피해 헐렁한 옷을 입는 경우가 많았다고 고백했다. 레이디 가가(Lady Gaga) 역시 공개적으로 BDD 증상을 고백하며 정신 건강 관리의 중요성을 강조했다. 〈캐리비안의 해적〉, 〈러브 액추얼리〉, 〈오만과 편견〉 등으로 우리에게 익숙한 배우 키이라 나이틀리(Keira Knightley)는 여기에서 한 발 더 나아간다. 그녀는 할리우드 영화 산업의 비현실적인 아름다움의 기준을 비판하고 나섰으며, 한 인터뷰에서 "진정한 아름다움은 자연스러움에 있다"고 강조했다. 비현실적으로 몸의 이미지를 조작한 영화 홍보 포스터를 비판했고, 포토샵과 같은 이미지 왜곡 행위를 강력히 규탄했다. 또한 그녀는 할리우드 영화에서 획일적이고 한정적인 외모의 배우를 아름다움의 기준으로 규정하는 영화계의 한계를 지적하며, 다양한 몸매와 외모를 가진 배우들이 아름다움을 대표해야 한다고 주장했다. 이처럼 그녀는 포용적이고 수용적인 아름다움의 관점을 옹호하는 활동을 펼쳤다.

유명인들의 신체이형장애 고백은 이 병이 누구에게든 찾아올 수 있는 것임을 알게 해주었다. 유명성이나 외부적 아름다움의 기준은 이 병과 무관함도 알 수 있다. 진정한 자기 수용과 사랑이 그 무엇보다 중요하다. 그가 얼마나 유명한지, 얼마나 아름답다고 평가받는지가 중요한 것이 아니었다.

스스로를 사랑하는 힘

폭스의 신체이형장애 고백은 미디어에서 절대적이라 여겨졌던 아름다운 몸매의 기준이 무엇일지 다시 한번 생각하게 한다. 결점 없이 완벽한 기준을 갖추고 있는 사람이라고 받아들여졌던 폭스조차도 자신의 외모를 부정적으로 평가했다. 내 몸에 만족하는 최우선 조건은 자기 몸을 스스로 먼저 긍정적으로 평가하고 받아들이는 것이다. 아무리 외부의 평가와 기준에 맞추더라도 내 안의 몸 가치를 스스로가 부정적으로 여기면 자신에게 만족할 수 없다. 물론 외모를 가꾸면서 동시에 자신감을 채워가야 하는 것도 맞다. 하지만 내면의 자기 수용이 훨씬 중요하다. 자기 수용은 자신의 단점을 인정하고 있는 그대로의 모습을 받아들이는 자세를 말한다. 그렇게 우리는 현실적이고 달성 가능한 목표를 설정함으로써 건강한 삶을 영위해나가는 것에 초점을 맞춰야 한다.

폭스의 사례는 외모에 대한 사회적 기준이 얼마나 얄팍한지에 대한 방증이자 자신의 기준을 세우는 것이 얼마나 중요한지에 대한 증표다. 결국 진정한 아름다움은 내면에서 비롯되며, 자신을 있는 그대로 사랑하는 것이 행복의 열쇠다. 그러니 더욱더 열심히 긍정적으로 내 몸을 받아들이자. 내 몸을 한 번도 사랑한 적 없다면, 내 몸을 사랑하는 나의 기준을 점검해보자. 다행히 폭스도 "나 스스로를 사랑하기 위한 여정은 절대 끝나지 않을 것"이라고 덧붙였다. 그녀는 자신을 수용하기 위한 심리 치료, 명상, 자기계발을 실천하고 있다고 한다. 신체 불만족 시대에 우리가 함께 가야 하는 여정도 그녀와 같지 않을까 싶다. 스스로를 사랑하기 위한 길은 반드시 있다. 그녀도 찾을 수 있고, 우리도 찾을 수 있다.

몸 문해력을 높이는
'내 몸 사랑' 행동 강령

외부의 기준에 비판적으로 저항할 때 신체는 온전히 내 것이 된다. 내 몸을 사랑하기 위해 어떤 행동을 해야 할까?

먼저, 아름다움의 기준은 늘 변한다는 사실을 받아들여야 한다. 그 다음, 내가 속한 문화의 메시지들을 비판적으로 해석해낼 수 있어야 한다. 그런 다음에 그릇된 사회 기준과 인식에 내가 어떻게 저항할 것인지에 대한 전략을 세워야 한다. 이것이 바로 몸 문해력을 높이는 기술이다.

첫째, 아름다움에 대한 비현실적인 사회적 기대를 저버리자.

그 누구도 신체이형장애에 걸릴 수 있다. 그러니 우리 스스로 지켜낼 힘을 길러야 한다. 키이라 나이틀리가 주장했듯이, 우리 사회는 다양한 몸매를 보여주지 않고 아름다움에 국한된 기준을 제시하고 있다는 점을 반드시 인지하자. 비판적인 관점으로 미디어 이미지를 걸러낼 수 있어야 한다.

둘째, 당신이 복종해야 할 몸 권력의 지배자는 누구일지 파악하자.

미디어에서 제시된 수많은 이미지들 중에 완벽한 몸매는 어떠했는가? 그것이 나에게 부합되는 기준이었다면 문제 없다. 하지만 내가 불편함을 느꼈다면, 내가 믿고 있는 이 기준은 나에게 맞지 않다. 우선 나 자신이 그 기준을 따르지 않기로 했다면, 미의 사회적 기준이 당신에게 피해를 줄 수 없다. 우리 사회가 만들어놓은 이상적인 기준에 맞춰 살기 위해 애쓰기를 중단해보자. 48킬로그램이 모두의 이상형 몸무게일 필요는 없다. 내가 선택하지 않은 기준이 내 몸의 가치를 판단하도록 허락하지 말라.

셋째, 자신의 단점과 결점을 받아들이는 자기 수용적 태도를 길러내자.

아쉽게도 타인은 내가 생각하는 것만큼 나에게 관심이 없다. 그 누구도 나의 모습을 면밀히 살펴보고 평가하고 있지는 않을 것이다. 친구와 같이 찍은 사진을 함께 봤던 경험을 떠올려보자. 각자 사진에 나온 자신의 결점을 찾느라 분주했던 적은 없는가. 다른 사람의 얼굴이 잘못 나왔다고 지적하는 일은 없다. 대부분의 사람들은 자기 자신에게 관심이 더 많다. 나의 몸무게가 2킬로그램 줄었는지 늘었는지 타인은 알 길이 없고, 관심도 없다.

타인은 나를 그렇게 신경 쓰지 않는다는 점을 명심하자. 내가 나를 있는 그대로 사랑하는 연습을 하면 된다. 좀 더 적극적으로 나에게 긍정적인 영향을 미치는 이미지를 선택적으로 보고, 자신과 비슷한 경험을 이야기하는 사람들과 어울리자.

주위를 둘러보자. 나와 똑같은 몸매를 지닌 사람은 한 사람도 없다. 이렇게 다양한 사람들이 존재하는데, 어찌 한 가지 아름다움의 기준만 존재할지 의심해보자.

그 언니의 몸매,
당신의 추앙 대상은 '허상'입니다

'좋아요'가 되면 '옳아요'가 되는 SNS 파워 인플루언서의 몸

"우리 버금이들~ 영상이 마음에 드셨다면 좋아요, 구독, 알림 설정 눌러주세요."

당연히, 멋진 그녀의 영상에 오늘도 '좋아요'를 꾹 눌렀다. 힙으뜸 채널 구독자들을 칭하는 버금이라는 애칭과 함께 안내되는 마지막 멘트는 나에게 아주 익숙하다. 몸매 이미지를 공유하는 사람들은 몸에 대한 사회적 인정을 요구하고 갈망한다. 이 언니도 '좋아요' 버튼을 눌러달라고 호소하지 않는가. 누군가의 콘텐츠를 팔로우하고 '좋아요'를 누르는 것은 너무나 자연스러운 우리의 일상이다. 이미 유튜브 시청이나 인스타그램 같은 소셜미디어의 콘텐츠를 감상하는 일에 상당한 시간을 보내는 일이 중요한 루틴이 되어버린 사람도 많을 것이다. 아니나 다를까, 나뿐 아니라 수천 명이 이미 '좋아요'를 누른 상태다. 이렇게 대중이 좋아하니 내가 '좋아요'를 누르는 것도 당연하다. 의심할 여지가 없다. 그리고 '좋아요' 된 몸의 이미지는 내가 아닌, 모두 좋아하는 몸의 이미지일 것이라 굳게 믿게 된다.

최근 나의 목표는 하루에 한 개씩 운동 영상을 보면서 그대로 따라 하기다. 유튜브에는 딱 나의 목표치만큼만 따라 하면 좋을 영상이 넘쳐난다. 하루 10분 스트레칭, 25분 전신운동 등은 입맛 따라 기분 따라 한 번의 클릭으로 내 운동 루틴을 제시해준다. 오늘 운동도 내가 즐겨 보는 '힙으뜸' 채널을 가볍게 시청하는 것으로 대신했다. 심으뜸(채널명은 '힙으뜸')의 늘씬한 다리에 잘록한 허리, 탄탄한 엉덩이 근육은 보는 것만으로도 감탄이 절로 난다. 이것만으로 동기부여가 확실해져 하루하루 따라 하다 보면 나도 저런 몸매를 갖게 될 날이 오리라는 상상이 절로 드니, 오늘 운동은 이쯤만 해도 되지 않을까 싶은 생각이 들어서다. 이 '언니'만 믿고 따르면 나도 언젠가 저런 몸매를 가질 수 있을 거다. 모두가 믿고 따를 수 있는 기준을 제시해줘서 든든했다.

내가 오늘 어떤 콘텐츠에 좋아요를 눌렀나 가만히 되돌아봤다. 뭔가 내게 도움이 되었다고 여겨지고 내가 이루고 싶은 이미지에 마음이 갔고, 그래서 '좋아요' 버튼을 눌렀다. 소셜미디어에서 '좋아요' 된 콘텐츠에 끊임없이 노출되다 보니, 보는 사람들로 하여금 미디어에서 늘 보던 몸매를 본인의 이상형으로 요구해야 할 것 같은 심리적 압박감마저 든다. '좋아요'가 많으니, 마치 그것이 '옳아요'가 된 것처럼, 그 기준이 옳은 것처럼 여겨지고 갈망하게 된다.

언니의 몸매는 나에게 허상일 뿐이다

인기 있는 일반인 피트니스 인플루언서들은 몸매 가꾸기뿐 아니라 일거수일투족이 모두 추앙의 대상이 된다. 내가 매일 루틴으로 따라 하고 있는 이들 중 애플힙의 대표자 '심으뜸'과 운동하는 엄마의 대표자 '스미홈트'가 있다. 그들은 운동뿐 아니라 다이어트 식품 브랜드와 운동 도구 및 피트니스 센터, 영양제와 뷰티 산업까지 전 비즈니스 영역으로 사업을 확장하는데, 이들에 대한 사람들의 반응도 매우 뜨겁다.

이들은 다양한 플랫폼 활용 능력도 뛰어나다. 유튜브, 인스타그램, 홈페이지, 카페, 챗봇 등 다양한 채널을 통해 적절하게 소비자들과 소통한다. 또한 이들은 몸매 가꾸기에 대한 나름의 몸 철학과 사회적 메시지를 전달하기도 한다. 그래서 소비자들은 이들을 닮기 위한 노력을 아끼지 않는다. 기꺼이 이들이 추천하는 다이어트 식품을 먹고 영양제를 복용하며 홈트 기구를 사고 필라테스 센터에 등록한다. '좋아요'를 누르는 팔로워인 데서 한 발 더 나아가 충성 고객이 되어간다. 이들은 실로, 잘 가꿔진 몸매 자체가 엄청난 사회적 자본이 된다는 것을 확실하게 보여주고 증명한다. 그래서 사람들은 '언니'의 몸매뿐 아니라 '언니'의 모든 것을 추앙하게 된다. 그리고 그 결과, 자연스럽게 '언니'의 기준이 바로 나의 기준이자 교본이 되고 만다(김가영, 2022).

그들이 아닌 '나'의 몸을 추앙하라

'몸매 가꾸기'라는 행위 하나에 얼마나 다양한 산업들이 얽혀 있고 이를 둘러싼 경제 메커니즘이 얼마나 복잡 미묘한지 짐작해보자. '언니'의 기준이 나의 기준이 된 줄도 모른 채 자신에게 맞지도 않는 방식을 강요하며 고군분투하는 것이 '허망'하고 '헛된' 일로 끝나는 것은 어찌 보면 매우 당연한 결과일 수밖에 없다.

언니들의 선택된 몸매, '좋아요'가 된 몸매는 우리를 주눅 들게 만든다. '좋아요'가 될 나의 몸매는 언제 만들어질지 기대되기도 하고, 동시에 그로 인해 좌절되기도 한다. 어느새 동경의 대상이 된 이들 이미지는 왜 내 몸에 대해 자유롭게 생각하도록 만들지 못할까? 오히려 이들이 제시한 몸매는 스스로를 부족하게 느끼도록 만들어버리지 않나? 단순하게, 그들의 몸매를 '부럽다'라고 느끼는 감정의 출처는 남과의 비교에 익숙한 인간의 인지적 특성 탓이기도 하다. 비교하는 삶에 익숙하다 보니 남의 것이 더 좋아 보이고, 좀 더 높은 기준에 나를 맞추는 일이 더 익숙한 탓인지도 모른다. 나만의 '고유성'은 배제한 채 무수히 비교하는 데만 익숙하다 보니 나의 고유성보다는 '부족함'을 찾는 데 더 익숙해지고, 그 결과 나의 부족함이 더 드러나 보이는 것이다. 결국 파워 피트니스 인플루언서들이 제시하는 몸매 가꾸기는 그들에게 기준이 맞춰진 방식이지 나에게 맞춰진 방식은 아니다.

우리가 추앙하는 그들 몸의 실체는 무엇일까?

혹시 '몸매'만 남고 몸에 대한 이야기는 사라진 것이 아닌가. 그들이 제시한 기준(그들의 근육량이라든지 몸매, 체중 등)은 나에게 맞지도 않으며 나에게 적합한 몸도 아닌데, 거기에 나를 꿰맞추려다 좌절하고 실망하고 나 자신을 비하하게 된 것이 아닌가. 우리가 파워 피트니스 인플루언서들에게 배울 것은 그들의 꾸준한 운동 습관과 자기 몸의 주인이 되려는 의지, 건강한 삶의 가치를 추구하는 자세 등이지 그들과 똑같이 닮은 몸이거나 그들이 누리는 사회적 자본(경제적 지위)이 되어서는 안 된다. 몸에 대한 확고한 신념은 건강한 신체와 나 자신을 긍정적으로 바라보는 시각에 맞춰져야 한다. 나에게 맞지 않는 허상 말고 바로 내 몸이 내가 추앙할 대상이다.

타인의 기준이 나의 기준이 될 수는 없다. 미디어의 이미지가 곧 나의 기준이 된 '몸매 이상형'을 벗어던지는 길이야말로 내 몸을 온전히 추앙하는 첫걸음이다. 소셜미디어 속 언니들의 몸매를 감상하는 시간은 잠시 내려놓자. 우리가 타인의 기준을 따르는 것은 미디어에 노출된 특정 이미지를 우리가 내재화했기 때문임을 명심하자. 이제 나 자신의 몸을 추앙할 때다.

비판적 미디어 읽기로 허상 무너뜨리기:
문화경작이론

타인이 제시한 몸의 기준을 추앙하고 내 것으로 만들려는 이유는 무엇일까?
 우리는 미디어를 통해 세상을 본다. 미디어가 보내는 수많은 메시지를 여과없이 수용하면서, 미디어 정보의 홍수 속에서 우리에게 부정적일 수 있는 메시지를 쉽게 고를 수도 알아차릴 수 없다. 미디어를 통해 노출된 이미지나 메시지에 익숙해진 사람들은 노출된 정보를 당연한 '사회적 기준'으로 여기게 된다. 우리가 비판적으로 미디어를 읽어내야 하는 이유가 바로 여기에 있다. 지속적으로 노출된 이미지에 자신이 체화되는 과정이 일어난다. 이를 문화경작이론(Cultivation Theory)이라 한다.

이 이론은 장기적인 미디어 노출이 사람들의 현실 인식과 사회적 태도에 미치는 영향을 설명한다. 예를 들어 사람들이 소셜미디어에 노출된 이미지를 지속적으로 보게 되면 미디어 이미지를 보이는 그대로 수용하게 된다. 이렇게 내재화된 이미지는 현실 세계를 미디어의 세계와 유사하게 인식하도록 유도한다. 마치 농부가 곡물을 경작하듯이 미디어가 사람들의 내면에 이미지를 경작하게 된다는 의미에서 문화경작이론이라 한다. 또는 미디어가 수용자 대중에게 현실 세계에 대한 특정 이미지를 계발하는 힘을 가지고 있다는 의미에서 '문화계발이론', 대중 매체에 의하여 시청자 또는 소비자의 인지가 계발되거나 배양된다는 의미에서 '배양이론'이라고도 부른다.

이 이론에 따르면 만약 우리가 소셜미디어에서 날씬한 몸매의 이미지만 지속적으로 보게 된다면 이를 정상 범주로 간주한다는 것이다. 그래서 궁극적으로 날씬한 몸매를 갖는 것을 내재화하게 된다. 날씬한 몸매를 내재화했으므로, 이를 갖고 싶은 열망은 '정상'으로 여긴다. 결국 소셜미디어는 본인에 맞는 건강한 몸매는 잊은 채, 몸에 대한 새로운 강박 관념을 재생산하는 역할로 우리를 부추긴다. 그래서 우리가 추앙하는 대상은 진짜가 아닌, 허상일 수밖에 없다.

'좋아요' 함정에서 벗어나기:
소셜미디어 노출 시간 관리법

1단계 _ 생각 열기: 언제부터 우리 삶에 '좋아요'와 '팔로워 수'가 중요해진 걸까?

소셜미디어에서 '좋아요' 버튼을 눌러보았거나 좋아요 수를 확인해본 적이 있다면, 한 번쯤 그 숫자가 나한테 어떤 의미를 지니는지 생각해보자. 소셜미디어에서 수많은 팔로워를 거느린 인플루언서들을 떠올려보자. 그들은 '좋아요' 버튼에 촉각을 곤두세우며, 긍정적인 코멘트를 받아내고자 애를 쓴다. 소셜미디어에서 얼마나 많은 사람들로부터 관심을 받았느냐가 디지털 세계에서 이들의 경제적·사회적 지위와 능력을 결정하기 때문이다. 그들의 영향력에서 한번 벗어나보자. 벗어나면, 별거 아니다.

2단계 _ 의문 갖기: 나의 '좋아요'는 진짜 '내가' 좋아한 것일까?

소셜미디어의 팔로워 수가 '파워 인플루언서'들의 영향력을 말해주고, 그들의 상업적 가치는 어느 때보다 커지고 있다. 좋아요 수와 구독자 수는 이제 사회적 인기와 더불어 막대한 자본으로 쌓인다. 결국 좋아요가 곧 돈이고 권력이 된다. 평범한 이들도 자신이 그런 몸매와 외모를 지니면 자본과 사회적인 인정의 결과를 모두 누릴 수 있을 것이라 기대할지도 모른다. '건강한 몸'이 뒤로 밀리고 그 자리를 돈과 권력이 차지한다. 내가 진짜 좋아요를 누른 이유가, 건강한 신체와 내게 맞는 운동법을 찾아서인지 저들이 상징하는 사회적 지위와 경제적 부에 대한 부러움인지 헷갈리기 시작한다.

3단계 _ 실천하기: 소셜미디어, 노출 시간 체크 YES! 알림 설정 No!

소셜미디어에 노출되어봤자 얼마나 노출되겠냐고 생각하는 이들도 있을 것이다. 내가 하루 동안 보는 소셜미디어 시간을 객관화해보자. 지금 당장 핸드폰에서 제공되는 미디어 사용 통계 수치를 체크해보자. 예를 들어 '스크린 타임'이 제공되는 아이폰의 주간 이용 시간을 확인해볼 수 있다. 내가 어디에 얼마만큼 시간을 사용했는지 내 눈으로 정확한 숫자로 확인할 수 있다. 팔로우하는 상대의 유튜브 영상 몇 개 봤을 뿐이고, 인스타그램 최신 피드를 잠시 스크롤했을 뿐이다. 그런데 그새 서너 시간이 훌쩍 넘어 있을 때가 허다하다. 알람이 울릴 때마다 바로바로 확인해볼 만큼 긴급한 소식은 없다. 내가 미디어에 언제 얼마나 어떻게 노출되었는지를 정확히 알게 되면 아마 화들짝 놀라게 될 것이다. 난 이렇게 사용한 적이 없다고 부정해도 소용없다. 나의 황금 같은 시간을 더 이상 그들에게 내주지 말자.

[나만의 소셜미디어 통제권을 쟁취할 추천 콘텐츠]
- 《도둑맞은 집중력》(요한 하리, 김하현 옮김, 어크로스, 2023)
- 《메이크 타임: 구글벤쳐스의 혁신적 시간관리법》(제이크 냅·존 제라츠키, 박우정 옮김, 김영사, 2019)
- <소셜딜레마>(제프 올로프스키 감독, 넷플릭스 다큐멘터리 영화, 2020)

새로운 몸매 지상주의의 서막:
씬스피레이션 vs. 피트스피레이션

 전 세계의 운동 인플루언서들이 새로운 문화적 코드로 자리 잡으면서 피트니스 열풍을 선도하고 있다고 해도 과언이 아니다. 이들의 활약은 다양한 소셜미디어 트렌드로 점점 확산되는 추세다. 앞서 언급했듯이, 우리는 그들을 맹목적으로 추앙할 것이 아니라 새로운 소셜미디어 트렌드가 주는 의미를 다시 한번 짚고 넘어갈 필요가 있다. 시대적으로 추앙되는 몸매는 언제나 변해왔다. 이제는 날씬하기만 한 몸매 말고 운동으로 다져진, 멋진 몸매를 추구하는 게 대세란다. 우리 앞에 새롭게 우상화된 이 몸매는 과연 새로운 것일까? 정말 우리에게 해로운 것은 없는가? 아마도 '새로운 몸매 지상주의'의 서막이 아닐까? 우리가 추구하는 완벽한 몸매에 대한 집착은 건강과 외모를 혼동하는 위험한 선택이 되지 않을지 잠시 멈춰 생각해보자.

웰빙라이프 소셜미디어 트렌드, 피트스피레이션(#fitspiration)

소셜미디어에서는 건강한 라이프 스타일을 추구하고 운동 자극이 될 만한 내용의 음식, 운동, 일상의 사진을 공유하는 트렌드가 점점 확산되어왔다. 이러한 트렌드를 피트니스(Fitness)와 영감(Inspiration)을 합쳐 '피트스피레이션(Fitspiration)'이라고 부른다.

'피트스피레이션'은 사람들이 운동을 하고 좋은 음식을 먹고 건강한 라이프 스타일을 갖도록 동기를 부여한다. 뿐만 아니라 적극적으로 운동을 자극하는 이미지나 동영상 등을 공유하면서 새로운 유행을 만들어내는 순기능을 한다. 또한 건강한 라이프 스타일을 장려하고, 운동을 통해 자신의 몸매를 가꾸어서 궁극적으로 내적 강함과 나에 대한 권력(Empowerment)을 갖게 해준다. 무엇보다 피트스피레이션은 사람들로 하여금 운동을 하고 건강한 생활을 유지할 수 있는 동기 부여에 초점을 맞추며, 날씬한 몸매만을 강조하던 기존의 몸 문화 풍토에 대한 강한 거부를 나타낸다. 그렇기에 피트스피레이션은 지나치게 체중 감량을 향해 매진하는 다이어트 문화에 대한 강한 비판을 만들어내는 사회적 움직임으로도 해석되었다.

섭식장애를 조장하는 씬스피레이션(#thinspiration)

피트스피레이션은 기존의 독보적인 몸 문화 트렌드인 '씬스피레이션(Thinspiration)'의 대척점에 자리한다. 날씬함(Thinness)과 영감(Inspiration)의 합성어인 씬스피레이션은 마른 몸매에 대한 영감을 주고자 하는 콘텐츠를 일컬으며, 날씬함을 극도로 추구해 심각한 건강 문제를 야기했고, 심지어 사회적 문제로까지 확산되었다. 이는 거식증을 유발할 뿐 아니라 과도한 다이어트로 인한 몸에 대한 불만족이 커지게 만든 직접적인 원인을 제공하기도 했다. 또한 정서적으로 낮은 자존감을 유발하는 근본 원인이 되기도 했다. 씬스피레이션은 분명히 우리 몸에 대한 부정적 정서를 만들고 건강한 이미지를 갖는 것을 저해하는 명백한 요인이다.

프랑스에서는 이 같은 부작용을 막기 위해 극단적 마름을 추구하는 '프로아나[Pro-Anorexia: '찬성하다'라는 뜻의 프로(pro)와 '거식증'이라는 뜻의 아노렉시아(anorexia)를 합친 합성어를 줄인 말]' 콘텐츠의 확산을 법적으로 규제하고 건강하지 않은 바디 이미지를 홍보하는 행위를 금지하여 청소년들과 젊은 세대를 보호하는 정책을 펼치기도 했다.

새로운 신체 공포 시대: 소셜미디어에서 몸 문화의 도전

하지만 어느 것엔 장점만 있고 어느 것엔 단점만 존재하는 것은 아니다. '씬스피레이션'과 '피트스피레이션' 모두 장단점이 존재한다.

소셜미디어에 제시된 몸 문화 트렌드의 특징을 살펴보자.

과연 피트스피레이션은 씬스피레이션의 건강한 대안이 될까? 피트스피레이션의 영향은 다음과 같이 정리된다.

가장 먼저, 피트스피레이션은 완벽한 신체에 대해 집착하게 한다. 소셜미디어에서 강조되는 완벽한 몸의 이미지는 모든 사람들이

	씬스피레이션	피트스피레이션
장점	· 신체 목표 설정에 동기 부여 · 마른 체형을 지향하는 특정 그룹의 커뮤니티 형성	· 운동 및 건강한 식습관 독려 · 신체 능력 향상 및 긍정적인 변화 장려 · 다양한 운동 커뮤니티와의 상호 격려
단점	· 비현실적인 마른 몸매 이상화 · 섭식장애 및 낮은 자존감 유발 · 건강에 치명적인 극단적 다이어트 조장	· 특정 근육질 체형 이상화 · 고강도 운동 강박 및 영양 불균형 초래 · 심리적 스트레스와 비교로 인한 부정적 신체 이미지 강화

이에 부합하는 기준을 갖도록 강요하는 느낌을 받게 한다. 이는 몸의 긍정성을 저해할뿐 아니라, 몸에 대한 과도한 불안을 조장한다.

그 다음으로, 건강과 외모를 혼동하게 한다. 건강한 라이프 스타일을 추구하는 피트스피레이션조차도 몸매 중심의 목적이 강하게 나타난다. 자칫 건강의 중요성보다 몸매를 좇을 수가 있다.

처음에는 건강한 라이프 스타일을 추구하는 '피트스피레이션'은 날씬함만을 강조하는 '씬스피레이션'의 건강한 대안으로 자리 잡아가고 있다고 여겨졌다. 그러나 '피트스피레이션'이 씬스피레이션의 진정한 대안이 되기 위해서는 분명 한계점이 있어 보인다. 피트스피레이션 콘텐츠들은 주로 피트니스 센터에서 운동하는 모습을 보여주는데, 이때 보여주는 이미지들은 대체로 단단히 단련된 근육과 군살 없는 몸매인 경우가 대부분이다. 운동으로 다져진 몸은 운동을 하고 싶게 하는 동기 자극 사진임에는 분명하지만, 그 자체로 이미 '완성된 몸'을 보여주고 있다는 점에서 특정 몸매를 지향하는 것이라는 비판을 피하지 못한다. 결국, 피트스피레이션의 한계점은 또 다른 형태의 몸매 지상주의가 아니냐는 점이다. 몸매가 여실히 드러나는 슬림핏 트레이닝복이나 탱크톱 의상이 대부분이라 몸매 과시용 사진이라는 비판도 많다. 또한 엉덩이나 허리, 가슴 등의 특정 신체 부위의 몸매에 주목하게 되어 보는 이들에게 부담을 느끼게 만든다는 비판도 있다. '피트스피레이션'에 나타난 이미지는 운동하는 사람들의 건강한 몸매에 초점을 맞추기보다는 이들의 성적 매력에 근거한 신체 노출에 편향되어 있다는 우려의 목소리도 크다. 이는 새롭게 펼쳐진 새로운 몸매 지상주의의 서막이 아닐까 우려스럽다.

새로운 신체 공포(Body Phobia)를 이겨낼 몸 문해력 교육

썬스피레이션과 피트스피레이션의 트렌드는 우리가 어떤 특정 몸매를 추종하는 것이 얼마나 위험한지에 대한 경각심을 일으켜준다. 특히 소셜미디어에서 외모나 몸매를 비교하고 비판적 생각 없이 남들이 하는 것을 무작정 따라 하는 것은 건강에 위험을 가져올 수 있다. 이제 몸 문해력 교육을 위해 우리가 얻은 교훈을 어떻게 활용해야 할지 고민해볼 차례다. 실천할 수 있는 방법은 많다.

첫째, 비판적 사고를 함양하자. 소셜미디어에 나타나는 신체 이미지를 비판적으로 바라볼 수 있는 능력이 반드시 필요하다. 편집된 이미지, 또는 특정 몸매나 외모를 극단적으로 추구하는 현상이 우리 현실과 차이를 만들어낸다는 사실을 인지하자.

둘째, 다양한 신체 가치를 인정하자. 특정 신체 유형의 몸매를 추종하다 보면 다양한 몸의 가치에 소홀해질 수 있다. 자신의 고유한 몸의 가치를 존중하고 맹목적으로 추종하지 않는 태도를 길러야 한다.

셋째, 건강의 본질적 의미를 되새기자. 몸 문해력 교육은 외모 중심의 건강 담론을 넘어서 신체적·정신적·정서적 건강의 모든 조화로움을 추구한다. 외형적 조건에 치중해 정신적인 피폐함을 느끼게 된다면 온전한 건강을 누리기 어렵다는 것을 명심하자.

넷째, 소셜미디어 활용법 교육이 필요하다. 소셜미디어의 긍정적 측면을 활용하면서도 부정적 영향을 최소화할 수 있는 방법을 가르쳐야 한다. 예를 들어 팔로우하는 콘텐츠를 선별할 수 있어야 하고, 소셜미디어를 현명하게 사용할 수 있는 다양한 전략들과 기준을 갖추도록 하자.

몸 문해력 교육이 필요한 이유는 분명하다. 모든 문화적 메시지가 유익할 수는 없다. 우리가 더욱 건강하고 균형 잡힌 삶의 만족도를 높이기 위해서는 끊임없이 비판적인 사고를 통해 본질적인 건강의 가치를 생각하고 해로운 미디어와 문화적 메시지를 걸러낼 수 있는 능력을 길러야 한다. 소셜미디어의 편리함과 즐거움에 빠져 혹시나 우리의 건강을 놓치고 있지는 않은지 다시 한번 살펴보자.

전신 거울 앞에 선 그녀,
무엇을 보여주고 싶었을까?

운동의 결과물로 기대하는 몸매

나는 사람들이 운동을 통해 얻고자 하는 몸매가 어떤 것일지 궁금했다. 우리가 갖고자 하는 이상형 몸매는 어떻게 형성되고 어디서 자극을 받는 것일까? 과연 심으뜸의 애플힙이 대세인 건지, 건강하기만 하면 되는지 말이다. 그래서 이미지 중심의 소셜미디어 인스타그램(Instagram)에서 '#운동녀'라는 키워드를 중심으로 사진 이미지를 분석하는 콘텐츠 연구를 진행했다(이원미, 김가영, 2017). 구체적으로 어떤 몸매가 미디어에서 공유되는지 알 수 있다면 다수의 이상형 몸매를 짐작해볼 수 있기 때문이다. 결론을 미리 말하자면, 사람들에게 특정 이상형 몸매가 있다는 사실을 알 수 있었다.

연구 결과는 다음과 같다. 인스타그램에서 '#운동녀' 키워드로 대략 500개 이상의 이미지를 골라 그것이 촬영된 장소, 카메라 앵글, 표정, 자세, 의상 등을 분석했다. 이미지 촬영 장소는 헬스장, 필라테스와 같은 스포츠 시설이 46.1%로 가장 많았으며, 자세는 서서 찍은 것(52%)이 가장 많았고, 의상은 슬림핏 운동복이 69.7%로 압도적인 비중을 차지했다. 카메라 앵글은 전신(50.2%) 이미지가 가장 높았다. 또한, 운동 방법에 따른 몸매 가꾸기의 차이가 있는지 알아보고 싶어 운동의 종류를 살펴보았다. 웨이트 트레이닝(29%)과 필라테스(9.7%)가 상위 1, 2위를 차지했고 절반 정도는 운동 방법을 알 수 없는 사진이 차지했다. 이 결과는 몸매 관리의 결과가 돋보이는 운동을 주로 소셜미디어에 드러내고 싶어 한다는 것을 짐작해볼 수 있었다.

힙한 몸매는 건강한 몸매일까?

연구 시작 전 예상했던 대로 운동하는 사람들의 목적은 대부분 '힙한 몸매'에 있음을 알 수 있었다. 그게 아니라면 몸매 사진만 찍어서 운동 방법을 알 수 없는 사진이 절반을 차지할 리도 없었기 때문이다. 운동 과정을 알리려면 이보다는 훨씬 다양했을 것이다. 대부분의 미디어 속 '운동녀'들은 자신의 멋진 몸매를 드러내는 슬림핏 운동복에 거울 속 자신의 전신사진을 세련되게 촬영했다. 운동녀들이 보여주고 싶은 것은 건강한 몸이라기보다는 '완벽한 몸매'가 아닐까? 그래서 땀 흘리며 운동하는 처절한 과정을 보여주기보다는 운동의 결과로 나타난 멋진 몸매, 운동의 결과를 거울에 비춰 전시하는 사진을 집중적으로 공유하는 것이 아닐까?

운동보다 중요한 날씬한 몸매

　이처럼 '운동녀'는 건강과 웰빙을 위한 것일 텐데 획일화된 미적 가치가 더 큰 중심부를 차지하는 것으로 보인다. 이는 건강이라는 본연의 가치가 낮아지는 결과라고 볼 수 있다. 전신 거울에 드러난 운동녀들의 몸매는 또다시 몸에 대한 '객체화'를 가속화하는 결과인 것이다.

　나는 이러한 트렌드가 우리 건강에 부정적인 영향을 미칠 것 같아 매우 우려스럽다. 이들이 가져다주는 이미지는 우리가 추구해야 할 몸의 궁극적인 목표가 '내 몸에 맞는 건강한 상태'가 아닌 것 같기 때문이다. 건강한 몸은 특정 몸매를 지향하는 것이 아니며 운동 방법 역시 획일적이지 않다. 나에게 맞는 운동으로 건강함을 유지할 수 있는 유연함이 무엇보다 필요하다.

　우리 사회는 여전히 날씬한 몸매의 사람들에게 높은 가치를 준다. 이제 우리 사회에서 몸 자체는 하나의 전시품이다. 아니, 대단한 사회적 자본임이 분명하다. 아무리 사회적으로 성공하고 다 가진 것 같아도 '날씬하고 탄탄한 이상적인 몸매'를 지니지 못하면 어딘가 부족하고 실패한 것처럼 여기는 풍토가 있지 않은가? 그만큼 '새로운 몸매 지상주의'에 가까운 몸, '자본화된 몸'에 대한 상징성은 크다. 남들에게 보여주기 위한 몸매는 그래서 더욱더 중요해진다.

하루 10분 스쿼트, '애플힙'의 진정한 의미 되찾기

하루 1,000개 스쿼트, 심으뜸

연예인 못지않은 몸매를 가진 일반인들이 점점 늘어나고 있다. 예전에는 영화배우나 탤런트, 가수 등 대중 스타들이 소위 '완벽한' 몸매의 롤 모델이었지만 이제는 일반인들이 그 자리를 대체하고 있다. 그런 이유에서 전문 피트니스 선수, 헬스 트레이너, 요가나 필라테스 강사 등 몸매로는 어디에 내놔도 꿀리지 않는 일반인들을 어렵지 않게 만날 수 있다. 이들 일반인 '몸짱'들의 인기에는 특별한 이유가 있다. 연예인들이 왠지 전문 트레이너나 전문 식단 관리사, 더 나아가 '의학적인 시술'의 도움을 받아 몸매를 가꿀 것 같은 느낌을 줄 때 일반인들은 온전한 땀과 노력으로 그 자리에 도달하는 과정을 보여주기 때문이다. 또한 이들은 자기만의 특별한 운동법 또는 평범하지만 누구나 따라할 수 있는 운동법을 알기 쉽게 우리의 눈높이에서 소개한다는 특징도 가지고 있다.

이를 보여주는 대표적인 스타가 심으뜸이다. '애플힙'이라는 유행어를 탄생시켰고, 필라테스 강사에 여성 운동 유튜버 1위로 100만이 넘는 구독자를 보유하고 있는 파워 인플루언서다. 그녀를 일약 스타로 만든 것은 다름 아닌 너무나 평범한 동작 '스쿼트'였다. 그녀는 '하루 1,000개 스쿼트' 하기로 '애플힙'을 만들 수 있음을 몸소 보여주었다.

심으뜸이 인기를 끈 또 다른 이유는 몸매를 유지하고 가꾸기 위한 피나는 노력과 땀의 과정을 아낌없이 '공개'한다는 데 있다. 《으뜸체력》(심으뜸, 2022, 다산북스)에서 그녀는 교통사고 이후 건강한 몸의 소중함과 절실함을 알게 되었다고 고백한다. 그녀는 하루 10분 스쿼트로 인생을 바꿨으며, 이후 운동에 매진하게 된 인생 스토리까지 공개했다. 운동에 진심인 그녀가 들려준 이야기는 애플힙 매력만큼이나 감동을 준다.

애플힙, 몸매의 성공 신화를 말하다

심으뜸을 팔로워 100만 명의 운동 유튜버로 만든 일등 공신은 다름 아닌 '애플힙'이다. 수많은 운동 유튜버가 존재하지만 심으뜸은 '애플힙' 하나로 파워 인플루언서가 되는 데 성공했다고 해도 과언이 아니다. 그렇다면 왜 우리는 그토록 '애플힙'에 열광하는가? 애플힙이 되어야만 건강한 신체를 증명하는 것은 아닐 것이다. 달리기나 등산, 꾸준한 산책만으로도 얼마든지 건강한 몸을 유지할 수 있다. 그런데 등산이나 달리기를 꾸준히 한다고 해서 누구나 다 애플힙을 만들 수 있는 것은 아니다. 그렇다면 애플힙이 없으면 건강한 몸이 아닌 것인가?

사실 사람들이 심으뜸 같은 피트니스 유튜버에 열광하는 것은 단순히 건강한 신체나 성실한 운동 습관 때문만은 아니다. 심으뜸의 '애플힙'은 '몸매로 성공한 신화'를 보여준다. '건강한 신체' 이미지를 기본으로 하면서 애플힙이라는 '힙한 몸매'를 통해 대중의 사랑을 받고, 이를 발판으로 막대한 경제적 수익(유튜브 수입과 비즈니스 성공)을 창출한 주인공이 되었기 때문이기도 하다.

그래서인지 심으뜸의 운동법을 따라 하면서, 어느샌가 우리도 '건강한 몸' 자체에 초점을 맞추기보다는 하루 스쿼트 1,000개로 단련된 '애플힙'이 목표가 되어가기 시작한다. 이는 대중의 롤 모델이 '얇고 마른' 대중 스타에서 '근육질의 피트니스 스타'로 옮겨갔을 뿐인 현실을 알려준다. 자신의 몸에 맞는 '건강한 상태'에 초점을 맞추기보다 일정한 '기준'에 목표를 두고 그곳을 향해 맹목적으로 달려가는 현실 말이다.

심으뜸의 인생을 변화시킨 '하루 10분 스쿼트'의 진정한 의미를 다시 새겨보자. 건강 자체를 목표로 재설정해보자. 지금 당장, 몸매는 잊어버리고 하루 10분 스쿼트부터 시작해보자.

바디 프로필 전성시대,
건강한 자존감 vs. 무리한 이상 추구

나만 없는 바디 프로필, '돈'기부여가 필요한가

그야말로 바디 프로필 전성시대다. 바디 프로필은 수개월에 걸쳐 운동과 식단을 조절하여 잘 가꾸어진 몸을 기록하기 위해 스튜디오에서 촬영하는 몸 사진을 말한다. 특히 모델처럼 잘 가꿔진 몸을 인생 사진으로 남길 수 있는 바디 프로필은 2030세대들에게 열풍을 일으키고 있다. 자신을 가꾸고는 일을 중요하게 여기는 MZ세대의 새로운 버킷 리스트 중 하나이기도 하다. 예전에는 운동선수나 헬스트레이너처럼 운동을 전문으로 하는 사람들의 전유물이었으나 이제는 멋지게 가꿔진 몸매를 남기고 싶은 누구나 도전해볼 만한 것이 되어 요즘 시대의 핫한 트렌드가 되었다.

《트렌드코리아 2022》(김난도 외, 미래의창, 2021)에는 '바른생활 루틴이'의 예시로 바디 프로필이 소개되기도 했다. 나를 가꾸는 일에 아낌없이 투자하는 특성을 지니고, 확실한 목표 설정을 선호하며, 이를 일상의 루틴으로 완성하는 이들에게 딱 맞는 전략이 바로 바디 프로필이라는 것이다. 바로 '돈(money)기부여' 전략, 즉 돈을 들여 자기 동기부여를 확실하게 하는 전략이다. 헬스장 이용료, 개인 트레이너(PT) 비용, 피부 관리를 위한 태닝 숍, 스튜디오, 메이크업, 의상, 식단 관리비 등을 포함해 많게는 수백만 원이 넘게 드는 바디 프로필이 대표적 사례다.

　이미 유명 연예인들 사이에서도 바디 프로필 열풍이 불어 뮤지컬 배우 김지우, 장영란, 마마무 솔라, 유이 등이 멋진 바디 프로필 사진을 대중에게 공개해 화제가 되었다. 최근에는 MBC 예능프로그램 〈나 혼자 산다〉의 팜유즈(전현무, 박나래, 이장우)가 바디 프로필 촬영 소식을 전해 화제를 모았다. 먹을 것을 좋아하고 다이어트와는 거리가 멀던 이들이 2023년 MBC방송연예대상에서 바디 프로필 계획을 깜빡 공개하면서 시청자들의 뜨거운 호응을 얻어낸 것이다. 이 과정을 언더웨어 브랜드 휠라가 함께하고, 남성 매거진 〈GQ〉에서 화보를 찍어 2024년 4월에 공개했다. 대중들은 이들이 건강한 몸으로의 변화와 당당하고 자신 있는 모습을 담았다는 반응이었다.

　〈나 혼자 산다〉 543회에 이들 이야기가 공개되었는데, 식단, 운동 할 것 없이 4개월 동안 전념해서 감량한 몸무게가 무려 20킬로그램이나 되어 시청자들을 놀라게 했다. 이처럼 유명인들의 바디 프로필 도전기는 더 많은 이들의 관심을 끄는 확실한 계기가 된다. 또한 이것이 이 시대의 핫 트렌드임을 대중들에게 확인시켜준다. 한편으로, 나도 해야 하는데 안 하고 있나 내심 마음이 불편한 부분도 생긴다.

몸 권력의 재구성: 바디 프로필과 사회 자본

연예인과 젊은이들이 바디 프로필에 열광하는 이유를 생각해보자. 단지 바른생활 루틴이들은 운동과 식단 조절, 철저한 자기 관리로 건강한 몸을 만들고 더 나은 내가 되고 싶은 게 다일까?

나는 그 이유로 사회에서 요구되는 몸매 가꾸기가 곧 자신의 사회적 자본을 만들어가는 과정임을 알아차리기 때문이 아닐까 생각한다. 나 역시 잘 가꿔진 몸을 좋아하지 않는 사람은 못 본 것 같다. 돈이 드는 몸매 가꾸기에는 경제적인 원리도 들어 있고 사회적 인정 욕구도 들어 있고, 또 문화적 영향력의 결과도 들어 있다. 다시 말해, 몸 만드는 과정은 돈이 들지만 몸을 잘 만든 이들은 이로써 돈을 벌며, 사회적 관심과 인정을 받고 문화적인 영향력을 행사할 수 있다는 이야기다. 건강한 몸은 신체적·경제적·문화적으로 사회 경쟁에서 우위를 차지할 수 있다. 사회적 요구에 부합하는 신체적 아름다움이 사회적 지위와 삶의 만족을 높여주기도 한다. 따라서 바디 프로필 유행 현상은 그 자체로 이 시대의 '몸 권력'에 대해 생각해보는 계기가 된다.

바디 프로필은 단순히 잘 가꿔진 몸에 대한 성취의 기록을 넘어, 현대 사회에서 중요한 사회적 자본으로의 역할을 하고 있다. 사회 자본에 관한 이론(Social Capital Theoy)은 피에르 부르디외(Pierre Bourdieu)가 널리 알린 이론으로, 그는 저서 《구별 짓기: 판단의 사회적 비판》(1979)에서 사회적 관계와 네트워크, 즉 사회 자본이 개인의 자본 형성에 중요한 역할을 한다고 했다. 부르디외는 이어서, 신체적 자본, 경제적 자본, 문화적 자본, 사회적 자본이 사회적 지위를 결정하는 중요한 요소로 작용한다고 설명하고 있다.

우리는 이 사회 자본 이론을 통해 본 바디 프로필이 우리 사회에서 어떤 권력을 가지는지, 몸 권력의 형태는 어떻게 이루어지는지 알아볼 수 있다. 사회 자본 이론에 따르면, 개인은 네트워크 내에서의 관계와 상호작용을 통해 자원을 얻고 사회적 지위를 강화한다. 이러한 바디 프로필은 네트워크 내에서 다음과 같은 방식으로 사회적 자본을 제공한다.

가장 먼저, 자신의 신체적 성취를 공유하면 사회적 인정을 얻는 수단이 된다. 바디 프로필 사진을 본 사람들은 좋아요와 댓글로 피드백을 제공하고, 사진을 올린 개인은 사회적 지위가 부여된다. 특히 인플루언서나 유명인의 경우는 더욱 그들의 사회적 자본을 크게 증대시키는 도구가 되기도 한다. 그래서 연예인늘이 이토록 많이 바디 프로필에 도전하는 게 아닌가 싶다.

다음으로, 개인의 네트워크를 확장하는 데 중요한 역할을 한다. 운동이나 피트니스 커뮤니티에서 바디 프로필을 공유하면 유사한 관심사를 가진 사람들과 연결될 수도 있고 네크워크 확장의 계기가 된다. 바디 프로필을 통해 피트니스 관련 모델이 되기도 하고 광고나 협찬 등의 경제적 이득뿐 아니라 다양한 기회가 함께 올 수도 있다.

마지막으로, 신체적 아름다움과 능력을 통해 사회적 지위를 형성한다. 몸 권력은 특정한 신체적 특성이 사회적 기준에 부합할 때 그 신체를 가진 사람이 다른 사람들에게 영향력을 행사할 수 있는 힘을 의미한다. 즉 대중들이 따라야 할 미의 기준으로 작용할 수 있으며, 그 기준에 부합하는 신체를 가진 사람들이 사회적 우위를 차지한다. 이러한 기준은 현대 사회에서 더욱 강력하게 작용하며, 몸 권력이 있는 사람들이 대중의 인식을 장악하게 된다.

바디 프로필, 인정과 압박의 교차점

바디 프로필은 피트니스와 건강에 대한 대중들의 관심이 높아지면서 많은 사람들에게 인기를 끌고 있다. 어찌 보면 바디 프로필은 우리에게 새로운 권력을 안겨다줄 수 있는 기회다. 하지만 바디 프로필을 통해 설정된 신체적 기준은 대중들에게 심리적 압박을 가할 수 있다. 바디 프로필의 기능은 몇 가지로 요약된다.

우선 긍정적 측면에서 바디 프로필이 자기 성취감과 동기부여를 시켜준다. 피트니스 패키지에서는 바디 프로필을 최종 목표로 제시한다. 이만큼 가시적이고 확실한 목표도 없을 것 같다. 운동 목표를 확실히 설정하고 이를 달성하는 과정에서 얻는 성취감과 자신감은 개인의 정신적·신체적 건강에도 매우 긍정적인 영향을 미친다.

다음으로, 건강한 라이프 스타일을 홍보하는 목적이 되기도 한다. 이를 준비하는 기간 동안은 건강한 식습관, 운동 습관을 기를 수밖에 없다. 그래서 사람들에게 건강과 변화될 몸에 대한 기준을 새롭게 세우고 이에 관심을 갖는 계기가 되어준다.

또한 바디 프로필을 준비하는 사람들은 사회적 지지와 격려를 받을 수 있다. SNS에 공유하면 사회적 지지를 받으며 이를 달성하기 위한 노력에 힘을 얻기도 한다.

반면 부정적인 기능도 있다.

가장 먼저, 건강 자체의 이상을 초래할 수 있다. 인터넷에 '바디 프로필 부작용'만 검색해도 이미 많은 이들의 사례를 찾아볼 수 있다. 극단적 다이어트가 가져온 거식증과 폭식증 등의 섭식장애, 반복되는 요요 현상, 여성의 경우 생리 중단이 오기도 한다. 무리한 체중 조절과 운동 과다로 인한 호르몬 불균형, 면역기능의 이상을 호소하는 이들도 많다.

그 다음으로, 바디 프로필은 신체 객체화와 몸매 지상주의와 밀접한 관련이 있다. 바디 프로필 촬영을 목적으로 몸매를 가꾸고 운동하는 사람들은 자신의 몸에 대해 부정적인 평가나 느낌을 가지기도 한다. 또한 이들은 자신의 몸무게나 체지방률, 근육량 등을 자주 측정하거나 거울을 자주 보거나 자신의 몸에 대해 비판적인 생각을 하기도 한다. 이러한 행동들은 늘 자신의 신체를 감시하는 것이라 볼 수 있다. 이처럼 몸매 가꾸기에 치중하는 사람들은 운동이나 식단 조절, 화장품, 성형수술 등을 통해 자신의 외모를 바꿀 수 있다고 생각하는 경향도 보인다.

마지막으로, SNS에서 다른 사람들과 자주 비교하게 되며 심리적 압박감과 열등감을 갖게 된다. 몸에 대한 과도한 스트레스로 자존감이 저하되고 신체뿐 아니라 식이장애, 우울증, 자아존중감 저하 등을 초래할 수 있다.

자기 성취, 건강한 라이프 스타일 추구, 사회적 지지는 듣기만 해도 행복하다. 하지만 몸에 대한 상품화, 심리적 압박감, 과도한 다이어트로 인한 건강 악화는 우리가 기대하는 효과가 아니다. 바디 프로필을 촬영하기 위한 목표는 누구나 다를 수 있다. 하지만 우리 몸에 맞는 방법을 찾아야 한다. 단순한 유행을 넘어 나의 건강과 자존감을 자양하는 몸 문화로 거듭나기 위해 바디 프로필이 몸에 대한 다양성과 포용성을 표현해주면 좋겠다.

포용성과 다양성의 길: 바디 프로필의 새로운 미래를 그려보자

바디 프로필에 바디 포지티브 메시지를 담아 미래 지향적인 대안을 제시해보고자 한다.

첫째, 몸의 포용성을 보여주자. 바디 프로필을 촬영할 때 다양한 신체 포즈를 취해보면 어떨까? 의상을 다양하게 입어보는 것도 좋을 것이다. 연령층을 확대해도 다양해져서 흥미로울 수 있다. 다양한 의상과 다양한 연령, 다양한 신체와 포즈 등으로 다양성과 포용성을 표현하는 바디 프로필 캠페인을 벌여보는 것이다. 과도한 포토샵이나 보정이 필요한 이미지 말고 실제 생활 속 건강한 몸을 변화를 표현해보자. 비현실적인 이미지를 남기기보다는 누구든 도전하고 나의 몸을 기록하고 공유해볼 수 있게 다양한 형태의 바디 프로필을 기획해보자.

둘째, 건강한 라이프 스타일을 제시하자. 단순한 외형적 성취를 넘어 운동과 식단의 지속 가능성을 추구하도록 프로그램이 개선되었으면 좋겠다. 바디 프로필을 장기적인 건강 점검의 목표로 설정해보면 어떨까? 예를 들어 체력 향상이나 유연성 증가, 스트레스 해소의 목적으로 쓰이는 몸을 표현하는 등 일회성 목표보다는 지속적인 변화를 기록이 되도록 해보자.

셋째, 함께하는 이들의 지지와 격려의 커뮤니티를 형성하자. 서로 목표를 지지해주고, 신체 변화에 대해 긍정적인 피드백을 주고받으면 성취에 대한 압박감이 줄어든다. 이를 위해서는 바디 포지티브 관련 교육과 몸에 대한 새로운 인식 개선이 이루어져야 한다. 몸을 가꾸는 일에 자신의 가치를 표현하고 나다움으로 긍정적인 몸을 가꾸어가는 문화를 만들어가자.

앞으로 다양한 사람들의 개성 넘치고 다양한 이미지의 바디 프로필을 볼 수 있기를 기대해본다.

온라인 다이어트 공화국, 나쁘지만은 않다

나의 다이어트 커뮤니티 입문기

몇 년 전, '다이어트신(다신, DASHIN)'이라는 온라인 커뮤니티에 가입한 적 있다. '다이어트 신나게'를 모토로 한 '다이어트신'은 다이어트 커뮤니티로는 가장 많은 회원을 보유하고 있었고 활동도 매우 활발했다. 나는 참여관찰 연구(김가영, 김유겸, 2019; 김가영, 권웅, 2020)를 통해 운동 자극을 받는 과정을 이해하고 직접 다이어터로서 느끼는 감정과 커뮤니티 유대감을 체험해보고 싶었다. 그래서 커뮤니티에 가입하고 드라마에 나오는 형사들의 잠복근무처럼 다이어트 커뮤니티를 '잠복 관찰'했다. 이는 온라인 커뮤니티에 직접 참여하며 문화를 이해하고 맥락을 분석하는 네트노그라피(Netnography) 연구 방법을 따른 것이다.

이 활동으로 나는 '다이어터'가 되어보는 소중한 개인적 경험뿐 아니라 다이어터를 위한 커뮤니티를 한 발짝 더 깊이 이해하는 계기를 맞을 수 있었다. 내 참여는 '피트스피레이션 현상'의 일환으로 커뮤니티 안에서 다이어터들의 사회적 관계가 어떻게 이루어지고, 온라인 커뮤니티 구성원끼리 어떻게 다이어트에 서로 영향을 미치는지를 연구하기 위한 것이었다. 만약 온라인 커뮤니티에서만 보이는 특징이 있다면 다이어트라는 거대 담론 속에 위치하는 운동 소비문화도 이해하고, 다이어터의 온라인 행동 양식도 알아낼 수 있을 터였다. 온라인에서 다양한 몸에 대한 논의도 가능해 보였다.

온라인 커뮤니티는 다이어터들의 종합 놀이터

맨 처음 가입하기 위해 '다신 홈페이지(dietshin.com)'를 들여다봤을 때 나는 이미 다이어트에 성공한 것 같은 느낌이 들었다. '비포 앤 애프터' 후기 게시판에는 성공 신화가 가득했고, 커뮤니티 게시판의 하위 메뉴 '자극사진' 게시판에는 눈이 휘둥그레질 정도로 놀라운 몸매를 한 사람들의 사진이 널리 공유되고 있었다. 자극이 될 만한 사진들을 공유하는 곳이다 보니, 사진을 보자마자 그 이미지들이 '나의 몸매 이상형'이 되어 있었다.

게시판에는 이것 말고도 언제든지 참여할 수 있는 '운동 도전 과제들'이 준비되어 있어 댓글로 가볍게 신청하기만 하면 되었는데, 신청 클릭 하나로 벌써 내가 도전에 성공한 듯한 뿌듯함이 느껴졌다.

식단도 홈페이지 커뮤니티 게시판의 일기로 들어가면 바로바로 기록할 수 있었는데 그때마다 자동으로 칼로리 계산을 해주니 저절로 관리가 되는 느낌이 들어 좋았다. 이 외에도 칼럼과 운동, 식단 정보 등을 제공하는 '다이어트꿀팁', 음식과 운동의 칼로리를 알려주는 '칼로리사전', 부위별 운동법과 4주 챌린지로 구성된 '홈트레이닝' 등을 다양하게 제공해 커뮤니티 활동을 활발히 즐길 수 있게 해주었다.

홈페이지는 크게 '다이어트신' 게시판과 '다신샵' 게시판으로 나뉘어 있었는데(모바일 버전은 PC 버전과 약간 다르게 구성되어 있다) 다이어트신 게시판은 앞에서 말한 다이어트법과 운동법 등을 소개하는 곳이었고, '다신샵'은 다이어트 식품, 영양제 등의 보조식품 등을 살 수 있는 마켓으로 오늘의 특가상품 광고, 오늘의 베스트글, 다이어트 레시피, 파워리뷰 인기 상품 등이 한눈에 들어오게 구성해놓았다. 또한 메인 화면 하단의 SNS 링크를 통해서 인스타그램, 페이스북, 블로그로 곧바로 연결될 수 있어 커뮤니티 가입 한 번으로 다양한 경험을 누릴 수 있게 해놓았다. 한마디로, 다신은 다이어터들의 '종합 놀이터'였다.

커뮤니티 소속감 올리는 단계별 전략: 함께하는 도전 속에 싹트는 유대감

1단계_ 활동 지수로 등급을 올려라.

다신에 가입하고 나서 내게는 변화가 생겼다. 타인이 올린 게시물에 '좋아요'를 누르고 활발히 댓글을 달고 게시물을 몇 개씩 올리면서, 어느덧 나는 다이어트 커뮤니티에서 두 번째로 높은 단계인 '지존다이어터'가 되어 있었다. 다신에는 활동 지수(출석, 게시글 수, 댓글 수)에 따라 다신다이어터, 지존다이어터, 정석다이어터, 초보다이어터, 입문다이어터 이렇게 5단계로 다이어터들의 등급을 나눈다. 최고 단계로 갈 길은 멀고도 험난해 보였지만, 이대로 계속한다면 전혀 문제 될 게 없어 보였다. 메인 화면에 회원들의 다이어터 랭킹을 공개하는데, 이런 일련의 과정들은 활동을 장려하고 등급을 올리는 이들의 동기부여 장치로 작용했다.

2단계_ 적극적으로 소통하라.

실시간으로 게시글의 링크를 따라가고, 어느새 다른 회원들의 게시글에 200개 이상의 댓글을 쓰고 공감 버튼을 수백 번 누르는 등의 일련의 활동을 스스로 이어나가고 있다. 이러한 과정이 커뮤니티 문화를 이해하고 배우는 과정이다. 커뮤니티에서 지속적인 활동에 몰입하게 되면서부터 나는 좀 더 긴 글을 쓰고 일부 회원들과는 일대일 대화로도 이어졌다. 커뮤니티에서 진행되는 '미션'에도 적극적으로 참여했다. 무엇보다 활동적인 회원들의 커뮤니케이션을 실시간으로 확인하는 일에 시간을 많이 썼다. 매우 활발한 그룹방의 경우, 보통 하루에 소규모 그룹의 게시판에 30개의 글이 올라오고 댓글은 100개가 넘을 때도 있다. 몇 시간 전에 올린 질문의 답을 찾으려 몇 페이지를 넘겨야 했다. 새로 올라온 글을 본 회원들이 즉각적으로 댓글을 쓰고 여러 명이 동시에 대화에 참여하기 때문에 실시간으로 주제가 유동적으로 변하기도 했다. 몇 시간만 지나도 이미 대화의 흐름이 지나버리기 일쑤였다. 그러니 시간 투자가 많을수록 커뮤니티의 주요 대화 흐름에 뒤처지지 않는다.

3단계_ 커뮤니티 미션에 참여하라.

무엇보다도 커뮤니티에 참여해야 소속감도 올라가고 함께라는 생각이 더욱 강력해진다. 그래서 커뮤니티의 운동 실천 도전 과제를 선택하여 '플랭크 30일 도전', '복근 만들기 30일 도전'에 도전했다. 나는 부지런히 챌린지에 참여하여 매일 실행 기록을 올리고 다른 회원들에게 평가 글을 받고 소통했다. 다른 사람들이 올린 댓글과 질문을 보고 고민하다 보면 남들의 시행착오를 보고 배우기도 하고 빠르게 실천하게 되는 방법도 터득할 수 있었다.

4단계_ 소규모 그룹에서 커뮤니티 인싸가 되어라.

시간이 지나자 나는 좀 더 적극적으로 커뮤니티에 참여하고 싶은 마음에 소규모 그룹방을 찾아 들어가게 되었다. 그렇게 해서 다이어트 정예 멤버들이 있는 커뮤니티 공간에 자연스럽게 스며들었고, 무사히 안착할 수 있었다. 이후에는 커뮤니티에 더욱 밀착되어 커뮤니티 내의 다이어트 문화를 파악하고 이들만의 특성을 이해할 수 있게 되었다. 그리고 어느 순간, 나 자신이 이곳의 다른 구성원들과 비슷한 행동 양식을 따라 하고 있음을 발견하게 되었다.

커뮤니티에 가면 정보도 있고 사람도 있고 스토리도 있다!

내가 참여한 다이어트 커뮤니티의 특징을 세가지로 요약해볼 수 있었다.

첫째, 다양하고 구체적인 정보들을 제공한다.

다이어트 식단뿐 아니라 셀럽들의 식단 정보, 운동 방법에서 다이어트 성공 후기까지 일목요연하게 정말 다양한 정보를 소개한다. 음식의 칼로리는 우리가 밥상에 올리는 개별 식단(잡곡밥, 배추김치, 사과 등)부터 메뉴별 식단까지(요리명을 검색할 수 있는 검색창 제공) 제공해 실질적인 정보를 구할 수 있게 했다. 또한 모바일 앱 버전에서는 하단 메뉴 중 '다이어리'에서 내 식단, 운동 정보들을 상세히 기록해놓을 수 있고, PC 버전에서는 커뮤니티 내 '다이어트 일기'에서 공개 기록을 남길 수 있다.

둘째, 함께하는 동료들이 언제나 존재한다.

커뮤니티에는 다이어트를 위한 다양한 유형의 참여 공간이 존재했다. '함께도전해요' 게시판이 대표적인데, 이곳에서는 특정 주제를 중심으로 그룹방 커뮤니티 활동을 할 수도 있고, '도전! 다이어트신' 게시판을 통한 도전 챌린지를 활용할 수도 있다. 이런 게시판은 식단 및 생활 습관을 함께 개선하기 위한 역할을 하고 있기 때문에 운동을 적극적으로 수행할 수 있도록 '동기부여자' 역할을 해준다. '도전! 다이어트신' 게시판은 도전자 수가 공개되어 누가 함께 참여하고 있는지 알 수 있게 한다. 또한 게시글을 올려서 기록으로 남기고 서로 비교할 수 있도록 인증사진을 게시하게 되어 있어 외부적 자극을 통해 행동하도록 하는 기능적 역할을 한다.

'30일 도전', 모바일 앱의 '챌린지' 중 인기 있는 것은 30일 플랭크, 30일 야식 끊기, 30일 하루 2L 물 마시기인데, 이미 2만 명 이상이 진행 중이다. 나도 함께 이 그룹에 참여하여 동기부여받고 실천해서 성공하는 재미를 느낄 수 있었다. 나 혼자 과제를 만들어 홀로 실천하는 것보다 훨씬 동기부여가 확실해지며 성공률도 높아진다. 그 외에도 슬림한 팔, 버핏 테스트, 점핑잭, 애플힙, 탄탄한 허벅지, 줄넘기 등 다양한 종류의 운동 과제가 있어, 많은 유저들이 어떤 운동에 특별히 관심이 많으며 수요가 있는지 스스로 가늠해볼 수 있다.

셋째, 운동을 동기부여하는 회원들의 진솔한 스토리가 있다.

무엇보다 가장 좋았던 점인데, '다이어트꿀팁'의 하위 메뉴에는 성공후기가 공유되는데, 후기에는 성공자들을 '다신의 고수'라는 이름으로 인터뷰한 내용을 싣는다. 이들의 성공후기에는 날마다 실천했던 식단과 변화하는 몸무게 등 지난 다이어트 과정이 진심 어린 조언과 함께 실려 있다. 성공자들이 들려준 이야기의 공통점은 이들이 성공한 '후기'를 꼭 남기고야 말겠다는 '분명한 목표 설정'을 했다는 것이다. 이들은 도전 과정을 있는 그대로 적고 자신이 이 과정을 통해 느낀 점을 회원들과 공유하며 정서적인 지지를 표현한다. 이들의 스토리는 단순히 살을 빼는 과정을 전하는 데 있지 않다. 자기 몸을 사랑하게 되는 과정, 자기 몸의 변화를 통해 정서가 변화하는 과정이 전달되어 큰 울림을 준다.

이뿐 아니라 그룹방에 공유되는 일상 글에서는 다이어트가 아니어도 몸에 대한 고민들을 함께 터놓고 이야기를 나눈다. 자신이 효과를 본 식단이나 운동 도구를 추천하더라도 각자의 인생 스토리와 버무려져 소개되기에 상품 광고가 아니라 진정한 '찐' 후기가 주는 진한 매력이 있다. 더불어, 이 스토리들은 나 자신은 물론이고 타인에게 도움이 되고 싶은 마음도 전달한다. 공복감을 견디기 힘들어하고 운동에 너무 많은 시간을 할애하기 싫어하는 이에게는 효과적인 식이조절과 운동방법을 알려주고, 조금 쉽게 접근할 수 있는 운동 기구와 다이어트 식단을 공유한다. 각자의 방식으로 서로를 지지하고 도움을 주는 이야기들이 주를 이룬다.

이처럼 온라인 다이어트 커뮤니티에는 다양한 정보와 함께하는 동료, 감동 깊은 휴먼 스토리가 상존한다. 이러한 특성은 사람들을 집단 안에서 얻을 수 있는 유대감과 소속감으로 무장시켜, 다이어트를 하는 이들을 나 홀로 외로운 여정을 떠나지 않게 돕는다. 혼자라서 외롭다면, 커뮤니티를 찾아보면 어떨까?

온라인 커뮤니티는
조직적인 사회집단이다

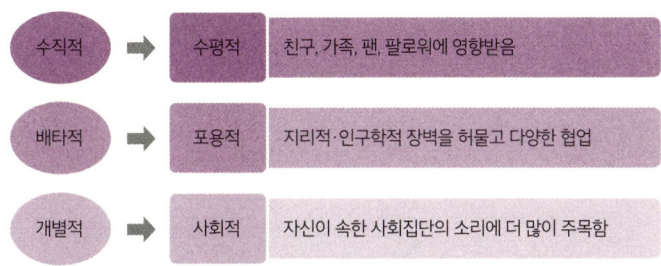

《필립 코틀러의 마켓 4.0》이 주장한 쌍방향 소통 온라인 커뮤니티의 환경 변화

몸 담론의 시작점, 서로의 관심사로 모여들다

　온라인 다이어트 커뮤니티에서 얻은 사회적 경험은 주제를 중심으로 다양한 정보를 공유하고 집중적으로 사회적 유대감을 형성하며 경험을 강하게 결속하는 것이었다. 디지털 시대의 마케팅과 소비자 행동 연구에 중요한 기여를 한 캐나다 요크 대학의 마케팅 교수 로버트 V. 코지네츠(Robert V. Kozinets)는 온라인 커뮤니티 내의 소비자 행동과 상호작용에 관한 연구에서 소비자들을 조직적인 사회집단으로 정의할 수 있다고 했다. 왜냐하면 이들은 온라인 커뮤니티 내에서 사회적 관계를 더욱 돈독히 하고 적극적인 참여를 불러일으키며, 서로를 지지하고 정보를 공유하며 응집력을 기르기 때문이다. 또한 온라인 커뮤니티에서 소비자들은 정체성을 표현하고 정보를 탐색하며 상호 관계를 형성하고 다양한 행동 패턴을 보여준다. 이러한 핵심 연구 내용은 온라인 다이어트 커뮤니티에서도 여실히 드러났다.

　내가 가입해 활동했던 다이어트 커뮤니티 역시 나에게 '다이어터'라는 정체성을 표현하게 해주었고, 다양한 정보 탐색에 많은 시간을 들이게 했으며, 상호 소통을 위해 관계를 형성하고 놀라운 소속감을 느끼게 해주었다. 커뮤니티에서 나는 조직 구성원으로서 매우 영향을 받으며 움직였던 것이다. 이렇듯 다른 소비자들과 끊임없이 소통하고 다이어터에 대한 대화를 하다 보면 태도와 생각이 변하고, 결국은 건강 관리 행동에도 변화가 오며 직접적인 영향 관계를 형성하게 된다. 다이어트 커뮤니티가 조직적인 사회집단으로의 특성을 매우 잘 대변해주고 있다는 게 증명된다.

세계적인 마케팅의 대가 필립 코틀러(Philip Kotler)는 《필립 코틀러의 마켓 4.0(Marketing 4.0)》(이진원 옮김, 더퀘스트 2017)에서 기존의 오프라인 세상과 디지털 세상의 중요한 차이점에 대해 언급했다. 그 차이점이란 디지털 세상, 즉 온라인의 대표적인 특성이 수평성, 포용성, 사회성 특징을 지니고 있다는 것이다. 코틀러의 말대로, 다이어트신 회원들 간의 관계는 모두 수평적이다. 등급이 존재하지만 절대적 권력 관계가 아니다. 연령이나 사회적 지위, 지역, 몸 사이즈 그 어떤 것도 구별되지 않는다. 커뮤니티와 이에 속한 회원들은 서로 수평적 관계 속에서 모든 이들을 포용한다. 그렇기에 오프라인보다 훨씬 더 다양하고 포용적인 이야기가 이곳에서는 가능해진다. 그리고 다양한 몸 이야기가 커뮤니티에 공존하기에 새로운 몸 문화의 담론도 여기, 이 자리에서 시작될 수 있다.

쌍방향 소통 공간, 함께하는 공간에서 나다움 찾기

그렇다면 소셜미디어, 온라인 커뮤니티들의 특성은 다 같을까? 수평성, 포용성, 사회성을 지닌 온라인 커뮤니티의 특성들은 다른 소셜미디어에서는 전혀 다르게 나타날 수 있다. 인스타그램이나 메타(페이스북)는 개인 계정으로 보여주기식 정보 공유가 더 많다. 일방향의 소통에서 위계적인 서열은 분명 존재한다. 모두의 이야기를 담아내지 못해 포용적인 특성을 지니지 않고 배타적이다. 하지만 온라인 커뮤니티에서는 구성원들이 함께 도전하고 자신들의 운동 방법을 공유한다. 다양한 게시판에서 다이어트에 필요한 것은 무엇이든, 언제든 공유할 수 있는 정서적 친밀감과 유대감이 형성되어 있다.

커뮤니티에서의 교류는 인스타그램에서 유명 피트니스 인플루언서를 추앙하며 허상을 좇던 우리들의 모습과는 달랐다. 다양함 속에 나에게 필요한 나다움을 찾는 다이어트를 찾아나설 수 있는 공간이 있다면 더욱 마음이 편하지 않을까? 기존의 소셜미디어처럼 일방향 소통이 아닌 커뮤니티와 같은 쌍방향 소통의 공간에서 다른 이들과 함께 다이어트든 내 몸 가꾸기든 한다면 어떨까? 서로 타인의 기준을 비교하지 않고 나다운 방식으로 소통한다면 나를 위한 몸 담론을 만들어낼 수 있으리라 본다.

이런 점에서 나는 '커뮤니티' 공간이야말로 새로운 몸 담론을 이야기하고 서로 공감할 수 있는 장소로 매우 온당하고 또 합리적인 공간이라고 생각한다. 온라인의 특성상 경계를 넘어 소통할 수 있고, 남녀노소를 막론하고 누구하고든 자연스럽게 유대할 수 있기 때문이다. 오프라인과 온라인 모두에서 다양한 몸 담론이 형성되기를 기대해보는 것도 좋겠다. 다시 한번, 커뮤니티에서 읽었던 글 중 아직도 마음속 깊이 남아 있는 문구를 떠올려 본다.

"저는 찌고 빠지고를 17년 동안 반복한 사람이고 스스로 이쁘다고 생각해본 적이 없었어요. (중략) 누가 내 허벅지나 뱃살로 뭐라고 하든 간에 내가 지금 내 말랑말랑한 살들을 아껴주고 귀여워해줄 수 있다면 나는 지금 나를 사랑하는 거더라고요. 저는 지금 제 몸에 만족합니다."

어쩌면 우리 모두 지금의 내 모습을 사랑하고자 이렇게 애쓰며 다이어트를 하고 있을지도 모르겠다. 다만, 좀 더 일찍 내 몸을 만족하고 아끼는 법을 터득하기를 바라본다. 내가 깨닫지 못했을 때 때론 타인의 깨달음이 나에게 울림으로 다가오기도 하니까. 이것이 함께 이야기하고 소통하는 커뮤니티의 공간이 더욱 소중한 이유다.

결국은 다양성, 포용성, 위계가 없는 것과 만나게 되었다. 우리가 새롭게 지향해야 할 몸 철학은 이것이다. 커뮤니티가 새로운 몸 담론 형성에 중요한 역할을 하는 것은 나만 그런 게 아니라는 위안을 주기 때문이기도 하다. 처음에는 우리 모두 한 가지 목표를 향해 달려가고 있는 듯 보이나, 커뮤니티에 들어가 보면 굉장히 다양한 사람들의 다양한 목표들이 보인다.

처음에 조급한 마음은 단지 내가 보고 싶은 것만 보았기 때문이다. 내 몸에 필요한 것들을 찾아가는 과정에 집중하다 보면 나에게 맞는 몸을 찾게 된다. 이 일이 가능한 것은 수많은 회원들이 '나다움'을 찾아가는 과정을 통해 다양한 이야기를 제공해놓았기 때문이지 않을까. 그래서 나는 온라인 커뮤니티에서 만난 다이어트 공화국이 결코 나쁘지만은 않았다!

학교 체육을 평가와 경쟁을 넘어 몸 문해력 교육의 장으로

소수의 아이들만 즐거운 학교 체육

"체육 수업은 재미있니? 체육 시간에 뭐 배워?"

"난 체육 수업 재미있는데, 대부분 여자 애들은 싫어해."

초등학교 6학년 딸에게 물어보면, 딸은 시큰둥하게 대답한다. 정말 말 그대로 대분분의 아이들이 체육 시간을 싫어할 수도, 체육은 몇몇 아이들의 취향인 것일 수도 있다. 아이들에게 체육 수업에 대해 물어보면 예나 지금이나 다채롭지 못해 지루하고 뻔한 체육 수업에 대한 불만이 먼저 나온다. 하지만 운동 능력이나 신체 조건이 좋은 몇몇 학생들에게는 체육 수업이 즐거운 시간이 되기도 한다. 아들을 키우는 주변 엄마들에게 물어보면, 체육 시간만 좋아한단다. 운동장에 나가 움직이는 유일한 시간이기도 해서란다.

초등학교 6학교 체육 교과서를 살펴보니 건강, 도전, 경쟁, 표현, 안전 단원으로 나뉘어 있다. 신체 능력 향상과 운동의 기본 개념들이 잘 구성되어 있지만 몸에 대한 정신적·정서적 측면에 대한 내용을 다루고 있지는 않은 것 같아 살짝 염려스럽다. 이 시기의 아이들에게 몸의 정신적·정서적 측면을 함께 다루어 교육하면 좋을 텐데 말이다. 내가 앞에서 몸의 사회문화적 가치를 알고 몸의 문해력이 필요하다는 사실을 강조한 것도 이러한 이유에서다.

내 기억 속의 체육 수업도 크게 다르지 않았다. 다행히 나는 운동 신경이 좋은 것인지 신체 조건이 적당했는지 모르겠지만, 매달리기를 잘해서 친구들이 다시 해보라고 부추겼던 기억이 떠오른다. 몇몇 운동은 적당히 한 덕에 체육 시간에 적극적으로 활동에 참여했던 경험이 많다. 이처럼 몇몇 학생들이 체육 시간의 일부를 독차지했지만 그 일을 당연하게 받아들였다. 신체 능력 위주로 일부 학생들에게 관심이 쏠리고, 특정 종목인 배구, 축구, 농구, 배드민턴 등과 같이 운동장에서 학생들이 하기 편리한 운동이 중심이 되어 운동장은 늘 운동 잘하는 아이들의 전유물이 되곤 했던 기억이 선명하다.

경쟁과 평가 중심의 체육 교육

그렇다면 우리의 체육 교육은 무엇을 지향하고 있을까? 체육 교육은 학생들이 신체적 발달을 촉진하고, 체력 향상을 도모하며, 건강한 생활 습득을 기르는 것을 목표로 한다. 주로 운동 수행 능력,

건강한 신체 관리, 운동의 가치 이해를 중점으로 교육이 이뤄진다. 이처럼 체육 교육은 학년별 발달 단계에 따라 내용이 세분화되며, 초등학교부터 고등학교까지 점진적으로 신체 활동의 다양성과 난이도가 증가하는 구조를 갖고 있다. 그러나 여전히 경쟁 중심, 성적 평가 중심의 교육 방식이 주를 이루고 있어, 신체적 활동에 소극적인 학생들이 어려움을 겪는 경우가 많을 수 있다.

	주요 내용	특징	비고
초등학교	·기초 신체 움직임과 운동 능력 습득 ·놀이를 통한 협동심 및 체력 증진 ·건강 생활 습관 형성 교육	·놀이 및 체험 중심의 학습 ·신체 활동을 즐기는 태도 형성 ·경쟁보다는 참여와 협동 중시	
중학교	·스포츠를 통한 기본 운동 기술 습득 ·다양한 운동 종목 경험 ·신체 건강과 체육 증진을 위한 기초적인 운동 방법 학습	·운동 기술 습득과 스포츠 이해 중점 ·성적에 따른 평가 체계 도입 ·체력 평가를 통한 자기 발전 도모	
고등학교	·전문 스포츠 종목과 고급 운동 기술 습득 ·체력 강화와 건강 관리 중심 ·스포츠 활동의 사회적 가치 이해	·경쟁 및 성과 중심 교육 강화 ·운동 능력에 따른 차별화된 평가 ·신체 활동이 학업 성취도와 연결되는 구조	

표에서 보듯, 현재 체육 교육에서 좀더 채워지기를 기대하는 내용은 다음과 같다.

첫째, 경쟁 주심의 체육 수업에서 탈피하기
초등학교와 달리 중학교와 고등학교에서는 성적을 기반으로 체육 평가가 이루어진다. 신체 발달의 차이를 보이는 청소년기에 개인별 신체 발달 상황을 배려하지 못하기 때문에 학생 간의 운동 능력 격차가 뚜렷해지는 경향이 있다. 핵생들에게 체육 수업이 신체 능력에 따른 차별을 경험하는 시간이 될 수 있다. 그래서 학생들에게 체육 수업이 심리적으로 부담감을 줄 수 있다.

둘째, 체력 중심 평가에서 벗어나기

학생들의 체력 향상과 기술 습득이 중심이 되어 다양한 운동을 즐기고 건강한 생활 습관을 기르는 데 초점이 맞춰지진 않았다. 체력 평가가 중심이 되니 신체 발달의 개별성도 고려되지 못해 몸의 다양한 사회적·문화적 가치와 연결이 필요하다.

셋째, 정신적·정서적 발달 요소 추가하기

체육 수업이 신체 활동에만 치우쳐 있어 정신 건강과 바디 이미지, 몸에 대한 전인적 교육이 더욱 요구된다. 몸의 변화가 가장 크고 정신적·정서적 변화를 고민할 시기에 몸에 대한 정신적·정서적 개념인 바디 이미지 교육이 없으니 다양한 몸의 이슈들을 알아가고 해결할 방법을 찾기 어렵다.

몸 문해력 향상을 위한 체육 교육을 제안한다

그렇다면 몸 문해력을 기르기 위해서는 우리는 어떤 체육 교육이 필요할까?

첫째, 몸에 대한 통합적 접근

기존의 체육 교육에서 신체적 발달이 중심이었다면, 이제는 신체 기능 발달뿐 아니라 정신적·정서적 건강을 아우르는 체육 교육, 포용적 체육 교육이 필요하다. 몸 문해력에 대한 기본적인 이론 교육을 포함하고 자신의 몸을 긍정적으로 바라볼 수 있는 능력을 기르도록 장려해야 한다. 이는 몸의 정신적·정서적 안정을 추구하는 올바른 체육 교육 방향이 될 것이다.

모든 학생이 즐겁게 참여할 수 있는 프로그램을 마련하여 경쟁보다는 참여와 협동 중심의 과정에 초점을 맞춘다. 체육 교과의 '표현' 단원이 좋은 예가 될 수 있는데, '신체 표현활동 수업'에서 아이들은 서로 협력하여 다양한 움직임을 만들어냈다. 이러한 체육 수업은 신체 활동을 통해 창의력과 협동심도 기르고 몸을 활용하여 창의적 경험까지 갈 수 있는 좋은 예다. 여러 측면에서 몸의 다양한 측면을 생각해볼 수 있는 활동이 된다.

둘째, 학생 맞춤형 교육

학생들의 신체 다양성에 기반한 개인 맞춤 커리큘럼이 제공되어야 한다. 개인의 신체 발달 단계에 따라 개별화된 피드백을 제공하고 맞춤형 교육을 실시하면 성별과 체형에 관계없이 모든 학생이 자신의 신체 발달에 맞춰 체육 교육 목표치가 설정될 수 있다. 이렇듯 개인별 교육 목표가 달라지면, 학생 개개인이 신체 자신감을 가질 수 있는 교육 환경이 조성될 수 있다. 이러한 개별 맞춤형 교육은 포용적인 체육 프로그램을 지향한다. 신체 능력의 차별 없이 모두가 골고루 맞춤 교육으로 즐겁게 참여하는 체육 환경이 되는 것이다.

일례로 인천의 대중예술고등학교에서 리얼피티(AI 건강관리 서비스)와 함께 '운동 처방 프로그램'을 운영한 사례가 있다. 이 학교는 각 학생의 체력과 운동 목표를 차별화하여 '개인 맞춤화'된 체육 수업을 진행했다. 이를 통해 학생들은 신체에 대해 관심을 갖고 더욱 잘 이해하는 계기가 되었다. 이는 지속적으로 건강을 습관화하는 방향으로 나아가게 돕는다.

셋째, 웰니스와 연결된 체육 교육

학교 체육을 통해 배우게 되는 여러 운동과 신체 활동들이 단순한 체험을 넘어 일생의 좋은 건강 습관을 잡는 계기가 되도록 장려한다. 학교에서 일생에서 필요한 건강 관리 기술을 익히고, 스스로 건강한 삶을 이어갈 수 있는 밑거름을 만드는 시간이 있어야 한다. 또한 운동을 통한 스트레스 관리 및 정서적 발달 촉진도 장려할 수 있다. 이처럼 건강을 위한 운동을 즐기는 문화 형성이 학교 체육 과정을 통해 이루어질 수 있도록 해야 한다.

예를 들어, 2017년 〈스포츠경향〉에서 소개한 경기도의 보평중학교에서는 '자율선택형 체육 수업'을 운영하여 학생들이 체육 수업 시간에 자발적으로 선택한 스포츠를 한 번에 두 시간씩 맘껏 할 수 있었다["'자율선택형 체육수업'으로 건강해진 보평중학교"(2017. 7. 12.)]. 학교가 학생들을 위해 즐겁게 교육하고 체육 친화적 환경이 조성되었다는 측면에서 매우 반가운 사례다. 이 특별한 체육 교육은 어린 시절의 체육 활동이 평생에 걸쳐 영향을 미친다는 교장 선생님의 깨달음에서 시작되었다. 이러한 교육은 학생들이 자연스럽게 체육이 즐겁고 몸이 건강해지며 스포츠에 대한 관심이 높아지게 해서 적극적인 수업 참여를 이끌어냈다. 교장 선생님의 오랜 염원처럼 이렇게 학교에서부터 흥미를 붙인 스포츠는 학생들이 일생 스포츠의 기반이 될 수도 있다.

동네 태권도 수련장에서 미래 체육을 발견하다

미래 체육 교육의 방향은 어디를 향해야 할까? 이는 앞으로 우리가 어떻게 몸을 이해하고 읽어 나갈지에 대한 지침과 기준이 될 것이다.

첫째, 신체적·정신적·정서적 발달을 모두 포함한 건강한 체육 교육
둘째, 다양성과 포용성에 기반한 개별화된 교육
셋째, 웰니스를 향해 지속적인 건강 가치 추구

그런데 다행히도, 우리 주변에는 이러한 교육 가치를 추구하는 곳이 있다. 참으로 신기할 정도로 가까운 곳에서 미래 교육으로 나아가고 있었다. 바로 우리 동네에 있는 '태권도 수련장'이었다. 신체적·정신적·정서적 가치를 모두 함양하는 신체 교육을 매일같이 볼

수 있는 풍경이 바로 이곳이었다. 초등학생 아들이 가장 즐겁게 다니는 동네 태권도장에서는 예의와 효를 그 무엇보다 강조하고 절도 있게 앉아서 명상으로 수업을 시작한다. 개구쟁이처럼 날뛰던 남자아이들도 어느새 차분하게 앉아 명상하고, 사범님과 큰소리로 예와 효를 낭독하는 모습이 익숙하다. 태권도장에 처음 방문한 아이들은 초반에는 이런 분위기와 훈련을 낯설고 어색해하지만, 곧 익숙해지고 재미를 느끼게 된다. 심신을 단련하는 이 정신이야말로 과거와 현재 그리고 미래까지 지속되고 전진해야 할 온전한 체육 교육의 방향이 아닐까.

주변 엄마들이 앞다투어 칭찬하는 데에는 다 이유가 있었다. 이 도장을 몇 개월만 다니면 아이들이 귀신처럼 '효자'로 변한다는 것이다. 이렇게 예의 바르고 심신이 건강한 자식들로 거듭난다면 이보다 더 좋은 체육 교육이 있을까 싶다. 심지어 학교 체육에 필수가 되는 줄넘기 교육부터 기초 체력 기르기에 더해 태권도 수련을 받으니 수업 끝나고 와서는 밥도 뚝딱 잘 먹고 씩씩해진 모습이 대견하다. 또한 매 수업이 끝나면 다 같이 모여 앉아 칭찬 노트를 큰소리로 한 명씩 읽어주고 칭찬받을 학생에게 열렬한 박수와 함성을 보내준다. 칭찬은 정서적 만족을 무한히 높여주는 수단이니 이보다 좋은 전인적 체육 교육은 없다고 생각한다.

아마 우리 동네뿐 아니라 대개의 태권도 수련장(검도나 다른 체육관도 마찬가지일 것이라고 짐작한다)이 대부분 이러한 교육 가치를 지향하고 있을 것이다. 이는 우리가 나아갈 체육 교육이 점점 좋은 쪽으로 가고 있다는 방증이다. 우리 체육 교육이 모쪼록 몸에 대한 다양성과 포용성을 기반으로 하고, 몸에 대한 다양한 가치를 받아들여지는 것이 보편화되는 세상이 되길 기대한다.

해외 체육 교육은 어떨까

몇몇 국가들의 체육 수업을 소개해보고자 한다. 그들은 무엇을 가르쳤고, 어떤 몸의 가치를 지향하고 있는지 살펴본다. 경쟁과 평가의 대안으로 전인적·포용적이며 건강이 중심이 되는 핀란드, 캐나다, 호주의 사례를 통해 이들이 우리나라와 무엇이 다른지 소개해보고자 한다.

캐나다의 포용적 체육 교육과 미디어 리터러시 교육의 조화
캐나다의 많은 학교에서는 신체 능력과 상관없이 모든 학생이 참여할 수 있는 포용적인 체육 수업을 하고 있다. 퀘벡의 한 고등학교에서는 다양한 신체 활동을 통해 모든 학생이 자신의 능력에 맞는 활동을 선택할 수 있도록 수업이 설계되어 있다. 이는 학생들이 소외될 일이 없고, 자신만의 운동 목표를 설정하고 참여할 수 있도록 한다.
캐나다의 비영리단체 미디어스마츠(MediaSmarts)에서는 디지털 미디어 리터러시의 미디어 이슈 중에서 바디 이미지를 중요한 핵심 과제로 다루고 있다. 미디어 교육 자료, 부모와 선생을 위한 바디 이미지 자료를 제공하고 있다. 미디어 리터러시 교육과 함께 미디어에서의 바디 이미지 교육이 함께 이루어지고 있어, 미디어를 사용할 때 필요한 정서적·신체적 관련성에 대한 다양한 교육을 실시한다.

호주의 건강 문해력 교육
호주는 체육 교육에서 건강 문해력(Health Literacy) 개념을 도입하여 학생들이 운동뿐만 아니라 자신의 건강 상태를 이해하고 관리할 수 있는 방법을 배운다. 건강 문해력 교육은 학생들이 건강과 관련된 정보를 비판적으로 분석하고 이를 실생활에 적용할 수 있도록 하는 데 중점을 두며 특히 다양한 문해력 기술(의료, 미디어, 광고 등)을 습득할 수 있도록 돕는다. 예를 들어, 시드니의 한 학교는 체육 수업에서 심박수 측정법과 같은 건강 관리 기술을 가르치고 일상생활에서 적용할 수 있는 운동 계획을 세우도록 지도한다. 건강 문해력은 자신의 신체에 대해 깊이 이해하고, 일생 지속할 수 있는 건강 습관을 형성하여 전반적인 웰빙을 이해하도록 하는 데 중요한 역할을 한다. 호주의 건강 문해력에 대한 정보는 정부 사이트에서 찾아볼 수 있다.

3장

'긍정' 된 몸

바디 포지티브로 다이어트 패러다임에 맞서다

"

앞장에서 우리는 내 몸이 '내게 맞지 않는 기준'이 되는 여러 사회문화적 요인에 대해 살펴보았다. 이번 장에서는 신체를 바라보는 발상의 전환을 시도했던 이야기를 들려주고자 한다. 산업, 미디어, 문화 등 여러 분야에서 일어나고 있는 긍정적인 몸 문화 변화의 움직임을 살펴볼 것이다.

이런 움직임이 가장 먼저 포착되는 곳이 '뷰티와 패션 산업계'다. 이들 산업에서 보내는 메시지들을 보면 우리 사회가 이제는 바디 포지티브를 받아들이고 전파할 수 있는 준비가 되어 있다고 해석해도 무방할 정도다. '다이어트가 강조되는 사회에서 이에 반기를 드는 운동'이 일어나고 있는 것도 눈여겨볼 대목이다.

몸 문화를 바꾸는 일은 개인적·기업적 차원뿐 아니라, 정부 차원에서 적극적인 미디어 제작 가이드, 규제 및 정책이 필요하다. 바람직한 몸의 가치를 살리고 긍정적인 바디 이미지 정립을 위해서는 개인, 기업, 미디어, 산업, 문화, 정책 등이 전방위적으로 노력해야 한다. 이를 달성하기 위한 각계의 노력과 과정, 성과 등도 이번 장에서 소개할 것이다.

"

이제는 바디 포지티브:
패션업계의 변화에 주목하라

신체 다양성을 존중하는 기업이 소비자 신뢰를 얻는다

나다움을 추구하는 것은 어떤 것일까? 이것도 트렌드일까?

《트렌드코리아 2019》(김난도 외, 2019, 미래의창)는 '그곳만이 내 세상, 나나랜드(NaNa Land)'라는 글에서 현대 사회에서 개인주의와 자아실현의 중요성을 강조했다. 여기서 'Na'는 음성 그대로 '나'를 뜻한다. 즉, '나를 위한 나의 나라'라는 의미를 담고 있다. 나나랜드는 자신만의 기준과 가치를 중시하며, 타인의 시선이나 사회적 규범에 얽매이지 않고 자신이 원하는 삶을 살아가는 것을 추구한다. 이 글에서는 또한 그해의 핵심 트렌드 중 하나로 '자기 몸 긍정주의'를 소개했다. 내 몸을 있는 그대로 존중하고 사랑하라는 취지의 바디 포지티브는 나나랜드에 제격이다. 이처럼 자기 자신을 추구하는 문화가 바디 포지티브 운동으로 연결된다. 여기서 소비자들의 가치 소비를 소개한 이유는 기업의 사회적 책임도 소비자들의 가치랑 맞닿아 있기 때문이다. 소비자들이 지향하는 가치가 다양한 산업에서 어떤 영향 관계를 맺는지 구체적인 예시들과 함께 소개하고자 한다.

소비자들은 바디 포지티브 운동이 확산되면서 몸에 대한 새로운 가치에 눈을 뜨고 물건 하나를 사더라도 자신의 가치관과 신념에 부합하는 소비 경향을 보이기 시작했다. 패션업계에서 소비자들의 가치 변화는 다양한 사이즈의 필요성을 요구하고 획일적인 아름다움을 내세우는 미의 기준을 수정할 것을 요구하는 데까지 나아갔다. 그 결과 많은 패션 브랜드에서 다양한 사이즈의 모델과 옷들이 등장했고 사이즈를 바라보는 좀 더 포용적인 태도도 견지하게 되었다. 패션업계도 소비자들의 요구에 부응하지 않으면 안 되는 시대에 들어섰다고 볼 수 있다.

'가치 소비 시대'란 소비자가 제품이나 서비스를 구매할 때 단순히 제품의 가격이나 품질을 중요한 요소로 생각하는 것이 아니라 제품의 생산 과정, 브랜드의 사회적 책임과 윤리적 가치, 환경 영향 등을 종합적으로 고려하여 소비하는 시대를 의미한다. 이는 개인의 신념과 가치관, 신념, 라이프 스타일이 소비 행위에 반영되는 현상이며 단순한 소비를 넘어 사회적 책임과 지속 가능한 발전에 기여하려는 의지를 나타낸다. 이제 소비자들은 자신이 지지하는 가치를 실천하는 브랜드에게 충성한다. 기업의 사회적 책임이 더욱 중요해진 이유가 여기에 있다.

패션 브랜드들이 변하기 시작했다

가치 소비 시대가 열리면서 바디 포지티브 운동도 더욱 힘을 얻고 있다. 바디 포지티브 운동은 가장 먼저 패션 뷰티 산업 전반에서 다양한 긍정적인 변화를 이끌어내고 있다. 각 브랜드들은 '나나랜드 시대'를 살아가는 소비자들이 '나다움'을 찾도록 하는 데 많은 노력을 기울이고 있다. 기존에 없던 사이즈를 확대하고 불편한 디자인을 개선하며 다양한 사람들의 필요를 충족하기 위한 노력이 곳곳에서 발견된다.

국내 스포츠 및 라이프 스타일 브랜드 '안다르'는 다양한 사이즈의 레깅스를 출시했고, 여성 속옷 브랜드 '비브비드'는 불편하지 않고 보정 기능이 더해진 브래지어 브라렛을 출시해 편안함을 중시했다. 바디케어 전문 브랜드 '러브바드(LOVEBOD)'는 몸 피부를 위한 건강한 제품을 출시해 소비자가 자신의 몸을 사랑하고 자신감을 쌓는 데 의미를 부여했다.

해외 브랜드들에서 더욱 다양한 사례를 살펴볼 수 있다. 미국의 속옷 브랜드 에어리(Aerie)는 2014년 포토샵 없이 모델들의 자연스러운 모습을 광고에 사용하기 시작했다. 다양한 체형과 사이즈, 피부 톤을 여과 없이 보여주고, 리터칭 없이 실제 모습을 보여줌으로써 자연스러운 아름다움이 추구하는 브랜드 가치를 통해 소비자들에게 신뢰를 얻었다. 나이키 또한 다양한 체형을 위한 피트니스라인(fitness line: 너무 조이거나 너무 헐렁하지 않고 편안하게 몸에 잘 맞는 외형)을 출시하고 성별, 체형, 인종의 차별 없이 다양한 모델들을 기용하는 광고를 선보여 모든 사람이 편하게 운동을 즐기도록 독려했다. H&M의 인클루시브(Inclusive) 라인 또한 다양한 사이즈 옵션을 제공하고 포용적인 디자인을 지향하여 많은 소비자에게 호평을 받으며 몸 다양성에 대한 긍정적인 사례로 평가받았다.

명품 브랜드에서도 다양한 노력들이 추가되었다. 샤넬은 광고나 패션쇼에서 다양한 인종과 배경을 가진 모델을 등장시켜 다양성을 표현하려 노력했다. 2021년 샤넬 패션쇼에서는 다양한 연령대와 체형의 모델이 등장했는데, 이것은 패션업계의 변화를 읽게 해주는 사례다. 루이비통은 '젠더 뉴트럴 컬렉션'에서 남녀 구분 없이 누구나 착용할 수 있는 패션 아이템을 선보여 다양한 성별과 체형을 고려했다는 긍정적인 반응을 이끌어냈다. 앞으로 더 많은 브랜드에서 몸의 다양성이 존중되고, 포용적인 패션계의 문화를 기대해보고 싶다.

바디 포지티브는 스포츠, 패션업계뿐 아니라 IT 업계에도 영향을 미치고 있다. 펨테크(FemTech)는 여성 건강과 관련된 기술로 임신, 출산, 생리주기를 체크할 수 있는 앱 등을 말한다. 베를린에서 개발한 Clue앱은 생리추적 앱인데 객관적인 표, 알람 정보를 알기 쉽게 제공해준다. 이 같은 사례는 내 몸에 필요한 정보를 찾아 개선하고 궁극적으로 만족감을 높여 삶의 질을 개선해주기 위한 변화라 여겨진다. 이처럼 다양한 업계에서 나다움을 강조하는 바디 포지티브 열풍이 불고 있다는 것은 반가운 소식이다.

〈이데일리〉는 바디 포지티브 메시지를 담은 이 같은 패션계 소식을 전하며 이들이 '긍정적 바디 이미지를 지향'하고, '신체 사이즈의 다양성을 중시'하며, '제품의 기능성'에 초점을 맞추는 쪽으로 변하고 있음을 소개했다[＂통통한 마네킹, 트랜스젠더 모델… 패션, '편견'을 벗다＂(2019.10.02.)]. 기사에 따르면 스포츠 브랜드 나이키는 플러스 사이즈 모델과 마네킹을 제작하는가 하면 '캘빈클라인'은 미국 뉴욕 소호의 대형 옥상 광고판에 플러스사이즈 모델의 흑인 여성 사진을 걸었다. 이 밖에 명품 브랜드에서부터 SPA 브랜드에 이르기까지 패션계가 몸의 다양성과 포용성을 담으려는 노력을 여실히 보여주고 있음을 기사는 전하고 있다.

이 기사에서 내가 더욱 눈여겨보았던 것은 신체적 다양성과 포용성은 사이즈만의 문제는 아니라는 것이었다. 신체적 장애가 있는 사람들을 위한 어댑티브 패션(Adaptive Fashion)이 있는데, 삼성서울병원 재활의학과 장애인 관련 단체들과 협업한 장애인을 위한 전문 비즈니스 캐주얼 브랜드 '하티스트(heartist)'는 패션의 필요성을 다양하게 확장한 브랜드라는 생각이 들었다.

지속적인 노력으로 사회 인식 변화 이끌어내길

이처럼 패션 브랜드의 변화는 바디 이미지의 다양성에 따른 소비자 선택권을 넓혔다고 평가할 수 있다. 또한 패션에서 시니어 및 플러스 모델 등의 등장은 다양한 연령대와 다양한 신체 사이즈의 모델들이 몸의 다양성과 포용성을 표현하는 계기를 마련했다.

이제 패션업계에서는 바디 포지티브와 몸에 대한 가치를 담아 윤리적 의무를 다하는 것이 점점 중요해지고 있다. 다양한 몸을 존중하고 포용하는 브랜드 철학을 확립하고 소비자들로부터 신뢰와 지지를 얻어내야 한다. 이를 증명하듯 여러 패션 브랜드들이 비현실적인 몸매 기준에서 탈피하고 획일적인 몸매에 다양성을 확보하기 위해 노력하고 있다. 몸의 다양성을 존중하자는 사회적 메시지를 담아내는 것은 브랜드들이 진정성을 가지고 소비자들과 소통하여 깊은 공감대를 얻는 방법이 되었다는 것이 여러 사례를 통해 확인되었다. 앞으로도 패션업계가 지속적으로 다양한 몸의 이미지를 담으려고 노력하고 사회적 인식 변화를 위해서도 노력하기를 기대해본다.

[패션업계에 요구되는 핵심 키워드]
★ 다양성: 사이즈는 다양하게
★ 포용성: 획일적인 아름다움의 기준은 이제 그만
★ 주체성: 있는 그대로, 보정 없이

패션 기업의 사회적 책임(CSR), 바디 포지티브가 답이다

몸 담론의 시작점, 서로의 관심사로 모여들다

　소비자 중심의 가치 소비 트렌드는 이제 기업으로 하여금 사회적 책임(Corporate Social Responsibility, CSR)을 다하도록 적극적으로 요구하는 데까지 나아가고 있다. 이제 소비자는 제품이나 서비스를 구매할 때 단순히 가격과 품질만 고려하는 것이 아니라 기업이 얼마나 사회적·환경적 책임을 수행하느냐에 따라 소비 행위를 선택한다. MZ세대는 자신이 구매하는 제품이 사회적 가치를 담고 있기를 원하며, 바디 포지티브 운동에 적극적으로 지지를 표명한다.

　소비자의 이 같은 변화에 따라서 기업 역시 환경 보호, 인권 보호, 신체 긍정성 등 다양한 사회적 가치를 실현하는 데 노력을 기울이고 있다. 이를 증명하듯, 기업이 사회적 메시지를 담아내는 것을 넘어서 사회적 책임을 더하는 사례들은 곳곳에서 발견된다.

　바디 포지티브 운동도 CSR의 일환으로 기업들이 다양한 체형과 외모를 존중하는 캠페인을 펼치고 브랜드 이미지를 개선하면서 소비자와 사회적 가치를 함께 만들어가는 중이다. 결국 CSR은 단순히 기업의 이윤 창출을 넘어서 사회적 가치를 실현하고 긍정적인 변화를 이끌어내는 방향으로 가게 되어 있다. 이제 기업은 어떤 제품과 서비스에 손이 갈 것인지 생각하고 소비자는 나다운 가치 소비를 실천하는 일이 중요해졌다. 즉, 기업의 사회적 책임은 이제 선택이 아닌 필수로 자리 잡고 있다.

　그렇다면 여기서 한 발 더 나아가 패션 기업의 사회적 책임을 좀 더 다양한 산업계로 확장해보면 어떨까? 제품에 디자인 철학을 담는 데서 그치지 않고 사회를 변화시킬 수 있는 신체 교육 프로그램을 주도하거나 패션의 선한 영향력을 끼칠 수 있는 사회 운동을 펼치는 등 산업계가 전방위적인 캠페인을 벌여도 좋을 것이다. 무엇보다 소비자들이 반응하는 것은 단순한 제품의 가격이나 품질이 아닌 그 제품이 담고 있는 사회적 가치임을 명심할 때이기도 하다. 바로 다음에 소개할 내용이 기업의 사회적 책임에 진심인 도브(Dove)에 대한 내용이다. 도브가 어떻게 소비자에게 사회적 메시지를 전달하고 기여했는지, 우리가 여기서 배워야 할 교훈이 무엇일지 함께 찾아보자.

도브(Dove), 비현실적인 아름다움의 기준에 도전하다

도브의 브랜드 철학에 반하다

저마다 좋아하거나 신뢰하는 브랜드 하나쯤은 있기 마련이다. 좋아하는 이유도 제각각일 것이다. 현대 사회에서 내가 소비하는 브랜드는 곧 '나 자신'을 표현한다. 소비 행위란 소비자가 제품을 소비하는 것을 넘어 브랜드를 통해 자신의 정체성을 표현하고 경험하는 과정을 말해주기 때문이다.

나는 요즘 '도브'를 참으로 좋아한다. 올바른 브랜드 철학을 소유했다고 생각하기 때문이다. 또한 긍정적인 몸 문화에 앞장선 브랜드로 나는 도브를 가장 먼저 떠올린다. 도브는 소비자 브랜드로서 진정한 아름다움에 대한 새로운 철학을 제시하고 사회적 편견을 바꾸기 위한 지속적인 노력을 진심으로 펼쳐온 브랜드다.

처음부터 도브가 이런 브랜드 가치를 표방한 기업은 아니었다. 처음엔 그저 가격도 적당하고 쓸 만한 생활필수품의 자리를 차지했을 뿐이다. 도브만의 브랜드 철학도 메시지도 특별할 게 없었다. 하지만 시대가 바뀌면서 도브는 변모했다. 도브는 여성들에게 단순히 외모를 꾸미는 것에 필요한 제품만 나열한 것이 아니었다. 소비자 스스로 아름다움에 대해 생각하고 긍정적으로 자기를 받아들이도록 인식을 전환하는 데 진심을 다해 조력했다. 도브는 브랜드가 소비자와 진정한 관계를 정립하면서 브랜드 가치를 어떻게 연결하는지 보여준 중요한 사례다.

브랜드는 단순한 상품을 넘어 정서적이고 문화적인 '감정적 상품'을 제공함으로써 소비자와 깊은 관계를 맺는다(Murray, 2013). 도브는 브랜드 정체성을 '진짜 아름다움(Real Beauty)'이라는 개념과 연결했고, 소비자에게 새로운 아름다움의 사회적 가치를 제안했다. 여성 소비자들은 도브의 제품을 소비함으로써 '아름다움, 스스로를 긍정적으로 바라보자'는 브랜드 가치 또한 받아들이게 된다. 이런 과정을 거쳐 도브는 이제 미디어가 만들어낸 비현실적인 아름다움의 기준에 도전하는 브랜드로 굳건히 자리 잡게 되었다. 이는 브랜드가 현대 소비 사회에서 단순한 제품 공급자가 아닌 소비자와의 정서적·문화적 연결을 통해 사회적 변화를 이끌어내는 주체로 기능할 수 있음을 시사한다.

포용의 마케팅이 보여준 힘: 진짜 아름다움, 리얼 뷰티(Real Beauty) 캠페인

2004년에 시작한 도브의 '리얼 뷰티' 캠페인은 현실적이고 진정한 아름다움을 재정의하는 데서 출발했으며, 현재는 '아름다움에 대한 재정의(Refining Beauty)'로 확대되었다. '모두를 위한 아름다움'에 다양한 목소리를 내며, 진심으로 소비자와 함께 이 목소리를 높여가고 있다(www.dove.com). 도브 홈페이지에 가면 아름다움의 재정의 부분에서도 현실적인 아름다움을 유지하기(#KeepBeautyReal), 온라인에서 어린이들을 안전하게 지키기(#KidsOnlineSafety), 아름다움의 진정한 대가(The Real Cost of Beauty), 우리를 보여주자 프로젝트(Project #ShowUs) 등이 다양하게 소개된다.

도브는 전통적인 미의 기준에서 벗어나 다양한 체형, 피부색, 연령대를 가진 여성들의 진짜 모습을 보여주며 '신체 긍정성(Body Positivity)'을 강조해왔다. 도브의 소셜 캠페인은 대략 3분짜리 영화로, 강력한 메시지를 담은 인상 깊은 영상이 많다. 이들 영상에서 도브는 몸의 사이즈, 연령, 피부, 외모 모든 면에서 매우 다양한 여성을 등장시켜 있는 그대로의 아름다움을 다양한 각도에서 담아낸다. 그 어떤 사회적 미의 기준도 본연의 아름다움을 저해시켜서는 안 된다는 강력한 메시지를 던진다. 광고에는 유명 모델이나 연예인 대신 일상에서 만날 수 있는 평범한 이들이 등장한다.

대표적인 예로, 조회수가 516만 회인 도브 영화 'Cost of beauty (아름다움의 대가)'는 사회적 아름다움이 그 대가로 한 소녀를 병들게 하는 과정을 매우 현실적으로 보여준다. 해맑던 소녀는 미디어에 노출된 뒤 아름다움을 추구하는 과정에서 거식증에 걸리고 우울증을 얻게 된다. 이는 한 소녀에 국한된 이야기가 아니다. 도브는 이 영화로 미디어의 발달이 많은 이로 하여금 아름다움에 대한 자신의 기준을 잃게 만든다는 메시지를 강력하게 전달했다.

도브의 소셜 캠페인은 글로벌 차원에서 큰 반향을 일으키며 미디어와 광고에서 미의 기준이 변화하는 데 중요한 역할을 했다. 특히 '리얼 뷰티 스케치(Real Beauty Sketches)' 광고는 도브의 캠페인 중에서도 가장 널리 알려져 있다. 이 광고에서는 여성들이 자신의 외모를 어떻게 인식하는지와 타인이 보는 자신의 모습이 어떻게 다른지를 보여준다. 이를 통해 자기가 생각하는 자신의 이미지와 타인이 말해주는 자신의 이미지 차이를 스케치를 보고 알게 된다. 부정적으로 바라보았던 내 얼굴이 타인에게는 그냥 있는 그대로 받아들여지며 부스스한 머리털은 그저 길고 풍성한 멋진 머리로 보일 수 있음을 알게 된다.

이 광고를 통해 소비자는 타인의 평가를 두려워할 필요도, 자신을 깎아내릴 필요도 없다는 메시지를 얻는다. 이 영상은 유튜브에서 1억 회 이상 조회되었으며, 전 세계적으로 화제를 불러일으켰다.

청소년들을 위한 자존감 프로젝트(Self-Esteem Project)

도브의 캠페인이 의미 있는 것은 단순히 아름다움의 정의를 재정립한 것에 머물지 않는다. 도브는 교육을 통해 아름다움에 대한 뿌리 깊은 우리의 인식 전환을 완전히 이끌어냈다. 특히 도브는 2004년부터 청소년의 자아 존중감을 높이기 위해 '자존감 프로젝트'를 시작했다. 도브는 다양한 워크숍과 교육 프로그램을 통해 청소년들이 외모에 대한 사회적 압박을 줄이고, 자신을 있는 그대로 사랑할 수 있도록 교육하고 있다. 도브 홈페이지에서 소개한 바에 따르면, 이 자존감 프로젝트는 전 세계적으로 9,450만 명 이상의 청소년들에게 영향을 미쳤으며, 젊은이들이 자신의 신체에 대해 긍정적인 인식을 가지도록 돕고 있다.

도브의 핵심 소셜 캠페인(Our Mission) 카테고리 중의 하나인 어린이들의 바디 자신감(Kids' Body Confidence) 코너에서, 자신의 이미지를 수정하면서 겪게 되는 영상이 화제가 되었다. 나 역시 최근에 몇 번이고 다시 봤던 광고가 아직도 머리에 맴돌고 있다. 바로 2022년 클리오 광고제 수상작인 도브의 'Reverse Selfie(#Theselfietalk)'로 'Dove US' 유튜브 채널에서 286만 회의 조회수를 기록한 광고다. 영상이 시작되면 앳된 소녀가 이리저리 보정한 자신의 셀카(Selfie)를 SNS에 업로드하는 장면이 나온다. 성숙한 여성의 모습이 되기도 하고 눈이 커지는가 하면 화장한 모습이 되기도 한다. 하지만 이건 소녀의 본 모습이 아니다. 마지막에 소녀는 아무것도 하지 않은, 자신의 원래 모습을 보여준다. Reverse Selfie(되돌린 셀카)가 되는 것이다. 이 장면은 어린아이조차 사회가 추구하는 미를 따라가려는 현상과 이미지 편집으로 외모 스트레스를 받고 강박적 정신 스트레스를 받는 현실을 보여준다. 이 광고를 통해 도브는 SNS와 사회의 문제점을 지적하며 브랜드 이미지를 정립하는 데 성공했다.

도브의 이 같은 캠페인이 큰 반향을 일으키고 있음에도 한편에서는 여전히 외모에 대한 강박과 타인이 정한 기준을 따르려는 현실은 더욱 강력해지고 있다. 나는 도브와 같은 브랜드 철학과 가치를 지향하는 기업이 점점 더 많아져야 한다고 생각한다. 언제까지나 뷰티 광고, 미디어에서 외모 지상주의를 조장해서는 안 되지 않을까? 더 많은 브랜드, 기업들이 함께하여 우리 아이들의 아름다움을, 더 나아가 모두의 아름다움을 지켜줬으면 하는 바람이다.

도브의 프로젝트는 계속된다

도브의 자존감 프로젝트는 영국의 학교 프로그램에서도 큰 성과를 거두었다. 뿐만 아니라 미국과 캐나다, 호주 등에서도 교육 프로그램이 널리 활용되고 있다고 한다. 도브의 연구 자료에 따르면(공식 홈페이지 참조), 이 프로그램에 참여한 학생 8명 중 7명이 자아 존중감이 향상되었다고 답변했다. 이는 청소년기 신체 인식의 중요한 변화를 가져오는 긍정적인 결과로 평가된다. 그 밖에 도브는 청소년기에 신체 자신감을 유지할 수 있게 돕고 몸의 기능적 가치에 초점을 맞추며 다양한 기업들과 협력해 교육 프로그램을 만들어가고 있다. 아이들이 즐겨보는 애니메이션과의 합작 시리즈는 유아기부터 몸 긍정성을 기르는 좋은 교육 자료임이 분명하다.

이처럼 도브의 캠페인은 단순한 마케팅 전략이 아닌 사회적 변화를 이끄는 캠페인으로 평가받고 있다. 도브가 리얼 뷰티 캠페인을 진행한 이후 10명 중 8명은 광고에서 다양한 신체와 외모가 등장하는 것이 더욱 중요하다고 생각하게 되었으며, 67% 이상의 여성들이 광고를 통해 자신의 몸에 대해 긍정적인 영향을 받았다고 응답했다. 또한 도브의 연구에 따르면, 여성의 70%는 미디어에서 제시하는 몸 이미지가 현실적이지 않다고 생각하며 더 많은 사람들이 이러한 캠페인 덕분에 신체 다양성을 중요하게 여기기 시작했다고 보고했다.

아름다움의 확장을 위하여

한국에서는 도브처럼 브랜드 철학과 소비주의, 페미니즘을 성공적으로 결합한 대표적인 사례가 아직 많지 않다. 주위를 둘러보자. 어딜 가나 잘 나가는 연예인들, 아이돌이 화장품 광고를 독차지한다. 어쩜 이렇게 획일적인 미를 추구하나 늘 아쉽다. 도자기처럼 매끈하고 호리병처럼 늘씬한 몸매는 한국의 아름다움 그 자체라고 이야기하는 듯하다.

한국에서 신체 다양성과 페미니즘을 결합한 브랜드가 성공하기 위해서는 도브와 같은 포용적이고 긍정적인 마케팅 전략이 필요하다. 이제 기업은 단순한 제품 판매를 넘어서 사회적 책임을 다하고, 신체 다양성에 대한 인식을 넓혀가는 방향으로 움직여야 할 것이다. 이를 통해 브랜드는 소비자들과 더 깊이 연결되고, 사회적 변화를 촉진하는 데 기여할 수 있다.

자기 몸 긍정주의, 나나랜드에서 자신을 표현하고 개성을 찾아 나선 한국에서도 보다 적극적으로 포용적인 마케팅을 펼쳐나갈 준비가 되었다. 앞으로 한국의 다양한 브랜드들이 신체 다양성과 페미니즘을 반영한 포용적인 마케팅 전략을 통해 사회적 변화를 충분히 이끌어내기를 기대해본다.

도브,
아름다움을 '페미니즘과 소비주의'로 이야기하다

도브는 비현실적인 아름다움의 기준을 주체적으로 재평가하고 새로운 정의를 정립하는 사회적 담론을 이끌어내는 데 기여했다. 도브의 '진짜 아름다움 캠페인(Real Beauty Campaign)'을 통해 여성들이 스스로 외모와 몸매를 긍정적으로 인식하도록 적극적으로 장려했다. 이 캠페인은 소비자 브랜드가 페미니즘적 가치를 어떻게 브랜딩 전략으로 활용할 수 있는지를 보여주는 대표적인 사례다. 또한 도브의 제품 광고는 매우 담백할 정도로 단순했는데, 이는 여성들이 다양한 외모와 몸매를 긍정적으로 인식하도록 돕는 사회 운동의 역할을 했다. 도브는 여성의 아름다움을 '페미니즘'에 기반해 이야기한 것이다.

이 시대에 페미니즘과 소비주의를 연결해서 논의하기는 복잡하고 어려운 주제이나 나는 이 논의가 꼭 필요하다고 생각한다. 사회에서 다양한 각자의 목소리를 담아내고 조화를 이끌어내기 위해서는 사회적 성인 '젠더(Gender)'와 소비 시대의 결합이 갈등을 해소할 답안을 내놓을 수 있다고 생각하기 때문이다. 특히, 우리 몸 문화에 대한 이야기는 반드시 사회구조 안에서 다시 한번 살펴봐야 한다.

그런 점에서 여성이 주 소비자층인 브랜드의 상업화, 브랜딩 전략을 페미니스트의 관점 및 미디어의 구조에서 분석하고 현재 뷰티 산업과 몸에 대한 미디어 이미지 등에 관해 연구하는 '페미니스트 미디어 연구'는 이를 잘 대변해주는 연구 방법 중 하나다. 이 연구법은 젠더에 대한 사회구조와 주류 미디어의 구조에서 드러나는 사회적 의미를 살펴보고 그 차이를 발견하고 분석하며 비판할 수 있는 근거를 마련하는 데 목적이 있기 때문이다. 이러한 분석 틀을 통해 소비자는 사회구조적으로 정상적이고 자연스러운 것이라 믿어왔던 미디어 이미지를 새로운 관점으로 바라볼 수 있게 된다.

미디어 연구는 젠더에 대해 사회가 변화해야 할 방향성을 제시해주고, 변화의 정도를 객관적으로 보여주고 추적해갈 수 있게 도와준다. 그래서 페미니스트 미디어 연구는 우리 사회에서 소외되었던 여성의 목소리, 이야기에 초점을 맞춘다(Hesse-Biber, 2013, p.290).

페미니즘과 소비주의로 바라본 도브는 우리 시대 소외된 여성, 소외된 몸 이야기를 너무 잘 대변해준다. 모두가 아름다울 권리를 당당히 우리 자신에게로 '돌려준다'. 한쪽으로 치우친 아름다움이 아닌, 누군가 정해준 아름다움이 아닌, 나 자신의 모습 그대로 아름답다고 이야기해준다. 그렇게 함으로써 소비자인 여성들의 관점을 바꾸고, 나아가 사회 변화를 이끌어낸다.

그래서 도브는 소비주의 시대에 페미니즘적 가치를 브랜드 철학으로 내세운 성공적인 사례로 평가받고 있다. 이로써 도브의 사회적 캠페인과 활동들은 소비자들에게 단순한 제품 이상의 가치를 제공하며, 사회적 변화에 기여하는 브랜드로 자리매김했다. 이 글은 앞으로 브랜드가 어떠한 가치를 추구해야 할지를 제시했다. 특히 페미니즘과 소비주의가 교차하는 지점에서 브랜드가 어떤 사회적 책임을 가져야 하는지에 대해 논의해보고자 했다.

소비주의 사회에서 몸은 상업적으로 포장된 이상적인 기준으로 자리 잡았으며, 여성들에게 외모에 대한 과도한 압박감을 부여해왔다. 도브는 이러한 현실에 맞서 페미니즘과 신체 다양성의 중요성을 강조하며, 각자의 고유한 아름다움을 존중받을 수 있는 문화를 만들어냈다.

내 사이즈가 문제라고?: '마이 사이즈 핏' 찾기

몸 사이즈는 천차만별인데 프리 사이즈라고?

얼마 전 딸과 함께 대형 쇼핑몰에서 쇼핑을 즐기던 일이 떠오른다. 쇼핑몰을 돌아다니면 다양한 패션 브랜드를 구경할 수 있어 눈이 즐거웠다. 올해는 어떤 스타일이 유행하는지 예쁜 옷들을 보는 것만으로도 기분 전환이 되었다. 요즘 유행하는 패션 편집숍에 늘씬한 마네킹이 입은 신상 옷들이 유난히 예뻐 보인다. '마네킹 몸매는 돼야 이쁠 텐데…… 그래도 신상 스커트를 한번 구경해볼까?' 하고 매장에서 '사이즈'를 먼저 체크했다. 프리(free) 사이즈란다. 적당한 길이의 스커트라 프리 사이즈면 왠지 편할 수도 있겠다 싶어 입어봤다. 웬걸, 프리 사이즈인데 무릎에 걸릴 지경이다. 초등학생 딸의 허리에도 겨우 맞을까 말까다.

쇼핑은 눈으로 즐기는 즐거움도 있지만, 불편한 경험도 함께 준다. 획일적인 신체 비율로 만들어진 마네킹의 모습이 그렇다. 정말 쇼윈도의 마네킹 몸매를 한 사람들만 입을 수 있는 옷들만 전시하는 것은 아닌가? 프리 사이즈란 말을 하지 말 것이지, 보통 체격인 내 몸에도 맞지 않는 사이즈가 프리 사이즈라니…… 괜히 화가 난다.

몸매를 커버한다고 홍보하는 옷들은 또 어떤가? 일명 '오버사이즈 룩'이 한때 유행했다. 지금도 오버사이즈 룩은 널리 널리 유행하고 있는 듯하다. 왠지 이 룩은 누구에게나 어울릴 듯하여, 때로는 볼록한 뱃살을 말끔히 커버해줄 수 있는 마법의 핏(fit)이라 소개하기도 한다. 이 역시 날씬하면 더욱 빛난다고 말하는 이들도 있다. 프리 사이즈도 오버사이즈도 모두 마른 체형을 위한 옷들이란 말이다. 세상은 온통 마른 체형을 위한 패션만 존재하는 곳처럼 느껴진다. 정말 마르지 않은 사람들을 위한 패션은 없는 것일까? 과연, 내 사이즈가 문제일까?

'나다움'을 찾아 나선 개척자: 사이즈 차별에 반기를 들다

사람 100명이 모이면 몸의 모양과 사이즈가 100가지로 다 다르다. 성격이 천차만별이듯 몸의 모양과 사이즈도 당연히 천차만별이다. 그렇다면 옷 사이즈도 천차만별로 다양해야 하지 않을까? 내 몸이 문제가 아니라 옷 사이즈가 문제라는 말을 이제는 당당히 말할 수 있어야 하지 않을까?

사이즈 담론에 대한 다양한 시도들이 벌어지고 있다. 이 문제에 대해 반기를 제대로 든 이가 있다. 바로 '사이즈 차별 없는 패션쇼, 모두의 몸(Every, Body)' 캠페인을 주도한 '치도'가 그 주인공이다. 치도는 일반적인 패션모델을 하기에는 너무 뚱뚱하고, 그렇다고 플러스 사이즈 모델을 하기에는 너무 날씬했다고 한다. 그래서 스스로 '국내 1호 내추럴 사이즈 모델'의 개념을 적용해 활동하게 되었다. 내추럴 사이즈 모델은 미국에서 2012년에 처음 등장했지만 한국에는 그때까지 소개된 적이 없었다. 그녀는 모델 외에도 인플루언서이자 사회운동가, 크리에이터로 패션 산업에서 바디 포지티브 메시지를 활발히 전달하고 있다. 스스로 '나다움'을 찾아 나선 개척자가 된 셈이다.

영국 뷰티 브랜드 도브의 리얼 뷰티 캠페인, 몸 다양성 소셜 캠페인에 깊은 감명을 받은 나는 국내의 긍정적 몸 담론에 대한 연구(김가영, 권응, 2021)를 위한 예시를 찾아다녔다. 우연히, 바디 포지티브 키워드로 유튜브에서 '치도'의 콘텐츠를 보게 되었다. 그녀의 다양한 콘텐츠는 긍정적 바디 이미지를 위한 사회적 담론 형성의 가치 탐색이라는 주제에 알맞은 예였다. 그녀가 이뤄낸 몸에 대한 인식 변화, 다양한 몸 문화를 위한 진정한 한 걸음이 몸에 대한 스트레스로 고통받는 많은 이들에게 울림을 주고 다이어트에서 해방되어 자신을 찾아가는 길을 선도했다. 그녀의 용감한 발걸음에 진한 응원을 보낸다.

이랜드 스파오, 샌드박스, 치도가 참여한 '사이즈 차별 없는 패션쇼, 모두의 몸' 포스터
※ 출처: 샌드박스

사이즈 차별 없는 패션쇼와 현실적인 마네킹: 몸 다양성은 이렇게 현실적으로 표현해야

　패션 스파 브랜드인 이랜드 스파오(SPAO)와 샌드박스가 후원하고 협찬한 〈사이즈 차별 없는 패션쇼: 에브리, 바디(EVERY, BODY), 모두의 몸〉 패션쇼는 2018년 제1회(내일 입을 옷)를 시작으로 2021년 2회 행사가 개최되었다. 이 패션쇼와 더불어 '사이즈 차별 없는 마네킹'도 기획되었다. 이는 브랜드 최초로 평균 체형의 마네킹을 배치하는 일이었다. 마네킹은 펀딩을 통해 제작되었다. 이로써 남성 마네킹의 신장이 190센티미터에서 172.8센티미터로 줄었고, 여성 마네

킹은 184센티미터에서 160.9센티미터로 줄었다. 허리둘레 또한 남성 마네킹은 2.3인치, 여성 마네킹은 5.9인치 더 크게 제작했다고 전해진다. 현실을 제대로 반영한 마네킹 사이즈를 비교해보니 그간 얼마나 비현실적인 마네킹을 보고 있었는지 감이 온다.

이 패션쇼를 준비하는 과정을 소개한 영상('일반인 10명이 패션쇼 모델이 된다면?', Teaser)에는 모델들의 인터뷰도 담겼는데, 여기서 참여자들의 다양한 신체 콤플렉스를 살펴볼 수 있었다. 주변뿐만 아니라 스스로 내리는 부정적인 평가들이 자신의 바디 이미지를 형성하고, 남들과 비교하고 스스로를 부족하게 바라보는 마음이 점점 커져간 결과 이제는 더 이상 안 되겠다고 다짐하고 용기를 내 패션쇼에 참여한 사람들의 이야기가 진솔하게 소개된다. 패션쇼를 거치면서 이들이 자존감을 회복하고 스스로 새로운 도전을 하게 된 인터뷰 영상이 무엇보다 인상 깊었다.

'Shake the frame(프레임 흔들기)'이라는 부제 속에서 다양성이 부재한 몸의 이미지들은 날씬함을 강요하는 패션에서 더욱 부각되고 획일적인 아름다움의 기준을 제시하는 듯한 마네킹은 우리 사회의 많은 이들의 몸의 불평등을 상징하는 듯하다. 이 패션쇼는 단지 사이즈가 획일적인 것이 문제라고 이야기하지는 않는다. 평범한 이들이 입는 다양한 패션을 선보이면서, 이들이 진짜 삶의 모델이 되어 다양한 모습으로 패션을 즐기는 모습이 소개된다. 긍정적인 내 모습을 발견하고 있는 일상을 담아낸 패션쇼였다. 있는 그대로의 내 모습에서 아름다움에 대한 폭넓은 시각을 갖고 앞으로 나아가라고 말해준다.

이처럼 다양한 몸의 모습을 보여주는 것만으로도 몸에 대한 긍정적 평가를 이끌어낼 수 있고, 획일적인 표현이 아닌 새로운 관점으로 몸 문화를 다시 한번 볼 수 있는 기회를 제공할 수 있다. 다시 말해, 이 패션쇼는 그 자체로 있는 그대로에 대한 수긍을 필요로 하는 대중의 열망을 표현했고, 사회적으로 받아들여지기를 바라는 의미 있는 소셜 캠페인이었다.

모두의 사이즈를 위한 길을 찾아서

'사이즈 차별 없는 패션쇼' 사례는 몸 사이즈의 다양성을 패션에 제안하고자 한 것이다["제2회 사이즈 차별 없는 패션쇼 쇼윈도에 등장한 모두의 몸(Every, body)"]. 패션업계뿐 아니라 미디어도 다양한 유형의 외모와 신체 사이즈를 포괄적으로 포함하는 환경을 만들어갈 것을 제안하고자 한다.

이를 위해서는 가장 먼저 브랜드 내부에서 다양한 교육이 이루어져야 할 것이다. 다양성과 포용성에 대한 프로그램을 도입하고, 브랜드 가치를 몸의 긍정적 방향으로 이끌어내도록 도와야 할 것이다. 회사 차원에서도 명확한 다양성 정책이 수립되어야 하고 조직 문화와 환경이 만들어지길 기대해본다.

다음으로, 커뮤니티 차원에서 사회적 캠페인이 지속적으로 일어나야 할 것이다. 치도의 사이즈 차별 없는 패션쇼처럼, 다양한 커뮤니티가 협력하고 사회적 책임을 지고 함께 해결해나갈 수 있는 방법을 모색하는 공간을 마련해야 한다. 소외된 그룹이나 차별받는 집단은 없는지, 다양한 사람들의 소리를 들을 수 있는 지역사회, 커뮤니티 협력이 필요하다.

마지막으로, 소비자와 브랜드들과의 직접적인 소통의 창구가 많이 마련되면 좋을 것이다. 브랜드 다양성 정책에 대한 정보 공개나 소비자 참여 활동 등을 만들 수도 있고, 브랜드의 노력과 성과를 소비자들과 공유함으로써 신뢰도를 쌓아갈 수 있을 것이다. 소비자 피드백을 수렴하기 위한 노력은 몸에 대한 진정한 인식의 변화를 이끌어줄 것이다.

이제 다양한 차원의 노력을 통해 나에게 맞는 사이즈를 누구나 쉽게 찾을 수 있는 패션이 완성되길 기대해본다. 그 누구도 정해놓은 사이즈에 내 몸을 완벽히 맞출 수 있는 사람은 없다. 이제 모두가 각자의 '마이 사이즈 핏'을 찾게 되도록 외쳐보자.

자신감이야말로 내 몸의 축복,
그러니까 당연히 '아이 필 프리티'

머리를 다쳤을 뿐인데

2018년, 영화 좋아하는 사람들 사이에 입소문을 타고 퍼진 코미디 영화가 있었다. 바로 〈아이 필 프리티(I Feel Pretty)〉. 이 영화의 당시 네이버 평점은 10점 만점에 9.03점을 받으며 큰 사랑을 받았다. 줄거리는 간단하다. 성격도 좋고 옷도 잘 입고 일도 잘하지만 몸매가 '통통해서' 불만인 주인공 르네(에이미 슈머). 하늘에 간절히 모델 같은 외모를 갖게 해달라고 소원을 빌지만 바람은 좀처럼 이루어지지 않는다. 그러던 어느 날 스피닝을 하면서 자전거 페달을 너무 세게 밟다가 그만 사고가 터진다. 르네는 바닥으로 떨어져 머리를 강하게 부딪친다. 기절 상태에서 깨어난 르네. 그런데 그 뒤로 거울에 보이는 내가 내가 아니다. 아이 필 프리티! 나 좀 많이 예뻐졌는걸!

자신감이야말로 최고의 아름다움임을 보여준 영화 <아이 필 프리티>
※ 출처: <아이 필 프리티> 영화 포스터

　이후에는 르네가 자기 외모를 다르게 보기 시작하면서 생기는 변화들이 펼쳐진다. 차이나타운의 방 한 칸짜리 지하 오피스에 살면서 화장품 회사 '릴리 르클에어'의 온라인 사업부에서 일하던 그녀는 당당하고 적극적인 태도와 자신감 넘치는 발언으로 본사의 리셉션 데스크 직원으로 발탁된다. 그녀가 늘 선망하는 예쁜 여자들로 가득 찬 그곳으로 말이다. 자기 '본연의' 매력을 마음껏 발산한 덕분에 사랑도 얻는다. 그러다 다시 거울에 머리를 부딪치면서 르네는 지금까지 변화되었다고 느낀 자신의 외모가 100% 착각이었음을 알게 된다. 그러나 실망은 일시적이었을 뿐, 시간이 흐르면서 자신이 지금의 자리에 오른 것은 자신이 착각했던 외모 때문이 아니라 '본래부터 자기 안에 들어 있었던 자기 자신 그 자체'였음을 깨달으며 영화는 끝난다.

예뻐지는 마법은 르네 그 자체!

르네가 경험한 예뻐지는 마법의 비결은 무엇이었을까? 르네의 외모는 사고 이전과 사고 이후가 똑같았다. 주변 사람들 눈에 르네는 그저 어제와 오늘이 똑같았을 뿐 외모가 바뀐 줄 알았던 것은 르네 혼자만의 착각이었다. 그런데 르네는 점점 주변인들로부터 인기 있는 사람, 부러운 대상이 되고 있었다. 사람들에게 정말 예쁘고 매력적인 사람이 되어 있었다.

나는 르네가 경험한 마법의 비결은 바로 '바디 포지티브', 즉 자기 신체에 대한 자신감과 무한 긍정주의에 있다고 생각한다. 타인의 시선을 두려워했던 모습은 온데간데없이 사라지고, 자신만만하고 낙관적이면서 긍정적인 눈빛과 태도를 지닌 사람은 매력이 넘칠 수밖에 없다. 르네는 단단한 마음과 충만한 자신감에 기반한 '바디 자신감'으로 사람들을 대하고 세상에 나선다. 르네에게 '자기 자신'의 모습은 너무나 자랑스럽고 멋지며 그 누구와 비교할 필요도 없이 근사하다. 바로 그 마법이 인생을 대하는 르네의 태도까지 자신만만하고 긍정적이며 적극적으로 변하게 도와준 것이다. 르네는 이제 정말 다 가진 사람이 되었다. 그러니 너무나 행복하고 자신감 넘치는 나를 사랑하고 뽐내지 않을 수 없었다.

르네에게 펼쳐진 마법은 진심으로 르네가 스스로의 몸을 적극적으로 인정하고 사랑하고 긍정하게 만들었다. 그래서 르네는 자기 내면에 숨은 끼와 매력, 자신감을 그 어떤 방해도 받지 않고 마음껏 펼칠 수 있었다. 결국 예뻐지는 마법은 르네 그 자체에 있었던 셈이다! 그 누구도 아닌 '나답게 살아가는 힘'. 그것이 르네를 르네 자체로 빛나게 해준 매력인 것이다.

자신감이야말로 내 안의 축복

"나는 아름답다!"

영화의 절정이라 할 수 있는 패션쇼 장면에서 르네가 큰 소리로 외친 한마디다. 나는 이 짧은 대사 한 줄이 이 영화가 전하고자 한 궁극의 메시지라고 생각한다. 내가 아름답다는 것 그리고 내가 아름다운 만큼 내 주변의 사람들도 모두 그 모습 그대로 아름답다는 것, 그러니 우리 모두 내 몸에 대해 자신감을 가지고 '아이 필 프리티' 하라는 것.

〈아이 필 프리티〉는 가볍게 볼 수 있는 로맨틱 코미디 영화로 사람들에게 웃음을 준다. 하지만 나는 웃음 그 이상의 가치를 얻었다. '바디 포지티브'의 실사판, 사람이 자신의 바디를 긍정하게 되었을 때 돌아오는 실제 사례를 영화가 너무나도 잘 그려주었기 때문이다. 영화는 극적인 장치(사고로 인한 외모 착각)를 통해 이를 증명하지만, 사실 현실에서 있는 그대로 내 몸과 외모를 그대로 수용하기란 쉽지 않다는 점은 인정한다. 하지만 내가 나 자신을 있는 그대로 받아들이지 않고 내가 나를 사랑하지 않으면 그 어떤 것도 변하지 않는다는 것을 〈아이 필 프리티〉는 강력히 보여준다. 이 영화가 내게 웃음 그 이상의 가치를 준 이유가 여기에 있다.

내가 이 영화를 통해 얻은 최고의 메시지는 이것이다. '바디 자신감'은 내 안에 본래부터 숨어 있던 축복이라는 것. '바디 자신감'이란 내가 나를 지탱하고 있는 바디, 신체의 기능, 모양, 모든 것을 있는 그대로 믿어주는 것을 말한다. 그리고 바디 포지티브의 핵심 메시지인 '내적 긍정성'이 '바디 자신감'을 이끌어준다. 긍정적 바디 이미지를 갖고 있는 사람은 바디 자신감이 높고, 당연히 삶의 만족도도 높다.

르네는 "우리는 예뻐질 필요 없어, 난 그냥 나야", "난 내가 자랑스러워"라고 외친다. 그러고는 자신만만하게 정말 행복하고 당당한 표정으로 그 누구를 만나도 그렇게 행동하기로 결심한다. 당분간 이 영화는 내 인생 '최애 영화'의 자리를 차지할 것 같다. 혹시나 자신감이 떨어져 갈 때면 나는 르네의 마법을 떠올릴 것이다.

자신감은 힘이 세다

내가 내 몸에 자신감을 가질 때 어떤 일이 벌어질까? 가장 먼저는 나 자신에 대한 자신감이 살아날 것이고, 자신감이 충만한 나를 보는 주변인의 시선이 달라질 것이다. 그리고 자신감과 당당한 태도에서 나오는 결과가 달라질 것이다.

얼마 전 이효리가 화장기 없는 '생얼' 사진을 인스타그램에 올려 장안의 화제가 되었던 적이 있다. '자연스럽게 늙어가는 모습을 전혀 감추지 않은' 이효리가 멋지다며 앞으로도 당당한 행보를 기대한다는 열띤 반응이 주를 이루었던 기억이 난다. '천하의 이효리도 늙는 것은 어쩔 수 없네'라거나 '이효리, 이제 나이 못 속여' 같은 댓글에도 이효리는 '그렇죠, 저도 사람인데요'라는 너스레를 떨며 응수한다. 이효리가 이효리일 수 있는 것은 이처럼 아무도 따라 할 수 없는 독보적인 자신감이 있기 때문이 아닐까? 이효리가 대스타여서 이렇게 자신감이 센 것이라고 생각한다면, 그렇게 생각하는 자기 자신에게 먼저 사과하기 바란다. 자신감엔 값이 매겨지지 않는다. 내가 나를 얼마만큼 인정하고 사랑하느냐가 내 자신감의 값을 매긴다.

자, 이제 눈을 감고 내가 진정으로 내 바디에 대해 얼마나 만족하고 어떤 감정을 평소에 느끼고 있는지 생각해보자. 오늘 아침에 거울 앞에서 나 자신에게 어떤 이야기를 들려주었나? 이른 아침부터 거울에 비친 내 얼굴에 대고 눈살을 찌푸리거나 잔뜩 화가 난 표정을 짓지는 않았나? 늘어진 옆구리살을 꼬집으며 내게 맞는 옷이 없다고 오늘 약속을 취소할까 말까 고민하지 않았나? 뭐 하나 마음에 드는 모습이 없어서 하루가 우울해지지는 않았는지 생각해보자. 사실은 그 누구의 것도 아닌 내 몸을 가장 흉물스럽게 취급한 게 나였을지도 모르겠다.

하루아침에 자신감 넘치는 사람으로 변신하는 것은 힘들다. 자신감을 회복하고 나 자신을 위한 바디 포지티브를 실천하자고 마음먹더라도 잘 되지 않을 것이다. 하지만 포기하지 말고 아주 작은 변화부터 시작해보면 어떨까? 하나씩 있는 그대로의 모습을 인정하고 내가 사랑하고 좋아하는 것을 찾아가보자. 나는 오늘도 늘어가는 흰머리를 뽑아내지 말고, 부스스한 머리도 나의 매력 포인트로 받아들여보려 한다. 자신감 있는 사람처럼 힘이 센 사람은 없다. 내 몸도 내가 자신감을 가질 때 훨씬 건강하고 활기찬 에너지로 나에게 응답을 줄 것이다.

[내 몸에 긍정적 기운을 불어넣어주는 영화 추천]

★ <아이 필 프리티>(에이미 슈머 주연, 2018): 강력 추천, 내면의 아름다움, 몸 본연의 가치를 다시 한번 돌아보게 하는 영화. 에이미 슈머의 연기가 일품이다.

★ <하우스 버니(House Bunny)>(엠마 스톤 주연, 2008): 외모 가꾸기를 통해 새로운 힘을 느끼는 내용. 본연의 가치를 발견하고 자신감을 키워가는 모습이 멋진 영화다.

★ <덤플링(Dumplin')>(대니얼 맥도널드·제니퍼 애니스톤 주연, 2018): 미녀대회 우승자 엄마와 있는 그대로가 좋은 딸. 몸의 가치에 대해 다시 한번 생각해보는 영화다.

★ <미녀는 괴로워>(김아중·주진모 주연, 2006): 아름다움의 가치에 대한 메시지를 전한 우리나라 대표 영화. 흥행에 성공하기도 했지만 자기 본 모습의 가치를 깨닫게 된다는 핵심 메시지가 멋지다.

다이어트,
비콰이어트!

탈(脫)다이어트를 선언한 사람들

이제 '다이어트'는 남녀노소 누구에게나 해당하는 '필수' 생활 습관이 되어버린 듯하다. 보기 좋게 단련된 근육질의 날씬한 체형은 이제 현대 사회의 새로운 '이상형 몸매'로 자리를 굳혀가고 있다. 홈쇼핑에서는 다이어트 식품과 영양제를 열심히 팔고, 아침 방송 프로그램에는 다이어트에 성공한 연예인의 '살 빼기' 비법이 공유되기 바쁘다. 건강 뉴스의 중심 주제도 여전히 몸무게를 줄이는 다이어트 중심의 식단이나 운동을 소개하는 기사들이 주를 이룬다.

그런데 다른 한편에서는 전혀 다른 방향의 다이어트 트렌드도 시작되고 있다. 있는 그대로의 내 몸을 받아들이는 '내 몸 긍정주의' 트렌드가 바로 그것이다. '내 몸 긍정주의' 즉 '바디 포지티브'는 우리 사회를 지배하고 있는 다이어트라는 거대 담론을 거스르는 '새로운 몸 담론'이자 변화의 씨앗이다.

이러한 변화를 이끌며 '내 몸 긍정주의'를 적극적으로 실천하는 치도(박이슬)를 다시 한번 소개한다. 앞서, 사이즈 차별 없는 패션쇼로 바디 포지티브 메시지를 전했던 그녀는 탈다이어터를 선언했다. 치도 작가는 《다이어트를 그만두었다》(비타북스, 2020), 《친애하는 나의 몸에게》(주니어RHK, 2023)에서 자기 몸에 맞지 않던 다이어트를 '당장' 그만두라고 말한다. 이 책들에서 그는 있는 그대로의 자기 자신을 받아들이는 과정을 담백하게 담아냈다. 기존의 다이어트 담론에 반기를 든 그녀의 과감한 탈다이어트 선언은 다이어트로 스트레스 받는 많은 이들에게 울림과 감동을 주었다.

치도의 책이 인기를 끈 또 다른 이유는 그녀가 다이어트로 인해 얻은 스트레스, 피해로 망가진 자기 자신을 돌아본다는 통상적인 서사에서 한 걸음 더 나아가 자신의 꿈을 자신의 몸 철학으로 멋지게 탄생시켰기 때문이 아닐까?

그녀가 자신의 꿈으로 새롭게 만들어낸 작품은 '국내 1호 내추럴 사이즈(66~77 사이) 모델'이라는 타이틀이다. 그녀는 자기 꿈을 실현해 활발한 패션모델로 활동하면서 자기 몸의 변화뿐 아니라 모두의 몸에 '일어나고 또 일어나야 할' 변화를 향해 목소리를 높였다. 작가와 모델뿐 아니라 유튜버이자 강연자로도 활동하는 그녀는 과거 통통한 아이였던 자신이 받아야 했던 사회적 편견이 얼마나 힘들었는지, 그로 인해 외모 지상주의에 빠져 타인의 시선이 아닌 자기 스스로 자기 몸을 부정하고 혐오하며 지냈던 시간들이 얼마나 길었는지를 고백한다. 그러고는 '탈다이어터'가 되었을 때 비로소 찾아온 자기 만족감, 자신을 사랑했을 때만이 얻을 수 있는 행복이 얼마나 충만했는지를 들려준다.

몸 이야기: 사적이지만, 모두의 이야기가 되다

나는 치도 작가의 사례에서 개인적인 몸의 이야기는 타인과 공유했을 때 더 이상 개인적인 이야기가 되지 않는다는 교훈을 얻었다. 나만이 겪은 내 몸의 힘겹고 슬픈 이야기를 타인과 공유할 때, 나 스스로 슬픔에서 벗어나게 되고 '치유'까지 된다는 사실을 알게 된 것이다.

아무한테도 이야기하지 못한 우리 몸에 대한 이야기들, 즉 타인의 사적인 몸 이야기는 '타인의 몸'이 겪은 특별한 경험이 곧 나 자신과 맞닿아 있음을 알게 해준다. 우리가 타인의 몸이 겪은 힘들고 슬픈 이야기를 들었을 때 내가 겪은 개인적인 이슈들이 사소해지거나 누구에게나 일어날 수 있는 '평범한 일'이었음을 깨닫고 위로를 받는 이유가 여기에 있다.

그런데 '몸'이 겪은 이야기를 들려주기 위해 꼭 '바디 포지티브' 메시지를 전달해야 하는 것일까? 어려운 이론이나 용어 같은 것들이 꼭 필요한 것일까? '사랑도 혐오도 아닌 몸 이야기'라는 문구가 인상 깊은 에세이 《몸의 말들》(강혜영 외, 아르떼, 2020)의 여덟 저자들은 특별한 메시지가 없이도 '담백하고 사소한 방식'으로 몸에 대한 새로운 관점을 공유해줄 수 있음을 보여준다. 그들이 책에서 펼쳐놓은 너무나 사적인 몸 이야기들은 낯설지만 매우 친숙하다. 무엇보다 흥미로운 것은, 다이어트로 고통받는 이야기, 날씬한 몸매 가꾸기에 대한 이야기가 아닌 우리 모두가 공통으로 지니고 있는 '고유한 몸'에 대한 이야기를 하고 있다는 점이다.

이들이 들려주는 '사적이고 고유한 몸' 이야기는 있는 그대로의 나 자신으로 살아가고픈 개인의 바람을 들려주며, 더 나아가 바디 포지티브를 좀 더 넓은 관점에서 이해하게 도와준다. 이들이 책을 통해 주장하는 바는 몸에 대해 머릿속으로 이해하려 하기보다 몸과 진술한 대화를 먼저 이끌어가라는 것이다. 몸이 곧 우리 자체이기 때문이다.

여덟 저자들이 풀어내는 '몸 이야기'는 다채롭다. 아토피 피부염으로 인해 백 살 먹은 마귀 할멈이라는 별명을 얻은 이야기, 옷 사이즈에서 차별 없는 세상을 꿈꾼 이야기, 유방암 수술을 한 엄마의 몸 이야기, 타투를 둘러싼 사회적 편견 이야기, 날씬한 몸매를 위해 고군분투하는 운동에서 해방되기를 꿈꾸는 이야기 등……. 이들의 사례는 다양하지만 한 가지 공통점이 있다. 무언가를 극복하고 이겨내기 위해 애쓰는 게 아니라 그저 우리와 함께 살아가는 자기 몸 이야기를 들려준다는 점이다.

그들의 이야기를 통해서 내가 한 번도 생각해보지 않았던 '몸 자체'의 이야기를 들어볼 수 있었다. 그리고 내 몸과 대화를 시작하는 일이 무엇보다 중요하다는 것, 그리고 '몸'이 겪은 경험이 공유되고 전파되는 것의 '힘'을 알게 되었다.

몸을 위한 새로운 혁명을 꿈꾸며: 다이어트, 비콰이어트!

몸 담론의 경계를 허물어준 그들의 몸 이야기는 몸에는 각기 저마다의 이야기가 있음을 알려줬다. 백 가지 몸에는 백 가지 이야기가 있다. 즉, 우리 몸에는 다양성과 포용성이 필요하다는 이야기다. 여덟 명의 저자들은 우리가 대중적인 바디 포지티브 문화를 만들기 위해서는 다양한 몸을 이야기하고 털어놓아야 함을 알려준다. 더불어 서로 협력하고 함께 이야기를 나누고 공유할 때에만 변화를 이끌어낼 수 있음도 알려준다. 몸의 연대와 협력, 커뮤니티가 그 어느 때보다 필요한 것이다.

한 사람의 힘으로 바디 포지티브가 혁명적으로 이루어지는 일은 불가능하다. 혼자 힘으로 전 지구적인 외모 지상주의, 몸매 지상주의에 맞서 내 몸을 긍정하라고 외치기는 너무나 어렵기 때문이다. 다 함께 몸에 대해 쓰고 말하고 듣는 공간, 책과 방송, 매체를 같이 보고 토론하는 커뮤니티가 필요하다. 그리고 이 일은 자생적으로 우리 안에서 일어나야 한다. 그래야 '공감과 연대의 커뮤니티'가 가능해지고 이들이 서로 자연스럽게 연결될 수 있다. 이와 같은 이유에서 우리는 바디 포지티브 문화의 저변 확대가 어려운 이유로 협력과 연대가 빠진 것부터 논의를 시작해야 한다.

바디 포지티브 혁명은 이미 우리들 곁에 아주 밀접히 다가와 있다고 해야 할 것이다. 작가 치도와, 치도를 비롯해 탈다이어터를 꿈꾸며 자기 몸의 진정한 주인이 되고 싶어 하는 사람들이 하고 싶은 말은 어쩌면 이 한마디로 정리될 수 있을 것이다.

"다이어트, 비콰이어트!"

자기 관리보다 자기 돌봄으로:
진정한 웰니스를 향한 길

타인의 돌봄으로 살아가는 세상

바야흐로 돌봄이 사회적 이슈로 떠오르고 있다. 우선 돌봄을 떠올리면 유아들이나 초등학생들이나 어르신들의 돌봄센터가 떠오른다. 사실 요즘은 돌봄센터의 사회적 역할에 무한 감사를 보내야 하는 시기이기도 하다. 코로나로 인한 사회적 격리가 요구되었던 시절에는 돌봄 공백이 개인적 차원을 넘어 사회적 혼란을 야기했을 정도니 말이다. 당연히 있는 줄 알았던 방과후학교, 어린이집, 복지시관, 요양원 등의 사회 돌봄 기관들이 정상적인 기능을 하지 못해서 벌어진 어려움과 혼란은 모두에게는 다시는 겪고 싶지 않은 기억으로 남아 있다. 우리 사회를 돌아가게 했던 여러 톱니바퀴들이 어긋나고 제기능을 못하고 있는 시간을 견뎌야 했다. 있을 것이 없어지고야 정말 중요했던 사회적 역할들 중에 돌봄이 있었다는 것을 깨닫는다.

아이들, 노인들, 병에 걸린 사람 등 너무나 많은 이들에게 누군가의 돌봄이 필요하다. 돌봄의 임무를 가족이나 일부 개인에게 전적으로 돌리기에는 너무나 그 무게와 책임이 크다. 당장 유치원에 아이를 못 보내도 큰일이고, 당장 병원 외래 진료를 도와줄 간병인이 없어도 문제다. 요즘처럼 다양한 사회적 돌봄 기관과 단체, 도움을 주는 이들이 이토록 고마울 때도 없다. 사회가 함께 서로를 도와주고 함께함으로써 서로가 각자의 역할을 할 수 있었던 것을 새삼 느낀다.

나 자신을 돌보는 '웰니스', 더 잘 살고 싶은 모두의 욕망

이제까지는 누군가가 누군가를 돌봐주는 것을 말했다면, 즉 타인의 돌봄, 수동적 돌봄에 초점이 맞춰져 있었다면 이제는 능동적이고 주체적인 돌봄을 이야기해보고자 한다. 우리는 스스로를 돌보는 방법에 대해 과연 얼마나 알고 있을까? 건강을 유지하기 위해 운동을 꾸준히 하는 것, 건강하게 먹고 규칙적으로 잠자리에 들고 일어나는 것 등 기본적인 돌봄은 당연히 포함될 것이다. 그런데 이제는 여기서 한발 더 나아가, 좀 더 풍족하고 충만하게 정신적 기쁨을 느낄 수 있는 자기 돌봄을 온전히 할 수 있는 방법에 대해 접근해볼까 한다. 조금은 복잡할 수도 있는 몇 가지 개념을 갖고 자기 돌봄의 방법을 찾아보고자 한다.

'웰니스(Wellness)'는 세계보건기구(WHO)가 국제적으로 제시한 '건강'에 대한 정의를 보다 심화시킨 개념으로 신체적·정신적·사회적 건강을 포함한 전반적인 삶의 질을 향상시키는 상태를 의미한다. 이는 단순히 질병이 없는 상태를 넘어 개인이 최적의 건강과 행복을 이루기 위해 지속적으로 노력하는 과정이며, 신체적·정신적·사회적·지적·영적·환경적·직업적인 측면 모두를 아우른다.

세계적으로 유명한 글로벌 컨설팅 회사 매킨지앤컴퍼니(McKinsey & Company)에서는 건강과 관련된 리포트를 제공하면서 웰니스 시장에 대한 트렌드를 소개했다(2021.4.8.). 소비자들의 시각에서 사람들이 각자 삶을 잘 꾸리기 위해 무엇을 구매하고 필요로 하는지를 분석했다. 분석 결과 다양하고 구체적인 영역에서 사람들이 웰니스를 추구하는 현상을 발견했다고 보고했다.

매킨지앤컴퍼니 보고서에서 제시한 6가지 웰니스 구성 요소는 다음과 같다.

> "더 나은 건강(Better Heath), 더 나은 신체(Better Fitness), 더 나은 영양(Better Nutrition), 더 나은 외모(Better appearance), 더 나은 수면(Better Sleep), 더 나은 마음 챙김(Better Midfulness)을 수행하고 싶어 하는 것"

사실 이 6가지는 모두가 진정으로 바라는 행복 요소이며 이것이 모두 잘 이루어진다면 더 이상 바랄 게 없는 최적의 조건이다. 우리의 새해 소망이 늘 '건강'과 다이어트, 운동하기, 스트레스 없는 삶 등 궁극적으로 웰니스를 위한 모든 것을 꿈꾸는 것이 아니던가.

웰니스 구성 요소	정의	관련 서비스/ 상품 예시
Better Health (더 나은 건강)	신체적 건강 증진 및 질병 예방을 통해 더 나은 삶의 질을 추구하는 것	건강 검진, 디지털 헬스케어 앱, 보충제, 건강관리 프로그램, 질병 관리
Better Fitness (더 나은 신체)	신체 활동을 통해 체력을 강화하고 신체 상태를 최적화하는 것	피트니스 센터 멤버십, 홈 피트니스 기구, 피트니스 앱, 개인 트레이닝 서비스
Better Nutrition (더 나은 영양)	균형 잡힌 식단과 영양 섭취를 통해 건강을 유지하거나 개선하는 것	건강식품, 영양 보충제, 식사 대용 제품, 칼로리 및 영양 추적 앱
Better Appearance (더 나은 외모)	외모를 개선하거나 유지함으로써 자신감을 높이고 더 나은 이미지를 추구하는 것	스킨 케어 제품, 메이크업, 성형 수술 및 개인 스타일링 서비스, 이미지 컨설팅, 맞춤 의류 서비스
Better Sleep (더 나은 수면)	양질의 수면을 통해 신체적·정신적 건강을 증진하는 것	수면 추적 기기, 수면 보조 제품, 수면 상담 및 치료, 수면 유도 앱
Better Mindfulness (더 나은 마음 챙김)	명상, 스트레스 관리 및 정신적 웰빙을 통해 심리적 건강을 유지하거나 개선하는 것	명상 앱, 스트레스 관리 프로그램, 정신 건강 치료 서비스, 자기계발 도서

웰니스를 이루지 못하는 이유들, 타인의 기준에 따른 자기 불만족

어째서 우리는 완벽한 웰니스에 이르기 이토록 어려운 것일까? 새해 다짐에 대해 생각해보자. 많은 이가 바라는 새해 소망, 건강, 다이어트는 어떤가? 웰니스의 중요한 요소인 '건강'을 지키기 위해서 해야 할 다양한 행동들, 습관들을 우리는 이미 알고 있다. 즉, 자기 돌봄을 위해 질병을 관리하고 운동해서 건강한 몸을 만들고, 잘 자고 잘 챙겨 먹기 위한 다양한 식이요법을 수행할 준비가 되어 있다. 그런데 왜 늘 균형 있는 '자기 돌봄'으로 가지 못할 때가 많을까? 다이어트를 예를 들어보면 내가 원하는 몸매, 몸무게, 옷 사이즈 등의 구체적인 목표도 있고 실천 방향도 분명히 있는데 충만한 만족감에 이르지 못하는 경우도 있고, 이른다 하더라도 지속 시기가 짧은 경우도 많다. 왜 그런지 그 이유에 대해 솔직하게 들여다보자.

자기 돌봄의 시대에 접어들었는데 나를 돌보는 방법이 완벽하지 못해서일까, 아니면 중요한 뭔가가 빠진 것일까? 다이어트를 위한 산업의 중심에는 나를 진정으로 아껴주는 '누군가'가 없다. 온전한 내가 없다는 이야기다. 온전한 내가 없다는 이야기는 진정으로 나를 위한 것이 아니라는 말과 같다. 피트니스 센터에 운동하러 가든

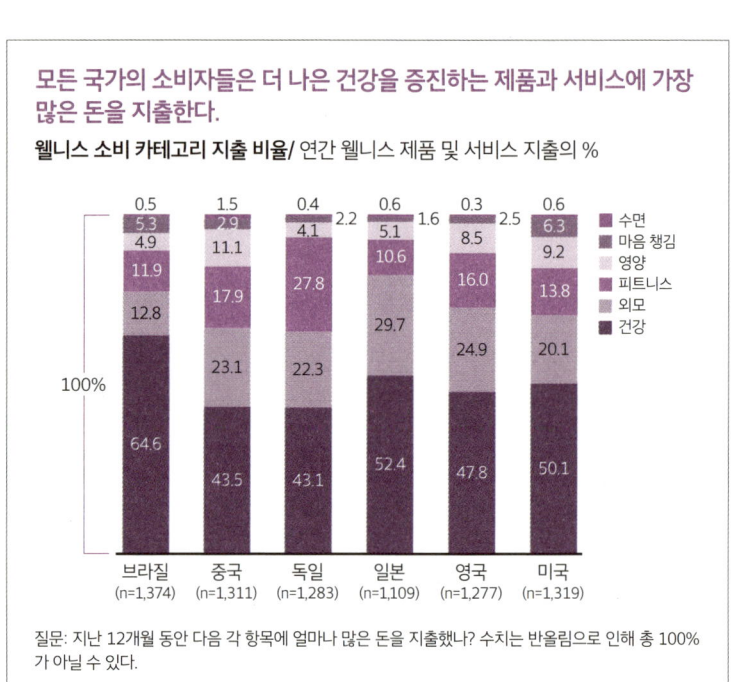

매킨지앤컴퍼니가 보고한 국가별 웰니스 소비 카테고리   ※ 출처: 매킨지 미래 웰니스 조사, 2020년 8월

피부과에 가든, 늘 나에게 부족한 부분만 보이고 고치고 수정해야 할 내 몸만 남아 있다. 어느 한편으로 나를 기죽여가며 사회적 기준에 맞춰서 살아가고 있는 부분은 없는지 진지하게 돌아볼 때다. 자기 돌봄의 온전한 실현을 위해 내 몸과 마음이 편안한 방향으로 선택해야 웰니스를 실천해가는 과정도 또 결과도 보장될 것이다.

진정한 웰니스, 자기 만족을 챙겨야

다시 한번, 매킨지가 보고한 웰니스의 6가지 소비자 트렌드를 면밀히 해석해봤다. 이 핵심 구성 요소는 나의 몸과 마음을 어느 하나 빠짐없이 충분히 돌봐야 온전한 웰니스를 이룰 수 있음을 말해준다. 이것이야말로 '제대로 된' 웰니스의 추구라는 의미다. 몸을 위한 투자의 개념으로 바디 포지티브 트렌드를 여기에 적용해보았다. 바디 포지티브는 내 몸 긍정주의를 일컫는데, 웰니스의 핵심 개념을 알게 되면서 '자기 돌봄'에 대한 새로운 시각이 생겨났다. 바디 포지티브를 바탕으로 웰니스의 구성 요소를 이해해보면 이렇게 정리할 수 있다.

내가 내 몸을 어떻게 느끼고 어떤 신념을 표현하고 행동하고 평가하는지, 나와 내 몸과의 관계에 대한 복합적인 개념이 바디 이미지다. 이처럼 바디 이미지는 자신의 몸에 대해 주체적으로 인지하는 것을 말하는 총체적 개념이며, 이것이 곧 웰니스의 개념과 연결된다. 우리가 내면적으로 바디 이미지의 개념을 충분히 이해하고 나의 마음과 몸을 충분히 돌아볼 줄 안다면, 외면적으로 웰니스 구성 요소를 잘 챙겨서 온전히 나를 잘 돌볼 수 있을 것이다. 즉, 자기를 돌보는 일에서 자기 만족을 추가해보는 것이다.

내가 내 몸에 대해 감사할 줄 알고 있는 그대로 인정하고 사랑해준다면, 내가 내 몸을 바라보고 살아가는 데 조금은 더 마음이 충만해지지 않을까 생각해본다. 하루하루 애쓴 나 자신과 몸에게 토닥토닥 애쓰고 있다며 고마움을 표현하고, 건강한 신체를 갖고 있다는 사실에 감사하고 사랑해준다면, 사회적인 미의 기준에서 날씬하지 못한 자신도 나니까, 내 몸이니까 사랑하고 인정해주면 자기 돌봄에 한 발씩 더 다가가게 될 것이다. 어제보다 오늘이 더 한 걸음 웰니스에 가까워질 것이고, 오늘보다는 내일이 더 자기 만족을 향한 균형 잡힌 웰니스에 더 가까워질 것이다.

자기 관리 말고
'자기만족'에 투자하라

얼마 전 유튜브를 보다가 자기 관리에 얼마나 투자하고 있는지를 묻는 길거리 인터뷰 영상을 보게 되었다. '최저 임금으로 어림도 없죠'라는 다소 자극적인 썸네일에 호기심이 발동되어 한 영상을 클릭했다. 자기 관리 비용으로 얼마나 지출하냐는 인터뷰였는데, 나 또한 사람들의 자기 관리 비용이 궁금해졌던 것이다. 과연 자기 관리가 자기 돌봄인지 생각해봤다.

Q 1. 자기 관리 비용으로 어디에, 얼마나 쓰시나요?

인터뷰에서 주로 물어본 것은 월급 대비 투자 비용, 어디에 투자하는지 등이었다. 자기 관리 비용이란 헤어, 메이크업, 의류 구입, 피부과 시술, 피트니스 등을 포함하는 것을 말했다. 취재 장소는 압구정 로데오 거리라는 핫플레이스였다. 여기서 만난 사람들은 적어도 더 많은 자기 관리 비용을 쓰지 않을까 하는 제작자의 취지가 있지 않을까 싶었다. 미용사, 배우 지망생, 주부, 강사 등 정말 다양한 사람들로부터 정말 다양한 답변들이 쏟아져 나왔다. 물론, 적당한 비용과 알맞은 투자라는 것은 기준이 없다. 내가 정하고 내 주머니 사정을 반영할 것이니 말이다. 하지만 전반적인 인식이 어떤지, 왜 외모나 몸매 관리를 위하는 것을 자기 관리의 큰 부분으로 여기는지 같은 시대적 중요성을 실감케 하는 내용이기는 했다. 나는 어디에 얼마나 투자하고 있을까? 그 기준은 무엇인지 생각해보면 좋을 것이다.

Q 2. 지금 이대로 있기 vs. 양배추만 먹고 차은우, 장원영 되기?

무엇보다 흥미로운 점은 인터뷰 마지막 질문이었다. '지금 있는 그대로 살기'와 '양배추만 먹고 차은우, 장원영 되기' 중 선택하라는 것이었다. 양배추만 먹어야 하는 조건 자체가 연예인과 같은 외모와 몸매를 지니기 위해서는 희생해야 하는 최소한의 규칙인 듯했다(참고로, 차은우와 장원영은 정말정말 예쁘고 멋지기로 유명한 대표 연예인으로 인지하면 된다). 있는 그대로의 답도 여럿 있긴 했지만, 여러 20~30대 청년들은 차은

우와 장원영이 되고 싶어 했다. '양배추만 먹고'라는 조건이 잠시 멈춰 생각하게 한 대목이지만, 한 번쯤 그들처럼 되어보고 싶을지도 모를 일이다. 그렇다고 국민 통계를 낸 것을 아니니, 청년들을 외모 지상주의자로 몰아세워갈 생각은 없다. 하지만 '외모와 몸매 관리'가 삶의 가벼운 부분은 아니겠거니 하는 생각은 든다. 웰니스의 구성 요소 중에서도 '더 나은 외모' 요소가 있지 않은가. 나 자신에게 질문해본다. 지금은 중년의 나이가 되어 바디 포지티브니 있는 그대로의 내가 중요하다고 외쳐도 무방하지만, 20~30대의 나도 주변의 시선, 타인의 기준이 중요했다. 과거의 나를 되돌아봤다. 그래도 이제서야 알게 된 것을 그때 알았다면 더 좋았을 것이라고 다시 한번 주장할 수는 있다.

자기 관리보다 자기만족형 삶 살아보기
    나는 젊은 세대뿐 아니라 전 세대가 자기 관리 비용의 문제는 내려두고, 남들보다 더 많은 피부 관리, 더 좋은 헤어 스타일을 찾아 헤매지 말고, 나다운 아름다움의 기준을 스스로 정의해보기를 진심으로 바란다. 모두에게는 내면의 아름다움이 있는데, 누군가와 비교하지 않은 하루를 살아보면 어떨까? 내적 긍정성을 발휘해서 나를 인정해주는 긍정의 확언을 한마디하고 침대에서 일어나기, 오늘 하루만이라도 눈 딱 감고 다이어트 광고나 '늘씬이'들이 등장하는 미디어를 보았다 하더라도 부러워하지 않기를 실천하기, 건강한 신체로 자신 있게 사는 사람들의 모습에 더욱더 초점을 맞춰 하루 일상 보내기, 자기 관리에서 자기 만족형 삶을 살아보기 등을 말이다.
    나를 아끼는 특별한 하루를 만들고, 나만의 사소하지만 지키기 쉬운 실천 과제들을 하나씩 정해 이루어나간다면, 나에게도 '바디 포지티브'는 그다지 먼 이야기는 아닐 것이다.

모든 몸은 평등하다:
몸 다양성 정책에 진심인 영국의 여정

영국 정부 사이트에서 발견한 '몸 평등권'

　이번 장에서 나는 산업, 미디어, 문화 등 여러 분야에서 몸에 대한 담론이 어떻게 변화하고 있고 또 앞으로 어떻게 전개되어야 바람직한지를 이야기했다. 그렇다면 더 근본적으로, 지금 우리가 이야기하고 있는 몸 담론은 '무엇'에 관한 이야기가 되어야 할까?

　이번 글에서는 몸 담론에 대한 이야기를 원점으로 돌아가서 생각해보고자 한다. 즉 몸 다양성을 위한 바디 이미지 교육과 몸을 둘러싼 해외 정책들, 정부의 지원과 노력 등 몸 담론이 담아야 할 '필수 요소'를 살펴볼 것이다.

　이런 목적으로 여러 자료를 찾다 보니 영국 정부 사이트(www.gov.uk)에 도달해 있었다. 검색어로 '몸 자신감'을 쳐 넣자 '홈〉 사회와 문화〉평등, 권리와 시민권〉평등'의 카테고리 안에서 몸 자신감 리포트를 찾을 수 있었다. 정부 사이트에 '몸 자신감'이라는 리포트가 있다니 조금 놀라웠다. 몸에 대한 이슈들이 어느 곳에서 이루어져야 할지에 대한 밑그림이 필요하다는 사실을 새삼 깨닫게 되었다. '사회문화적 맥락 안에서 우리의 몸은 모두가 평등하다'는 기본 전제를 다시 확인하는 계기도 되었다. 몸의 이야기는 국민의 기본 권리인 '평등권'에 대한 이야기가 되어야 했던 것이다. 영국 정부의 기준이라서가 아니다. 한국인도 마찬가지다.

우리 몸이 차별받고 소외되었던 것은 모두가 누려야 할 기본권이 침해된 문제이기도 했다. 우리의 몸은 평등하고 아름다울 권리가 있으며, 우리 사회에서 동등하게 발언할 수 있었다. 우리 몸이 우리 사회에서 어떤 위치에 있었는지 자각하고 행동하고 변화를 촉구하는 데 오랜 시간이 걸릴지라도 이 사실이 변함없음은 누구나 알고 있었으면 좋겠다.

'몸 다양성'을 위한 영국의 전방위적인 노력에 주목하자

몸 다양성에 대한 영국 정부의 노력은 매우 적극적이다. 2010년 신체 자신감 캠페인을 개시하고, 2013년에는 캠페인 진행에 대한 보고서를 발간했다. 신체 이미지와 관련한 다양한 캠페인, 정책 토론, 학계 연구 등을 종합적으로 검토하는 세미나를 개최했다. 영국 정부 리포트를 통해 다시 한번 깨닫게 된 점이 있다. 수백 개의 기관들이 수십 년의 지속 가능한 노력을 동원할 만큼 중요한 핵심 과제라는 점이다. 그래도 여전히 몸에 대한 사회적 인식 변화는 쉽지 않다는 점, 하지만 이를 끊임없이 시도해야 한다는 사실이다.

영국 정부의 〈몸 이미지에 대한 고찰(Reflections on body image)〉 연구 보고서를 좀 더 자세히 살펴보면, 몸 다양성 연구를 주도한 기관은 APPG(All Party Parliamentary Group)로 2011년 3월 영국 여러 정당 의원들이 함께 모여 몸 이미지에 대한 불만족과 몸 이미지 증진을 위해 만든 조직이다. YMCA가 사무국을 담당하고, 정말 다양한 그룹의 사람들이 모여 의견을 함께 나누고 대책을 세웠다. 학교 교사, 연구원, 학계, 보건 전문가뿐만 아니라 몸 이미지 활동을 하는 160여 개 단체들이 이 조사에 함께 참여했다고 한다.

이들 그룹이 내놓은 제안 사항을 살펴보면, 얼마나 다양한 조직들이 한 가지 주제인 바디 이미지에 집중해 매달렸는지 놀랄 것이다. 가정에서 부모와 아이가 몸에 대해 이해하고 바디 이미지를 긍정적으로 형성할 수 있는 환경을 조성하도록 보건부와 왕립조산사학회, 방문간호사들, 교육부가 협력하는 것은 물론이고, 초중고 연령에 맞게 학교에 바디 이미지 교육을 위한 다양한 프로그램을 개설하며, 학계, 지역 관계자, 비영리단체 등이 올바른 몸을 측정하는 도구를 계발하는 데 적극적인 지원을 아끼지 않는다. 특히 교사들로 하여금 더 체계적이고 다양한 훈련을 받게 하고 학생들이 신체 활동에 적극적으로 참여하도록 장려하고 있었다.

방송광고실행위원회, 언론고충처리위원회, 전문출판인연합 등은 미디어에서 이상적인 몸에 대한 잘못된 이상을 만들지 못하도록 감시 기능을 충실히 하며, 외모의 다양성을 포함하고 고객들의 목소리를 반영한 광고 캠페인을 만들기 위해 방송과 편집 기준을 엄격히 검토했다. 의류 패션업계에서는 미용, 성형, 보조제 광고에 대한 규율을 강화했고, 의류 소매업도 몸 다양성을 증진시키기 위한 포럼을 개최하고 있었다. 얼마나 다양한 업계와 단체들이 한목소리로 국가의 몸 다양성을 만들어가야 하는지 알려주고 있었다.

YMCA Be Real 캠페인

'YMCA Be Real(비 리얼) 캠페인'은 YMCA와 도브가 2014년 영국에서 진행한 것으로(YMCA 유럽 홈페이지, 도브 홈페이지 참조), 바디 이미지에 대한 인식을 변화시키고, 건강을 외모보다 우선시하며, 모든 사람이 자신의 몸에 자신감을 가질 수 있도록 돕는 것이 목표다. 특히 청소년들에게 바디 이미지에 대한 왜곡된 사회적 기준을 깨닫게 하고 몸 다양성에 대한 수용과 존중을 교육하고자 했다. 이 캠페인은 학교 교사와 보건 교과 과정에도 영향을 미쳐 긍정적인 바디 이미지를 주제로 한 교육을 강화하는 데 기여했다.

이 캠페인의 주요 활동 및 성과는 중등학교 학생들을 대상으로 신체 자신감 관련 교육 자료를 제공하고, 연구 조사를 통해 실태를 적극적으로 파악한 데 있다. 신체 자신감 캠페인 도구 키드(Body Comdifence Campaign Toolkit for Schools)는 학교 수업을 위한 교사용 강의

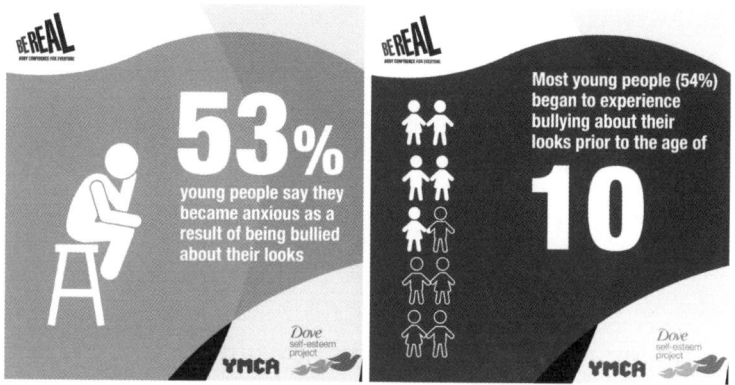

영국에서 YMCA와 도브가 진행한 Be Real 캠페인 포스터. 외모 때문에 놀림을 당해 불안했다는 청소년이 53%라는 사실(왼쪽)과 대부분의 청소년들은 10세 이전에 외모에 대한 괴롭힘을 경험했음을 알 수 있다.
※ 출처: YMCA Europe

계획서뿐만이 아니다. 홍보 도구를 통해 몸에 대한 메시지를 전달하는 시각적 자료를 제공하고, 부모 안내서를 통해 가정에서도 몸에 대한 대화를 할 수 있는 정보와 조언을 포함하고 있다.

또한 청소년을 대상으로 한 연구(Somebody Like Me)에 따르면, 영국의 청소년 중 53%가 자신의 외모에 대해 걱정하고 또 놀림을 당해 불안해한 적이 있다고 한다(2018. 2. 27. YMCA 유럽 홈페이지 참조). 이는 청소년들의 정신 건강과 사회적인 삶에 상당한 위험 요소가 될 수 있다는 점을 알려준다. 이 연구는 우리에게 바디 이미지에 대한 긍정적 인식이 얼마나 중요하고 특히 청소년에게 몸에 대한 자신감이 얼마나 필요한지를 말해준다. 더불어 이를 위해서는 학교와 가정이 다 같이 공동 노력을 기울여야 한다는 사실도 말해준다. 이는 단지 영국 청소년에게만 국한된 이야기는 아니다. 우리나라 청소년도 몸 담론에서 자유롭지 못하다. 우리에게 몸 문해력 교육이 시급히 필요한 이유는 몸에 대한 인식은 사회와 학교, 가정에서 비롯되며 그렇기에 더더욱 모든 기관이 함께 협력하고 노력해야 하기 때문이다.

그럼에도 영국인의 몸 만족도가 하위권인 이유는

얼마 전에 읽었던 뉴스 기사가 기억난다. 〈바디 이미지(Body Image)〉 학술지에 발표된 '전 세계(65개국)의 바디 만족'을 조사한 연구(Swami, V., et al., 2023)를 기사화한 것이었는데, 놀랍게도 한국의 바디 감사(Body Appreciation)가 세계 상위 5위를 차지했다.

바디 감사지수란 영국을 기준으로 삼은 지수로(영국이 0점에서 시작한다), 자기 몸에 대한 만족도를 나타낸다. 지수가 높을수록 자기 몸에 대한 만족도가 높다는 의미다. 학술지에서 해당 연구 결과를 살펴보니 상위 5개국은 몰타, 타이완, 방글라데시, 카자흐스탄, 한국 순이었다. 영국과 비교했을 때 바디 감사지수는 아시아 국가들이 상위를 많이 차지했고 정작 영국보다 감사도가 떨어진 국가는 인도와 호주뿐이었다.

국가 간 차이는 문화적 배경과 사람들의 생활 양식, 언어와 역사적 특성에 따라서도 달라질 수 있지만 객관적 지표만 보더라도 영국이 큰 충격을 받을 만하다. 특히 영국 정부가 이렇게까지 노력해왔는데도 바디 감사에서 낮은 점수로 최하위권을 차지했으니 말이다.

가장 열심히 바디 이미지를 교육하고 정책적으로 장려하면서 '몸 다양성 문화'를 이끌어가고, 정부가 주도적으로 연구하는 주요 국가인 영국이 이 결과에 충격받은 것은 당연했다.

한국이나 아시아 국가에서 바디 감사 정도가 높은 이유를 알기 위해서는 좀 더 면밀한 조사와 연구가 필요할 것이다. 다행히 아직 한국은 몸의 성 상품화가 직설적으로 드러나는 광고나 미디어 콘텐츠가 미국이나 영국에 비해 절대적으로 적다. 물론 한국 역시 여성 몸의 상품화가 없는 국가라고는 할 수 없다. 어디까지나 '양적인' 비교이며, 직설적인 표현 여부에 관한 부분이라는 사실을 말하고 싶다. 한국도 어딜 가나 여성의 날씬한 몸매가 돋보이는 의류나 뷰티 광고를 쉽게 찾을 수 있다. 미디어에 나온 왜곡된 몸의 이미지에 지속적으로 노출될수록 몸에 대한 상대적인 비교가 일어나고 미디어가 만들어낸 미의 사회적 기준에 점차 익숙해지는 것은 한국도 마찬가지다.

미디어 메시지를 비판적으로 걸러야 하는 분명한 이유

이런 결과가 나온 문화적인 이유, 사회적 맥락 등이 구체적으로 밝혀져야 연구 결과를 좀 더 이해하기 쉽다. 그래도 연구자로서 살며시 짐작해보면, 국가 간의 '미디어 환경 차이'가 큰 역할을 했으리라 여겨진다. 특히 바디 감사지수 하위권 국가들은 대부분 미디어가 발달한 국가들이다. 미디어에서 여성의 이미지가 얼마나 상품화되어왔는지 짐작해보면 이런 결과가 이해된다. 서양 국가들은 오랫동안 자본주의 논리 아래에서 여성의 몸을 상품화한 수많은 광고와 미디어 콘텐츠를 쏟아냈다. 그러한 콘텐츠가 너무나 흔해서 어색하지 않아 보일 정도다. 그러니 수십 년 동안 누적된 몸에 대해 편향된 미디어 메시지들이 그들 삶 속에 고스란히 스며든 것이다. 영국인들의 바디 감사지수가 보여주는 바는, 해로운 미디어 메시지의 피해는 고스란히 미디어 수용자들이 떠안고 살아간다는 사실이다. 우리는 이 메시지에 분명한 경각심을 가져야 한다.

이러한 연구 결과는 얼마나 많은 사람들이 자신의 몸에 감사하지 못하고 살며 사회적 미의 기준에 고통받고 있는지를 방증한다고 볼 수 있다. 그렇다고 영국 정부의 전방위적인 노력과 정책이 실패했다고 생각해서는 안 된다. 오히려 정책의 일관성과 지속성이 더 강조되어야 하는 이유가 되어야 할 것이다. 늦었다고 생각할 때가 가장 빠르다는 말이 있지 않은가. 이제라도 몸 문해력 교육으로 몸에 대한 바른 인식을 키워나갈 때다.

매력 자본으로 본
'금메달 매력'의 오상욱 선수

파리올림픽의 금빛 스타, 오상욱의 매력은 무엇일까?

펜싱 국가대표 오상욱 선수는 2024년 파리올림픽에서 한국 남자 사브르 역사상 최초의 올림픽 개인전 금메달을 거머쥐었다. 이번 올림픽을 통해 그는 세계적인 올림픽 스타덤에 올랐다. 그의 인기 요인은 한국 펜싱 최초로 개인전 그랜드 슬램을 달성한 뛰어난 실력도 있지만 새롭게 주목받은 것이 하나 더 있다. 다름 아닌 그의 '금메달급 외모'다.

언론은 물론이고 개인의 SNS에는 저마다 오상욱 선수의 외모에 대한 감탄이 이어졌다. 해외 올림픽 팬들의 반응도 마찬가지여서 한 인플루언서가 '잘생긴 남자는 한국에 다 있나'라면서 그의 얼굴을 캡처한 게시물을 공유하고 '내가 올림픽을 보는 이유'라 하자, 단

3일 만에 23만 개의 '좋아요', 2천 개가 넘는 전 세계 네티즌들의 댓글을 받았다. 이에 더해 'K-드라마를 K-올림픽으로 전환할 시간'이라는 해외 네티즌들의 뜨거운 반응을 국내 주요 언론에서 소개하기 바빴다(KBS 뉴스, 중앙일보, 매일경제 등). 내게는 이런 열광적인 보도와 반응이 외모가 뛰어난 사람들은 특별히 주목받는 점을 다시 한번 확인하는 계기였다.

그런데 오상욱 선수의 인기 이유는 외모만이 전부가 아니었다. 금메달에 못지않은 그의 금빛 매너에 전 세계가 놀라고 감동했던 것이다. 오 선수는 금메달을 눈앞에 두고 계속 실점을 하는 위기의 순간, 상대 선수가 넘어져 절호의 득점 기회가 왔음에도 즉각 경기를 멈추고는 손을 내밀어 상대방을 일으켜준 뒤 경기를 재개했다. 아무런 고민 없이 상대에게 재정비할 시간을 준 오 선수를 보고 국내외 팬과 언론은 이런 페어플레이 정신이야말로 진정한 올림픽의 가치임을 되새겼다.

이번 파리올림픽에서 사람들은 무엇을 기억할지 생각해본다. 대한민국 선수들의 빛나는 분투와 노력 그리고 금메달의 영광은 물론이지만, 오상욱 선수를 비롯한 대한민국 선수들이 많은 스포츠 팬들에게 더 뜻깊은 추억을 안겨주지 않았을까 싶다. 오상욱은 K-컬처에 대한 세계적 관심이 한창인 요즘 K-올림픽의 정신을 멋지게 보여준 사례가 되었다.

외모 지상주의를 넘어서는 매력 자본

사람들은 대체 그의 어떤 매력에 빠진 것일까? 과연 운동선수들의 어떤 점이 '매력'이라 여겨지는가?

선수들이 대중에게 어필할 수 있는 요소는 운동 실력, 노력을 통한 성취, 외모, 몸매, 경기 매너, 팬들과의 소통 방식 등 다양한 조건이 두루 갖춰진 종합 선물세트 같은 것이라 할 수 있다. 운동선수뿐만 아니라 일반 사람들에게도 매력 있다는 말은 외모, 실력, 성격, 태도 등이 평가의 대상이 된다. 이러한 요소들이 모여 있는 것을 잘 설명한 이론이 있다. 바로 '매력 자본'이다.

매력 자본(Erotic Capital)은 영국 사회학자 캐서린 하킴(Catherine Hakim)이 옥스퍼드대학교 저널 《유럽사회연구(European Social Research)》(2010)에서 발표한 논문 〈매력 자본(Erotic Capital)〉에서 처음 주장하면서 알려졌다. 외모와 매력이 단순한 개인적 특성을 넘어 하나의 자본으로서의 가치를 주장한 하킴의 연구는 전 세계 언론과 학계의 큰 관심을 받았다. 하킴은 매력 자본이 사회적 성공과 기회를 얻는 데 중요한 역할을 한다고 설명한다.

매력 자본을 구성하는 6가지 요소는 다음과 같다.

매력 자본은 외모, 사회적 기술, 활력, 성적 매력, 자기표현, 사회적 자유라는 6가지 요소로 구성된다. 다음 표에서 자세한 정의와 내용을 살펴보자.

매력 자본은 직장, 학교, 친구를 비롯한 모든 사회적 관계망과 정

구성 요소	내용
외모	타고난 신체적 매력이나 아름다움. 대중적으로 선호되는 외모 기준뿐 아니라 각 문화권에서 선호되는 신체적 특징도 포함한다. 예를 들어 서구권에서는 균형 잡힌 얼굴 비율이나 동양권에서는 피부 톤 등을 말한다.
사회적 기술	타인과 효과적으로 소통하고 긍정적으로 관계를 형성하는 능력. 단순한 대화 능력을 넘어 공감, 경청, 상황에 따른 대처 능력이 포함된다. 예를 들어 직장에서 동료와의 협력, 타인에 대한 배려가 이에 해당한다.
활력	활기차고 에너지 넘치는 모습. 신체적 건강뿐 아니라 심리적 안정감과 행복감과 같은 정신적·정서적 활력도 포함된다. 예를 들어 규칙적인 운동과 식습관을 통해 건강을 유지하거나 긍정적인 태도를 주변에 전파하는 모습이 이에 해당한다.
성적 매력	성적 매력과 타인을 유혹하는 능력. 이는 외모에 국한되지 않고 자신감 있는 모습과 건강한 에너지도 포함된다. 예를 들어 자신 있게 대화를 이끌어내 성적 매력을 긍정적으로 표현해내는 것을 말한다.
자기표현	개인의 스타일, 태도, 표현력. 옷차림, 헤어스타일, 말투와 같은 외적 표현뿐 아니라 개인의 가치관과 신념을 드러내는 방식도 포함된다. 예를 들어 자신만의 독특한 패션 스타일을 만들고 자기만의 대화 스타일을 만들어내는 것을 말한다.
사회적 지위	교육, 직업, 네트워크 등 개인이 갖출 수 있는 사회적 자원. 단순히 물리적 부유함을 넘어 사회적으로 인정받는 성취, 영향력이 이에 해당한다. 예를 들어 높은 학력, 전문직에 종사하고 커뮤니티에서 리더 역할을 하는 경우를 말한다.

치 등 전 영역을 아우르며 영향을 미친다. 하킴은 매력 자본이 영향을 미치는 사례들을 《허니 머니: 매력 자본의 힘(Honey Money: The power of Erotic Capital)》(2011)으로 출간했다[한국어 번역본은 《매력 자본: 매력을 무기로 성공을 이룬 사람들》(이현주 옮김, 민음사, 2013)]. 이 책에서는 매력이 직장 생활을 비롯한 사회에서 얼마나 중요한 역할을 하는지를 많은 사례로 펼쳐놓는다. 매력적인 아이에게 펼쳐진 황금빛 세계와 결혼 시장에서 매력 자본의 역할, 미소가 힘이 된 이유 등을 기술하고 외모 프리미엄, 사교술과 감정 노동 등의 흥미로운 주제들을 매력 자본이라는 이론으로 설명해주고 있다.

매력적인 사람이 되려면, 언변술과 자기만의 스타일이 있어야!

매력 자본 이론으로 올림픽 스타 오상욱의 매력 포인트를 짚어보니, 대중들에게 왜 이렇게 큰 인기를 누리고 있는지 충분히 이해가 간다. 그는 외모도 준수하고, 매너도 좋고, 운동선수로서의 뛰어난 성취도 있어 사회적 지위도 높아졌고, 긍정적인 태도에 활력도 넘쳐났다. 앞으로도 우리 사회는 그와 같이 매력적인 사람들에게 더 환호하지 않을까 싶다.

나는 예전에 매력 자본을 근거로 운동선수의 인기 요인이 궁금해 이를 연구한 적이 있었다. 특히 여성 운동선수들의 매력은 무엇일지 궁금했고, 대중들이 생각하는 운동선수들의 매력 포인트가 무엇일지 궁금했다(김가영, 김유겸, 2016). 20대 여성들을 대상으로 여성 운동선수들의 매력 요소가 무엇인지에 대한 인터뷰를 했는데, 연구 결과는 운동선수에게 기대하는 대중들의 마음을 바로 대변하고 있는 듯했다. 가장 주목할 만한 점은 여성 운동선수들에게 '아름다운 외모'도 물론 중요하지만, 그보다는 국제 대회에서의 인터뷰 기술, 언변술, 대중들과의 소통 방식, 긍정적 태도 등을 나타내는 '사회적 기술'에 대한 언급이 많이 보였다. 또한 외모 관리 행동으로 메이크업, 패션 스타일 등을 일컫는 '자기표현'이 매력적인 운동선수라고 여기는 중요한 요소라 응답하는 사람들이 있었다.

사실 외모 꾸미기는 소비문화의 핵심이기도 하고 아름다움과 연결되는 가장 중요한 핵심 요소다(Sarpio, 2014). 이러한 결과는 운동선수들도 연예인처럼 공인이니 사회적으로 드러나는 자리에서 매너와 차림새를 다듬는 '자기표현' 기술이 중요하다는 점을 시사했다. 대중의 관심을 한 몸에 받게 된 운동선수들이 어떻게 팬들과 소통하는지, 사람들은 인터뷰에 대응하는 그들의 태도에 관심을 두고 그 사람의 매력도를 측정한다. SNS 팬들과의 소통은 여전히 운동선수에게 기대되는 덕목 중 하나다.

요즘도 광고나 TV를 볼 때 국민 스포츠 스타 김연아, 손연재, 장미란을 종종 볼 수 있어 반갑다. 김연아(피겨), 손연재(체조), 장미란(역도)이 한창 현역으로 뛰던 시절, 사회적 분위기가 여성에게 외모의 중요성이 강조되던 때가 있었다. 그 예로 김연아가 피겨 여왕으로 각종 대회를 석권할 때 광고 업계에서는 여성성, 우아함, 아름다운 이미지로 김연아에게 수많은 광고가 쏟아져 들어왔다. 하지만 똑같이 걸출한 성적을 거둔 장미란에게는 상대적으로 그만큼의 관심이 가지 않았다는 사실이 이런 결과를 증명해준다.

하지만 요즘은 개성 있고 다양한 인물, 사람의 능력과 성과, 인품을 비롯한 총체적인 캐릭터에 주목하는 좀 더 성숙한 사회로 변한 것 같아 매우 기쁘다. 이처럼 우리 사회는 매력적인 사람들의 외모뿐 아니라 다양한 관점의 매력에 대한 호기심이 열려 있다. 예전의 연구 결과가 아직도 유효한 걸 보니, 앞으로도 우리 사회가 더욱더 다양하고 포용적인 관점에서 개성 있는 사람들이 주목받을 수 있다는 기대가 생긴다.

일상 속에서 나만의 매력 찾기

 매력 자본에서 일러준 몇 가지 매력 요소를 생각해보자. 우리 일상에서 적용해볼 만한 점이 분명히 있다. '아름다움'이 전부는 아니라는 것을 인지하고 자신의 개성을 드러낼 수 있는 사회적 기술을 갖추고 표현할 수 있다는 점은 우리 일상에서 당장이라도 실천할 수 있다. 그러니 누구나 충분히 매력적인 사람으로 거듭날 수 있다. 하지만 매력 자본을 키우기 위해 애쓰자는 것은 아니다. 매력이 그저 타고난 것이 아니라는 점만 명심하자.

 세상을 둘러보자. 세상에 똑같은 사람은 하나도 없다. 일란성쌍둥이는 외모는 같을지언정 태도나 성격, 사회적 기술과 표현 면에서는 전혀 다른, 각각의 개성을 지닌 인물들이다. 그러니 누군가를 따라 한다고 해서, 또 특정한 누군가의 태도나 외모만 아름답다고 단정 짓는 것은 불가능하다. 만약 스스로 매력 없는 사람이라고 생각해왔다면 그건 그저 자신의 매력을 아직까지 발견하지 못한 것일 수 있다. 단지 외모나 몸매만 뛰어나다고 매력적인 게 아니다.

 혹시나 내가 매력적이지 않다고 생각하고 있다면 이제는 그 생각을 과감히 버리자. 그리고 매력 자본은 매우 다종다양한 영역에 걸쳐 있다는 것을 명심하자. 그리고 내가 가진 나만의 자본을 마음껏 활용해보자. 내 몸에 대한 자신감, 나의 사회적 능력 및 태도가 골고루 섞여서 내 고유의 매력을 만들어낸다는 것을 잊지 말자.

매력 자본,
몸 문해력 교육의 새로운 시선을 제시하다

하킴은 매력 자본이란 단순한 외모 지상주의와는 다르다고 강조하며, 이는 경제 자본, 문화 자본, 사회 자본에 이어 현대 사회를 규정하는 제4의 자산이며 일상을 지배하는 '조용한 권력'이라 주장했다. 내게는 현대 사회를 규정하는 큰 자산이라는 하킴의 주장이 우리가 몸 문해력을 길러야 하는 이유와 맞물려 있다는 것을 알아차리게 해주었다. 몸 문해력을 길러야 하는 이유 역시도, 사회문화적 맥락을 이해하고 내 몸의 주체가 되어 다양한 관점으로 몸을 돌보는 방법을 배우는 것이기 때문이다. 매력 자본의 구성 요소에 따라 몸 문해력 향상에 활용한 방법을 소개해본다.

1 | 외모와 건강의 균형 맞추기
사회적 미의 기준에 맞춰 단순히 외모 관리에만 치중하지 않고 개인의 건강과 활력을 높이는 활동을 권장한다. 예를 들어, 규칙적인 운동과 영양 섭취도 매력을 높이는 결과를 만든다. 정신적 스트레스를 줄이고 무리한 다이어트를 지양해 나다운 고유함을 찾아 나서자.

2 | 사회적 기술로 긍정의 바디 이미지 향상시키기
사회적 기술인 대화법을 업그레이드하자. 타인과의 관계에서 자신감을 갖고 소통해보자. 공감하고 경청하는 긍정적 태도를 통해 관계에 자신감이 생기면 긍정적 바디 이미지도 덩달아 나아질 수 있다.

3 | 성적 매력을 윤리적으로 활용하기
성적 매력에 대해 올바로 이해하고 표현하는 방법을 배워보자. 몸매 지상주의로 발생할 수 있는 왜곡된 자기 이미지를 갖지 말고 개인의 특성과 성향을 파악하고 자신만의 매력을 표현하는 능력에 대해 고민해보자.

4 | 활력을 통한 자기 효능감 강화하기

일상에서 활력, 생동감을 갖는 것은 단순히 신체적 건강뿐 아니라 정신적·정서적 안정감과 행복감도 포함한다. 요가나 명상, 규칙적인 운동에 참여하고 몸과 마음을 함께 돌보는 생활 루틴을 만들자.

5 | 나의 정체성에 맞는 자기표현 찾기

자기표현 능력을 키우기 위해 개인의 새로운 스타일, 나의 개성을 살릴 수 있는 방법을 찾아보자. 획일적인 기준에서 벗어나 나의 매력은 무엇일지, 어떤 스타일이 나랑 가장 잘 맞는지 탐구한다. 유행을 따르지 말고 나의 정체성에 맞는 시그니처 스타일을 완성해보자.

6 | 사회적 지위와 몸매 지상주의에 비판적으로 접근하기

사회적 지위를 활용하여 문화적 메시지를 비판적으로 해석해보자. 미디어를 비판적으로 읽고 해석하며 다양성을 수용하는 자세를 길러내자. 사회적 지위에 따라 다양한 인적 네트워크를 만들고 함께하는 커뮤니티를 구성해볼 수도 있다.

이처럼 매력 자본의 구성 요소를 활용한 이러한 접근은 단순히 외모 관리를 넘어선다. 현대 사회에서 신체적 자아와 매력을 건강하고 윤리적으로 활용하는 새로운 패러다임이 된다. 매력 자본 이론은 몸 문해력 교육에 기여할 수 있는 도구로 자리 잡을 수 있다. 사회 구성에 대한 이해, 비판적 사고가 필요한 몸 문해력 교육 방향은 몸의 균형 잡힌 관점, 자기 수용 강조, 긍정적인 자아 형성과 사회적 성공에 기여할 수 있다는 매력 자본과 연관성이 많기 때문이다.

K-바디(Body):
몸의 다양성과 포용성으로 새로운 기준이 되다

K-컬처, 전 세계 문화의 표준으로 발돋움하다

해마다 9월이 되면 방탄소년단(BTS) 정국의 생일을 기념해 펼쳐지는 전 세계 팬들의 기부 릴레이 이벤트가 열린다. 이 행사는 올해도 어김없이 이어졌다["방탄소년단 정국 생일기념, 전 세계 팬들 '기부 행렬'… 4개국 암 자선단체 1000달러 이상 기부로 선한 영향력 전해", 〈톱스타뉴스〉 (2024.09.03.)]. 정국이 따뜻한 마음을 담아 초록우산 어린이재단을 통해 한돈 1,500만 원 상당을 후원하자 팬들도 함께 기부 행렬에 나선 것이다. 팬들의 기부는 팬덤에서 기인했지만, 선한 영향력은 한국 스타를 향한 전 세계 팬덤의 힘을 느끼게 하는 사례다.

'K-컬처(Culture)', 한국 문화에 전 세계인의 관심이 쏠리고 있다. '한류'라 불렸던 한국 문화 열풍은 이제 디지털 시대에 더욱 빠르고 멀리 확산되었다. 전 세계에 한국 문화 팬들이 어디서든, 언제든 한국 콘텐츠를 즐기고 공유하고 향유할 수 있기 때문이다. 어느 나라의 콘텐츠 크리에이터도 한국 문화의 전도사가 될 수 있고 TV, SNS, 인터넷 등 어느 채널이든 손쉽게 한국 패션과 뷰티, 음악, 영화를 공유할 수 있다. 케이팝(K-pop)과 K-드라마, 한국 영화는 한국적인 내용 그대로, 한국말 그대로 전 세계인을 사로잡았다. K-컬처 속 한국 스타들의 '한국인 스타일'을 추구하는 한국 문화 팬들이 생겨났다.

K-스타들의 위상은 한국 문화의 인기와 함께 끌려 올라왔다. 스타 한 사람의 영향력을 전 세계로 확장했다. 이제 한국 문화는 세계인의 표준 문화가 되어가는 중인 것일까? 지금까지의 행보를 보더라도 전 세계 사람을 대상으로 한 한국 고유의 창의적 콘텐츠 시장성은 매우 높다(Na, Kang & Jeong, 2021).

K-바디(Body)의 가능성이 열리다

K-콘텐츠는 영화나 드라마, 음악뿐 아니라 몸 문화에 대한 가능성도 충분히 내재하고 있다. K-바디라는 새로운 용어를 통해 한국의 신체 문화를 재조명해보고자 한다. 이 용어는 단지 한국적인 신체 미학을 넘어 세계인을 위한 몸의 정체성, 다양성, 포용성을 아우르는 개념으로 확장될 수 있다. 그래서 K-바디는 한국의 문화적·사회적 맥락에서 형성된 몸 표현과 가치관을 뜻한다. 한국 문화에서 보이는 몸 이미지, 한국적 미의 가치, 몸을 통해 드러나는 개성과 정

체성을 표현할 수 있는 한국적이자 세계적인 몸의 새로운 표준으로 자리 잡을 몸 문화를 살펴본다.

2023년부터 넷플릭스에서 인기리에 방영된 〈피지컬 100〉만 보더라도 현대 사회에서 몸이 기능적 가치와 더불어 미적 가치를 얼마나 내포하고 있는지 알 수 있다. 〈피지컬 100〉은 강력한 피지컬을 지닌 최고의 '몸'을 찾는 서바이벌 리얼리티 프로그램이다. 여기에 참가한 다양한 직업군의 사람들은 몸에 대한 새로운 기준을 제시하며 전 세계 콘텐츠 시장에서 한국형 몸 문화를 소개할 수 있는 흥미로운 예시를 보여주었다.

최근 한국에서 지속적으로 유행하는 '바디 프로필' 열풍도 한국형 몸매 가꾸기의 대표 사례다. 자신의 몸을 가꾸어 모델처럼 촬영하는 것으로, 외모와 더불어 몸매라는 외형적 조건을 만들어간다. 이는 멋진 몸을 갖는 것이 곧 자본과 문화를 향유하는 새로운 방식이 되었음을 보여준다. 한국형 몸매 가꾸기 비즈니스는 피트니스, 뷰티, 식품, 관광에 이르는 다양한 글로벌 시장으로의 확장을 열어주는 K-문화 콘텐츠가 되었다.

2024년 파리올림픽에서도 한국 선수들의 인기는 대단했다. 올림픽도 역시 'K-올림픽'이라며 펜싱, 양궁, 사격 등 한국 선수들의 경기가 세계적으로 인기를 끌었다. 스타 선수들을 배출해내기도 했다. 이는 무엇보다 뒤처지지 않는 선수들의 신체 조건, 뛰어난 경기력, 좋은 매너 이 모두가 어우러진 것이다.

이처럼 예능 프로그램, 피트니스 산업, 올림픽 할 것 없이 한국의 몸 문화는 여전히 확장 중이다. 몸을 중심으로 피트니스, 뷰티, 스튜디오, 건강식품 등 다양한 협업 형태의 새로운 산업 확장성을 보여주고 있다. 따라서 다양한 콘텐츠로 관심이 높아져가는 한국인의 몸 문화를 K-컬처의 한 분야로 독립시켜 논의하기에 충분하다. 이미 한국의 피트니스 및 뷰티, 건강 관련 사업의 규모는 날로 커지고 있고, 전 세계의 새로운 가능성을 찾아가고 있기 때문이다.

K-바디는 피트니스 서비스 상품, 다이어트 식품, 영양제, 치료제, 체형 관리, 재활, 뷰티, 미용 측면에서도 다양한 소비자 수요를 창출하는 시장으로 확장되고 있다. 이를 'K-바디'라 명명하고, K-바디가 제시하는 신체적 건강, 정신적 웰빙, 외모 관리 사이의 상호 관계를 살펴보자.

K-바디의 의의: 몸 문해력의 발전에 기여할 수 있는 가치

K-바디는 몸 문해력의 새로운 가능성을 제시한다. 몸 문해력은 단순히 신체를 이해하고 활용하는 지식이 아니라 신체를 통해 사회적·문화적 메시지를 읽고 이에 대응할 수 있는 능력을 포함한다. K-바디가 품은 다양성과 포용성은 몸 문해력의 핵심 요소인 비판적 사고와 자기 인식, 신체 존중의 자세를 강화한다. 세계인이 사랑하는 한국 문화가 보여주는 미학적 다양성은 개인이 자신의 몸을 바라보는 시각을 넓히고 한 사회의 사회문화적 기준에 대해 더 깊이 고민하게 만들어주었다.

그래서 K-바디는 다음과 같은 면에서 몸 문해력의 발전에 기여할 수 있다.

- **몸 다양성의 존중**: K-팝, K-뷰티에서 보여준 다양한 신체 표현은 사람들이 자신의 고유한 신체를 긍정적으로 수용하도록 돕는다.
- **신체 문화의 비판적 이해**: 한국의 몸 문화가 글로벌 영향력을 발휘하므로, 한 문화의 신체 기준과 규범에 대해 다양한 각도에서 비판적 사고의 기회를 제공한다.
- **포용적 관점을 제시**: K-바디는 특정 신체 이미지가 아닌 다양한 신체가 가진 고유한 가치를 존중하는 메시지를 전달하며, 이는 몸 문해력 교육의 중요한 부분이 된다.

몸 문해력은 K-바디가 보여준 몸에 대한 확장된 이해를 바탕으로 개인의 신체를 존중하고 한 사회문화의 기준에 비판적으로 접근하며 스스로 몸과 조화롭게 살아갈 수 있게 돕는 능력을 길러줌으로써 새로운 몸 문화의 기반을 다져줄 것이다.

K-바디의 글로벌 영향력

K-바디는 단순히 한국의 몸 문화를 넘어 글로벌 신체 정체성과 다양성, 포용성을 논의하는 중요한 플랫폼이 되고 있다. 이 새로운

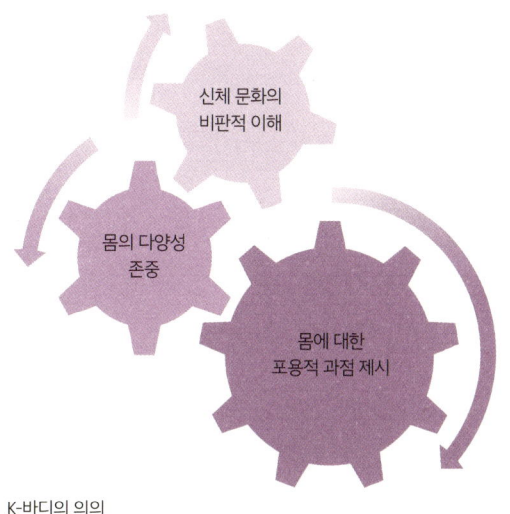

K-바디의 의의

개념은 전 세계 사람들이 신체에 대해 새롭게 사고하고 더 깊이 이해하며 더 나은 방식으로 자신의 신체를 받아들이도록 돕는다. 그래서 K-바디는 신체 문해력 시대의 새로운 비전을 제시하며 글로벌 문화에서 중요한 몸 담론으로 자리 잡을 수 있을 것이다. 앞으로의 한국적 몸 문화가 한국 스포츠, 피트니스, 웰니스 산업의 발전과 함께 글로벌 문화에서 중요한 담론으로 자리 잡지 않을까 기대해본다.

K-뷰티와 K-팝 댄스 열풍의 교훈:
다양성과 포용성을 보여주다

모든 인종이 즐기는 K-뷰티: 다양성으로 세계시장을 사로잡다

 K-뷰티의 놀라운 인기는 다양성에 있다. 얼마 전 올리브영에서 '조선미녀'라는 브랜드의 '맑은쌀선크림'을 샀는데, 한국의 쌀을 재료로 한국적 미의 가치를 표방해 세계에 역수출한 대표적 예라고 했다["'조선미녀 선크림' 미·유럽서 돌풍, 실리콘투 주가 올 들어 5배 올랐다", <중소기업신문>(2024.06.14.)]. 이른바 '글로벌 대란템'이 되었다는 것이다. 특이한 점은 조선미녀가 한국보다 해외에서 더 인기가 많다는 점이다. 이 제품의 성공은 건강하고 다양한 피부 톤을 자연스럽게 커버하고, 자기 관리의 새로운 기준을 마련했다는 점에서 K-뷰티의 저력을 확인시켰다. 그 결과를 방증하듯 올리브영의 영미권 매출 1위가 바로 이 제품이라고 한다. 나도 딸과 함께 쓰려고 덩달아 몇 개 쟁여놓은 뷰티 아이템이다.

 K-뷰티는 세계인의 다양한 욕구도 채워주는 센스로, 한국 뷰티의 힘을 다시 한번 보여주었다. 《트렌드코리아 2025》는 '그라데이션 K'의 새 트렌드를 소개하며, 한국 뷰티 산업의 다양성을 사례로 들었다. 흑인 뷰티 크리에이터 '미스달시(MissDarcei)'가 한국 파운데이션을 사용하고 싶다는 영상을 보고 티르티르가 그녀의 꿈을 실현해 준 것이다["흑인 피부에도 착! 30가지 색상으로 아마존 1위 오른 K뷰티", <조선비즈>(2024.06.13.)]. 이후 흑인들도 사용할 수 있는 K-뷰티로 입소문이 난 한국 브랜드 '티르티르'는 30가지 색상의 파운데이션을 출시했고, 아마존 뷰티 카테고리 1위에 오르기도 했다고 한다. 최근 해외에서도 한국 뷰티 브랜드에 외국인들의 다양한 요청이 끊이지 않는다고 하니, 한국 뷰티의 다양성이 세계인들의 새로운 시장을 선도한 것이다.

K-팝 댄스 열풍: 세계 청소년의 신체 문화를 선도하다

 K-팝 스타들의 춤은 활동적인 청소년 문화를 선도했다. 그 예로 초등학교 방과 후 과정에 K-팝 댄스 수업은 언제나 인기가 많다. 여자아이 남자아이 할 것 없이 모두가 인기

있는 댄스를 배우고 싶어 한다고 한다. K-팝 댄스(방송 댄스)는 학교에서 친구들과 함께 하는 초딩 문화의 꽃이다. 이에 더해, 댄스 학원을 다니는 초등학생들도 여럿 찾아볼 수 있다. 이제는 춤을 배우는 것이 태권도, 수영, 미술 학원을 다니는 것처럼 초등 교육의 일환이 되지 않았나 싶다.

이는 건강한 신체 활동의 예라 볼 수 있으며, 아이들이 일상에서 운동의 형태로 쉽게 접하고 몸 문화의 긍정적 체험을 할 수 있다는 면에서 선한 영향력이라 할 수 있다. 오주연 교수는 미국 샌디에이고주립대학교에서 무용 이론을 가르치며 K-팝 문화에 대한 연구를 했다. 2022년 루트리지 출판사에서 K-팝 댄스를 주제로 《K-팝 댄스: 소셜미디어에서 자신을 팬덤화하다(K-pop Dance: Fandoming Yourself on Social Media)》를 출간해, 한 언론 인터뷰에서 한국 댄스 열풍의 비밀은 "나 자신의 팬이 되기 위함이다"라고 전했다. 오 교수의 말대로 전 세계 수많은 팬이 K-팝의 커버댄스를 추고 이를 소셜미디어에 공유하면서 자신의 멋짐을 드러내고 싶어 한다. K-팝 커버댄스는 다채로운 표정과 상체 동작이 입체적이라 따라 하기 좋고 짧은 시간에 눈길을 끌기 좋기 때문이다.

이처럼 다양한 문화권에서 한국 문화를 선호하는 것은 문화의 다양성이 포용적인 방향으로 나아가고 있다고 해석해볼 수 있다. 앞으로 K-바디가 새로운 아름다움으로, 새로운 몸의 동작으로 다양한 문화를 포용하는 방향으로 나아가는 기준을 제기해주길 기대한다.

세계에 새로운 기준을 제시하다

K-팝과 K-뷰티는 글로벌 시장에서 지속적으로 성장하며 서구적 신체 기준에 균열을 가져오고 있다. 이는 전통적으로 서구에서 강조되던 키와 체형, 피부색 중심의 미적 기준을 넘어서 다양한 체형과 피부 톤을 포용하는 문화를 만들어가고 있다는 점에서 중요하다. 특히 K-뷰티는 자연스러운 아름다움과 건강한 피부를 강조하면서 새로운 동양적 미의 기준을 전파했다(조선미녀 쌀선크림 사례). K-팝은 퍼포먼스와 개성을 통해 다채로운 신체 표현이 가능해 남녀노소 모두가 즐기기 쉬운 댄스 프로그램이 될 수 있음을 보여주었다. 이러한 변화는 글로벌 소비자들이 서구적 기준 외의 대안을 발견하고 수용하는 데 긍정적인 영향을 준다.

4장

다시 주체성을 회복할 몸

내 몸을 제대로 읽는 바디 리터러시 7단계

"

4장에서는 다양한 영역에서 내 몸을 제대로 읽고 보기 위해 쉽게 실천하고 따라 할 수 있는 7단계 실천 방안을 소개하려 한다. 내가 제안하는 7단계 실천 방안을 통해 내 몸에 대한 올바른 사용서를 준비하고 새로운 여정을 떠나보자. 바디 리터러시는 내 몸을 읽고 쓰는 능력이다. 내 몸의 주체성을 회복하고 문화적 주체로서 살아갈 몸을 다시 준비하자. 이는 범람하는 미디어의 홍수 속에서 우리 몸이 혼란에 빠지지 않고 '긍정'된 몸이 되어 스스로 주체성을 찾도록 도울 것이다.

"

1단계_ 내 몸 주체성 회복하기: 매일매일 자기 돌봄 루틴을 실천하라

내 몸도 자기계발 루틴이 필요하다

내 몸을 제대로 읽기 위해 가장 중요하고도 기본으로 선행되어야 하는 것은 '자기 돌봄 루틴'이다. 자기 돌봄의 루틴화는 왜 필요하고 또 어떤 것을 내 루틴으로 만들 수 있을까? 수많은 자기계발서에서 이미 검증이 끝난 베스트 방법들을 내 몸과 연결지어본다고 생각해 보자. 감사 일기쓰기, 명상하기, 필사하기, 긍정 확언하기 등을 말이다. 자기 돌봄 루틴이 필요한 이유는 내 몸을 나답게 받아들이기 위해서 기본이 되는 것이기 때문이다. 일상의 루틴화 방법은 다음과 같다.

오감을 자극하는 하루 루틴

나는 아침마다 따뜻한 차 한 잔으로 시작한다. 따뜻한 차 한 잔을 마시며 '미각'을 깨우고 나 자신을 돌봐주는 느낌을 만끽한다. 그런 다음, 좋아하는 장르의 음악을 배경으로 '청각'을 깨운다. 블루투스 스피커를 켜놓고 보사노바나 모닝 클래식을 듣는다.

서서히 아침을 깨우는 다양한 감각들이 살아나는 기분이 들면 '후각'을 자극하는 '향기'를 더해 또 한 번 기분을 업그레이드한다. 내 경우, 라벤더 향의 핸드크림을 손에 바르거나 따뜻한 물로 세수한 다음 페이셜 로션을 충분히 바르면 피부의 부드러움에 '촉각'이 자극된다. 이러한 간단한 스킨케어 루틴만으로 얼굴과 손을 스스로 아껴주는 느낌을 전해줄 수 있다.

'명상의 시간'도 자기 돌봄 루틴에 포함되는 중요한 요소다. 마음에 드는 명상 앱(예를 들어 Calm, Headspace, 코끼리, 손목닥터 9988)을 하나 설치해두고 데일리 명상을 실천한다. 시간은 2~5분 정도면 충분하다. 자신에게 가장 편안한 자세를 취한 뒤에 몸의 부분들을 하나하나 의식하고 느껴보는 '바디 스캔'을 하고, 그날의 주제로 짧은 생각을 정리해보면 된다.

만일 그날의 명상 주제가 '다이어트를 위한 식단 조절'이라면 내 식습관을 한번 떠올려본다. 그러고 나서 오늘 먹고 싶은 음식은 무엇이고 먹고 싶었은데 어제 못 먹었던 음식 등을 머릿속에 나열해본다. 그러면 내 몸의 요구에 더욱 귀 기울여, 무언가 나와 소통을 한 느낌이다.

이렇듯 오감에 초점을 맞추고 나만의 자기 돌봄 루틴을 만들면, 내 몸의 감각 하나하나를 소중히 느끼고 아끼며 보살피는 하루를 시작할 수 있다.

'하루 세 줄 쓰기'로 시작하는 바디 케어 메모법

바디 케어를 위한 메모는 내 몸과 대화를 메모로 남기는 것이다. 자신과 대화 시간을 갖는 것으로 내 몸의 주체성을 찾는 방법 중의 하나다. 바디 케어 메모법을 효과적으로 진행하기 위해서 3단계를 거쳐보자. 먼저, 자기 인식으로 '나를 알아차리기', 둘째, 감정을 중점으로 '느낌 적기', 셋째, 공동체의 변화로 이끌어갈 '함께 행동하기'다.

첫째, 나를 알아차리기

나를 알아차리는 것이 내 몸과 대화의 출발점이다. 이는 내 몸과 마음이 하는 소리에 귀 기울이는 일이다. 내 몸에 대한 나의 '감정'에 초점을 맞춰보자. 내가 불만족스럽게 느끼는 몸을 객관적으로 바라보자. 뭐가 불만인지, 그 이유가 뭔지 생각해보자. 나는 거울 앞에서 자신과 대화하기를 추천한다. "오늘 머리가 부스스한가? 머리 스타일이 어때서 별로라는 건가? 오늘도 별로라면 맘 편히 즐거웠던 시간을 떠올려볼까? 오늘 하루 잘 부탁해" 등으로 자신의 마음을 보듬으며 대화를 나눈다. 하루가 끝나면 내 몸과 마음에게 "오늘 많이 애썼어. 고마워, 내 몸아" 하며 무조건 토닥여주자. 알아차려주는 것만으로 위로가 된다.

둘째, 느낌 적기(기록하기)

이제 나의 몸과 마음의 소리를 귀담아 듣기 시작했으면, 한 단계 더 나아가본다. 바로 메모하기다. 기록했을 때 변화가 시작된다. 다이어리도 좋고 스마트폰 메모장을 활용해도 좋다. 가장 중요한 것은 기록하겠다는 마음가짐을 갖고 지금 당장 시작하는 것이다. 스스로 알아차린 내용이 있는 그 순간을 캡쳐해 기록한다. 아주 짧은 문장, 단어 하나만 적어도 좋다. 분명 그 느낌과 그 생각을 기록하는 순간부터 변화가 시작된다. 알아차린 내용이 변화를 위한 시작점이자 실천에 옮기는 행동의 시작이기 때문이다.

느낌 적기의 메모법으로 '세 줄 쓰기'를 소개해본다. 세 줄 일기 쓰기 앱도 인기가 있는데, 이같이 간단한 버전의 메모장이 부담 없어 좋다. 이 '세 줄 몸 일기 쓰기'의 핵심은 인지적 단계에 따라 내 안에 있는 긍정성을 발견하는 것이다. 부정적인 감정을 자기 수용과 자기 돌봄을 거쳐 긍정의 감정으로 전환하는 방법이다. '세 줄 쓰기'의 예시는 다음과 같다.

20××년 ×월 ×일

1) 알아차리기: 나는 입술이 늘 건조하다.

2) 행동하기: 보습 크림, 립밤을 챙겨서 발라준다.

3) 감정 표현하기(느낌 적기): 입술이 촉촉해져, 스스로 나를 돌보는

느낌이 좋다.

이렇게 세 단계를 거쳐 메모를 기록하다 보면 진짜로 내 몸에 필요한 자기 돌봄이 가능해지고, 이 돌봄이 쌓여 주체적인 나로 성장하게 도울 것이다.

셋째, 함께 행동하기

이제는 함께 성장하는 시대다. 나의 몸과 마음에 대해 느끼는 생각과 느낌을 글이나 사진, 이미지로 남겼다면 내 개인 메모를 다른 이들과 공유하자. 나 혼자 하기 버거운 일을 누군가와 함께하면 거뜬히 해낼 수 있었던 경험이 누구에게나 있을 것이다. 나의 생각, 내가 쓴 메모와 글, 사진, 이미지, 뭐든 소소한 것일지라도 공유해보자. 공감하고 함께해주는 사람이 있으면 좋고 없어도 괜찮다. 함께하는 힘을 느끼는 순간은 언젠가 꼭 온다. '나 혼자의 생각이 아니었구나', '나만의 문제가 아니었어'라고 깨닫는 순간이 있다. 이때부터는 서로 위로받고, 공감하는 시간들이 나를 가득 채워줄 날이 분명히 있을 것이다.

하루 한마디 '긍정 바디, 긍정 확언'

스스로를 믿고 감사하자. 나 자신에게 선언하라. "확언은 새로운 시작이다. 모든 생각과 말이 무언가를 확정한다." 미국의 대표적인 형이상학 강사인 루이스 헤이(Louise L. Hay)가 《하루 한 장, 마음챙김 긍정 확언 필사집》(박선령 옮김, 니들북, 2022)에서 한 말이다. 긍정 확언은 일상적인 무의식의 잠에서 깨어나게 해주고 자기 생각을 선택하는 데 도움을 준다. 낡고 제한된 생각을 버리고 현실에 더 충실할 수 있게 도와준다. 우리의 미래를 치유하는 데 도움을 준다.

    나 역시 긍정의 힘을 믿는다. 매일 아침 루틴으로 긍정 확언 필사를 하고 있다. 감사일기 쓰기나 긍정 확언하기는 처음에 좀 어색하지만 지속하다 보면 변하는 자신을 느낄 수 있다. 매일 긍정 확언 필사를 통해 긍정의 힘이 대단하다는 것을 새삼 느낀다. 내가 나를 믿는다면 거기에서부터 모든 것이 시작된다. 그냥, 내 몸에 해줄 긍정의 한마디부터 찾아보자.

2단계_ '밥상머리 몸 교육'으로
함께 시작하자

가정에서 우리는 몸에 대해 어떤 대화를 나누는가?

"왜 이것밖에 안 먹어?"

"살 빼야돼, ○○는 벌써 과체중이래."

일상에서 밥을 먹을 때 우리는 어떤 대화를 나누는가? 너무 먹는다고, 또는 안 먹는다고 질타하고 있지는 않았는지, 몸에 대해 의식하는 표현들을 습관적으로 쓰지는 않았는지 생각해보자. 마음껏 즐겁게 먹는 것이 아니라 몸무게를 의식하고 타인의 시선이 늘 염려된다면 가정에서부터 변화를 시작해보자. 부정적 몸의 대화가 아닌 내 몸에 맞는 긍정의 대화를 찾아보면 어떨까?

요즘은 미디어를 통해서 과도하게 이상화된 몸의 이미지들이 필터링 없이 마구 쏟아진다. 성인은 물론이고 청소년과 유아들까지 과도한 신체 이미지에 노출되고 있다. 특히 청소년들은 타인에 의해 몸에 대한 부정적인 기준을 세우게 되거나 자신에게 맞지 않은 '이상화된' 사회적 기준에 더욱 쉽게 흔들린다. 그 결과 부정적 바디 이미지가 쌓여 자존감 저하로 이어지고 이것이 정신 건강의 악화로 연결되기 쉽다는 것은 이제 어제오늘의 이야기가 아니게 되었다.

이를 방지할 수 있는 가장 중요한 방법은 가정에서 내 아이에게 올바른 바디 이미지를 정립하도록 도와주는 일이다. 나는 이를 '밥상머리 몸 교육'이라고 부르고 싶다. 밥상머리에서 이루어지는 일상적인 대화들은 가족 구성원에게 몸에 대한 올바른 인식을 심어줄 뿐 아니라 서로 다른 생각을 교류하면서 비판적 사고를 확장하는 계기를 만들 수 있는 좋은 기회다. 더 나아가, 가족 구성원이 함께 몸 문화를 만들기 위해 생각을 공유하고 독서하고 토론하는 새로운 문화를 만드는 계기도 된다. 이는 가족끼리 몸 철학을 확실히 확립하고 유대감을 강화 수 있다.

...

[밥상머리 몸 교육의 학습 목표]
★ 부모와 자녀 간 신뢰 형성하기
★ 정기적으로 가정 내 몸 교육, 대화 실천하기
★ 주변 사람들과 공유하기

밥상머리 몸 교육의 실천 방법

1) 가정 내 미디어 비평 일상화하기

우리는 가정에서 늘 미디어를 접하며 산다. 이때 미디어에서 전달하는 메시지를 놓고 자녀와 함께 이야기하는 시간을 자연스럽게 만들어보자. 목표는 미디어 속 몸의 이미지에 대해 비판적인 시각을 갖도록 도와주는 것이다.

- **우리 가족은 영화 평론가**: 영화에 등장하는 인물들이 드러내는 몸의 이미지에 대해 이야기해보기. 그 이미지를 보고 어떤 느낌이 들었는지 대화해보기
- **광고 분석하기**: 다이어트, 뷰티, 패션 광고에 대해 비판적 사고 갖도록 도와주기. 화장품 광고에서 예쁜 언니들의 모습을 보면 어떤 느낌이 드는지 대화하고 광고를 서로 비교하기

2) 가족 내 몸 철학 공유하기: '내 몸, 내 이야기'

자연스럽게 몸에 대한 가치를 교육해보자. 부모와 자녀의 생각을 공유해보자. 목표는 자녀가 자신의 몸을 긍정적으로 바라보며 자아존중감을 기를 수 있도록 돕는 것이다. 이로써 가족의 긍정의 몸 문화를 새롭게 만들 수 있다.

3) 신체 칭찬 노트 쓰기

자녀와 부모가 함께 매일 자기 몸에 대해 긍정적인 점을 한 가지

씩 적고 부모와 함께 공유하며 자아 존중감, 신체 자신감을 키워준다. 각자 자신의 장점, 좋아하는 점을 적을 수도 있고 서로를 칭찬하는 내용을 적어도 좋다. 이때 몸의 다양성, 포용성, 주체성, 비판적 사고 등 어떤 가치가 중심이 되었는지 콕 집어서 칭찬해주는 메모를 노트에 적어 남긴다. 예를 들어, "우리 ○○는 영화 속 주인공이 너무 말라서 걱정이 되었구나. 주체적으로 건강한 몸에 대해 생각해보는 계기가 되었네" 같은 글이면 된다.

4) 자기 몸을 탐색하는 그림 그리기나 이야기 만들기

자신의 몸을 탐색하고, 그에 대해 긍정적인 메시지를 담은 그림을 그리며, 자신의 신체에 대해 깊이 이해한다. 몸과 관련된 경험, 몸의 일기를 써보자. 감정, 타인의 시선, 주변의 반응, 이에 대한 나의 총체적 생각들을 적어본다.

5) 몸 긍정 주간, 칭찬 보상제도 만들기

생각을 이야기하는 주간을 만들고 바른 몸 철학을 가족과 함께 만들어본다. 외모나 몸매에 대한 품평을 금지하는 주간을 만들어도 재미있을 것이다. 칭찬 노트 쓰기처럼 실천표를 만들어놓고 부정적 언어를 사용할 때는 벌점을 받고, 긍정적 언어를 썼을 때는 칭찬 스티커를 받은 것을 모았다가 월말에 보상제도를 만들어보자.

부모를 위한 몸 문해력 교육 워크숍

이 워크숍의 목표는 부모들이 적극적으로 자녀에게 긍정적인 바디 이미지를 전달하고 몸 문해력을 교육할 수 있는 기본 지식을 습득하고 활용 방법을 알아보는 것이다. 세미나의 콘텐츠는 다음과 같이 구성할 수 있다.

1) 긍정적 바디 이미지와 자아 존중감을 향상시키는 대화법
부모가 자녀에게 긍정적인 바디 이미지를 만들어주기 위한 대화법 교육, 일상 속 언어의 중요성 익히기

2) 미디어를 통해 몸 문해력을 기르는 가정 교육법
미디어에서 주입될 수 있는 부정적 정보를 거를 수 있는 인식을 교육하고 비판적으로 미디어를 수용할 수 있는 태도, 가이드를 제공하기

3) 신체 다양성과 포용성을 존중하는 부모의 말과 행동 배우기
부모가 다양한 몸을 존중하는 태도를 기르고 자녀에게 자연스럽게 교육할 수 있게 다양성과 포용성을 알려주고 교육하기

몸을 주제로 한
가족 독서 시간 갖기

가족들과 함께 몸에 대한 책을 읽어보면 어떨까?

부모들은 아이들에게 책을 읽어주며 다시 한번 소중한 우리 몸에 대한 가치, 철학을 새롭게 세우는 시간이 될 수 있다. 자녀들에게 몸에 대한 책을 읽어주고 아이들이 부모의 사랑과 함께 몸이 자신의 안전한 안락처가 되게 하자. 가족들과 포근하고 사랑스러운 감정을 교환하자. 이런 독서를 경험했다면, 앞으로 우리 아이들이 몸에 대해 긍정적인 가치를 지니고 사회적 문화 속에서 다양성과 포용성을 알게 되지 않을까?

모든 부모는 자녀가 몸으로 인해 상처받고 고통받지 않기를 기대할 것이다. 앞서 영국의 청소년들이 외모에 대해 걱정하고 친구들로부터 놀림을 받아 불안해한다는 사실을 언급했었다. 사실 가정에서부터 몸에 대한 주체적인 생각, 가치를 심어주지 못하면 외부의 영향에 쉽게 흔들리고 상처받기 쉽다. 이제 가정에서 몸의 주체성 갖기를 교육해주자. 잘 찾아보면 몸의 가치를 알려주는 그림책, 에세이, 사회 담론에 대한 것들이 시중에 많이 출간되어 있다. 지금 당장, 몸의 다양성, 포용성을 포함한 이야기책을 읽어주자. 아이들과 함께 읽고 이야기를 나눠보자. 유아, 어린이, 청소년, 어른에 맞는 다양한 장르의 책들을 몇 권 추천해본다.

[유아, 어린이 그림책]
- 《안나는 고래래요》(다비드 칼리 글, 소냐 보가예바 그림, 최유진 옮김, 썬더키즈, 2020): 자신에 대한 믿음과 사랑이 긍정적인 생각과 용기를 불러준다는 교훈을 담은 그림책. 안나의 마음에서 일어나는 긍정적 변화, 자존감에 대한 이야기다.
- 《난 나의 춤을 춰》(다비드 칼리 글, 클로틸드 들라크루아 그림, 이세진 옮김, 다그림책(키다리), 2024): 책읽기와 춤추기를 좋아하는 오데트는 보는 사람에 따라 비쩍 말라 허약해 보이는가 하면 반대로 너무 뚱뚱해 보이기도 한다. 몸에 대한 다양한 시선을 유머 있게 이야기해주는 그림책이다.

[청소년, 성인 책]
- 《스플래시》(찰리 하워드 글, 오영은 그림, 김수진 옮김, 그린북, 2020): 수영을 좋아하는 아이의 이야기, 다른 사람의 시선에 갇히지 않고 나를 사랑하는 방법을 알아내는, 진짜 나를 찾는 소녀의 이야기를 소설로 써냈다.
- 《다이어트를 그만두었다》(치도, 비타북스, 2020): 다이어트에 대한 스트레스, 몸을 긍정하고 사랑하게 된 과정을 솔직하게 담아낸 에세이다.
- 《헝거》(록산 게이, 노지양 옮김, 사이행성, 2018): 초거대 비만으로 살아가는 몸, 몸에 대한 수많은 사회적 편견들, 사회적 담론에 대한 한 개인의 솔직한 서술이 몰입감 있게 펼쳐지는 자전적 에세이다. 몸에 대한 많은 생각을 이끌어내준다.
- 《몸의 일기》(다니엘 페나크, 조현실 옮김, 문학과지성사, 2015): 한 남자의 일대기를 몸의 일기로 적어 내려간 장편소설이다. 몸의 변화에 대한 구체적인 서술, 이에 대한 그때의 감정들이 솔직하게 묘사되어 있어 남의 일기장을 훔쳐보는 느낌이 든다. 나이순으로 몸에 대해 스쳐 지나갔던 경험, 느낌 등 기억의 중요성을 느껴본다. 당장 내 몸의 일기를 쓰고 싶게 만든다.

3단계_ 학교 교육에서도 몸 문해력을 길러주자

내 몸을 제대로 보고 읽고 더 나아가 이해하려면 몸 문해력에 대한 교육이 필수다. 여러 차례 강조했듯 우리 몸은 신체 단련뿐 아니라 심리적·사회적·정신적 인식이 통합되어야 온전한 이해에 이를 수 있다. 기존의 학교 체육은 몸에 대한 정서적·사회적·문화적 의미에서 통합적 접근이 아쉬웠다. 우리 몸에 대한 생각, 태도, 감정을 총체적으로 이해하는 바디 이미지를 가능케 하는 교육이 이루어지지 않은 까닭이다. 이에 따라 바디 이미지와 사회문화적 맥락에서 몸의 문해력을 높일 수 있는 교육 프로그램을 몇 가지 제안하고자 한다.

사회문화적 맥락에서 몸 이해시키기

아이들이 자기 몸에 대해 이해하려면 사회문화적 맥락에서 우리 몸이 어떻게 소비되어왔고 현재 소비되고 있는지를 학교에서 교육할 필요가 있다. 거시적 관점에서 몸에 대해 살펴보는 시간이 필요하다.

대표적으로, 교실에서 다음과 같은 내용으로 모둠 토론을 진행하면 좋을 것이다.

전통적인 중남미의 미인은 살집이 있는 통통한 체형이었다. 남태평양 오세아니아에 속한 멜라네시아 군도인 '피지' 섬의 미인형도 통통한 체형이다. 이는 미인의 기준에 정형화되고 획일적인 기준이 없다는 증거다. 굳이 이런 예를 들지 않아도, 미의 기준이 시대에 따라 변한다는 것은 여러 역사적 사실이 증명한다.

아이들에게 기후, 환경, 문화에 따라 미의 기준이 다르다는 것을 여러 예시를 통해 보여주고 사회문화적 맥락에 놓인 몸의 '현실'을 바라보게 해준다. 다양한 매체에서 이상적인 몸의 이미지를 어떻게 표현하고 있는지 분석하고 그로 인해 발생할 수 있는 부정적 영향에 대해 모둠 토의 시간에 토론하고 발표하는 시간을 가지면 좋다. 이는 뒤에 이어질 미디어, 뷰티 산업 등의 영향과 함께 우리 몸의 주체성을 회복하는 데 밑거름이 되어줄 것이다.

프로그램 예시는 다음과 같다.

- **다양한 몸 문화 이해하기**: 아시아, 북미, 유럽의 몸 문화 알아보기. 문화적 차이가 몸의 이상형의 차이 만든다.
- **몸 꾸미기 문화 알아보기**: 신체를 통해 표현되는 사회적 메시지(화장, 의상, 몸매 등)와 신체 관리 방법을 분석한다.
- **시대별 몸의 이상형 비교하기**: 몸이 시대별로 다르게 해석된다는 것을 알아낸다.

학교 차원에서는 몸 문해력을 위한 수업을 진행하기를 권한다.
교실에서 몸을 주제로 모둠 토론을 진행했다면 이제는 문화적 맥락에서 몸을 이해하기 위한 학교 전체 워크숍을 진행한다. 이 워크숍에서는 다양한 문화에서 몸이 어떤 의미를 지니는지 탐구하는 활동을 해볼 수 있다. 이를 통해 학생들은 전 세계 다양한 신체 문화와 관습을 학습하고 자신의 몸에 대한 다양한 시각을 넓힐 수 있는 기회를 가질 수 있다. 비만에 대한 사회적 인식이나 근육질 몸에 대한 미적 기준 등이 문화마다, 각 나라마다 어떻게 다른지 실제 이해할 수 있는 장이 마련될 것이다. 재미있게 구성하기 위해 학교 행사로 기획해도 좋다.
몸 문해력 수업은 크게 세 가지로 나뉜다. 이론적 이해와 실천하기이고, 비판적 사고의 확장하기, 정서적 교육 활동하기다.

1) 몸 문해력의 기본 알기
- **몸 문해력의 기본 내용 이해하기**: 자기 삶에서 몸에 대한 철학적 생

각을 끌어내도록 돕는다. 예를 들어 바디 리터러시의 정의를 적고, 그 아래 자신이 동의하는 점과 반대하는 점을 적는다. 왜 그렇게 생각했는지를 서로 발표하여 의견을 나눈다.

- **자기 돌봄 프로젝트**: 자신이 좋아하는 돌봄 활동 리스트를 가려 뽑아 실천한다. 일례로, 메모하기를 좋아하는 친구라면 자기 신체와 외모에 대해 느낀 감정을 하루 1~2줄씩 기록한다. 그러고는 내가 왜 이렇게 느꼈는지를 적고 그 이유가 과연 타당한가를 생각한다.
- **몸과 소통 시간 갖기**: 몸의 정신적·정서적 측면을 돌아보는 활동을 실시한다. 대표적인 활동으로 몸의 일기, 몸 긍정 칭찬 노트 쓰기가 있다.

2) 미디어나 문화 콘텐츠에 비판적 사고 확장하기
- **나의 이상형 몸 먼저 만들기**: 미디어에 재현된 몸의 이미지들을 수집하고 내가 생각하는 이상형 몸을 편집한다.
- **내 생각 더하기**: 잡지, 광고, SNS에서 제시하는 바디 이미지를 분석하고 자신의 생각을 덧붙인다.
- **내게 불편했던 정보 찾기**: 나를 불편하게 한 이유와 개선 방법을 제안한다.

3) 정서 교육: 신체 긍정 활동하기
신체 긍정 활동은 학생들이 자신의 신체를 긍정적으로 바라볼 수 있도록 돕는 활동이다. 자신에 대한 긍정적인 피드백을 나누고 신체의 다양한 아름다움을 탐구하는 워크숍을 통해 신체 자존감을 향상시키는 것이 목표다.

- **신체 주제로 예술 표현 활동하기**: 몸을 예술로, 예술을 몸으로 표현하는 활동이다. 인체 드로잉, 인체 조각하기, 몸으로 표현하는 무용 동작하기 등이 있다.
- **긍정 피드백의 바디 토크하기**: 몸에 대한 다양한 이야기를 자유롭게 나누는 활동이다. 몸에 대한 부정적 언어를 알아차리고 긍정의 언어를 연습하는 데 도움이 된다.
- **외모 품평 금지 주간**: 몸에 대해 일절 언급하지 않고 일상생활을 하는 것이다. 이 활동 주간에는 우리가 평소에 얼마나 많은 외모 품평을 하고 살아가는지 깨닫게 된다.

4단계_ 지역사회가 함께하는
바디 토크 콘서트를 개최하자

지역사회 소식지에서 찾은 공동체 정신

나는 매달 구청에서 발행하는 커뮤니티 책자를 꼼꼼하게 읽는 편이다. 가장 즐겨 읽는 것은 '문화 캘린더' 코너다. 지역에서 열리는 문화 행사, 무료 강연, 콘서트, 이벤트 같은 정보를 보고 우리 아이들에게 유익한 행사를 찾거나 무료 강연의 기회를 얻을까 싶어서다. 가끔씩 '우리 동네 이야기' 코너에서 유용한 정보를 발견할 때면 엄청 뿌듯하다. 동네 야간 병원 리스트는 매우 유익했고 특히 내가 좋아하는 작가가 우리 동네 주민센터에 강연을 온다는 소식을 들었을 때는 사이트가 열리자마자 신청을 하기도 했다. 이처럼 동네에서 '노는' 일은 내가 이 지역사회의 일원임을 피부로 느끼게 해준다. 그래서 내가 사는 곳이 더욱 정겹게 느껴지고 함께하는 이웃들을 직

간접적으로 만날 수 있어 또 좋다. 아무리 핵가족, 핵개인의 시대라 할지라도 공동체의 일원으로 함께했을 때 얻을 수 있는 에너지가 있음을 알게 해준다.

다양한 몸 이야기를 '같이' 할 때

내 몸을 수용하는 과정에서도 이웃들과 함께한다면 훨씬 효과가 높아질 수 있다. 내가 몸 담고 있는 지역사회의 분위기가 조성되고 타인에 의한 적극적인 지지가 동반되어야 전반적인 의식의 전환이 가능해지기 때문이다. 우리 사회가 긍정적 바디 이미지 문화를 발전시켜 나가기 위해서는 각자 개인뿐 아니라 타인들에 의한 '내 몸의 인정'이 반드시 동반되어야 한다.

이를 위한 첫 걸음으로 지역사회에서 함께할 사람들을 찾아나서 보면 어떨까? 올바른 신체 이미지는 개인의 문제가 아닌 우리 공동체, 우리 사회의 문제로 직결되기에 다 같이 인식의 변화와 실천을 위해 걸음을 옮겨보자. 작게는 나 자신의 몸과 정신이 건강해질 것이고, 크게는 지역 공동체의 몸과 정신이 건강해질 것이다. 그리고 이 모든 활동은 이웃과 함께할 때 그 가치가 빛날 것이다. 이를 위해 지역사회에서 함께 해나갈 수 있는 두 가지 활동을 제안하고자 한다. 첫 번째 활동은 단계별 프로그램이고, 두 번째 활동은 이벤트 문화 행사다.

지속적인 효과를 위한 단계별 프로그램

어떤 목표를 달성하기 위한 실행안을 짤 때 가장 확실하고 지속적인 효과를 보려면 3단계 과정을 거쳐야 한다. 1단계는 새로운 지식을 습득하고 인식을 개선하는 것이고 2단계는 관련 활동 및 체험 활동을 경험하는 것, 3단계는 앞선 두 단계를 바탕으로 생각을 나누고 활동을 공유하는 것이다.

1단계_ 커뮤니티 인식 개선 세미나
- **신체 긍정 강연**: 몸에 대한 다양한 분야의 전문가(체육 교육 지도자, 무용수, 피부 및 미용 관련 전문가, 정신과 의사, 심리학자, 미디어 제작자)가 나와 신체 다양성과 긍정성, 바디 리터러시의 중요성을 설명한다.
- **패널 토론**: 방송, 학계, 산업 등 각 분야의 패널이 모여 바디 이미지와 관련된 사회문화적 메시지를 비판적으로 분석하는 토론을 진행한다.

2단계_ 미디어 비평 교육 활동
- **미디어 비판 워크숍**: 광고, 드라마, 소셜미디어에서 바디 이미지를 어떻게 다루는지 분석하고 이를 비판적으로 바라보는 법을 교육한다.
- **미디어 생산 활동**: 지역사회에서 직접 신체 긍정성을 강조하는 소셜미디어 콘텐츠를 제공하고 공유하는 활동을 진행한다. 예를 들어 신체 다양성을 주제로 한 포스터 디자인, 영상 제작, 블로

그 작성 등 다양한 미디어 프로젝트를 진행할 수 있다.

3단계_ 몸 문해력을 위한 동아리 운영
- **정기적인 모임**: 월 1회 정기적으로 모여 신체와 관련된 경험을 공유하고 미디어 속 바디 이미지 문제나 신체 긍정성 캠페인 등에 대한 활동 및 토론을 진행한다. 정기간행물의 발행도 좋을 것이다. 동아리 활동 안내 가이드도 만들고 몸 문화를 위한 뉴스, 문화 콘텐츠를 소개해보자.
- **신체 긍정성 캠페인 기획**: 지역 축제나 행사와 연계하여 신체 긍정성 및 바디 리터러시를 알리는 캠페인을 계획하고 실행한다. 예를 들어 '모든 몸은 아름답다'라는 주제로 커뮤니티 행사에서 홍보 활동을 진행할 수 있다.

바디 토크 콘서트로 내 몸과의 대화, 몸 문해력 시대를 열다

지역사회에서 함께할 수 있는 이벤트로 제안하고 싶은 대표적인 문화 활동은 바로 '바디 토크 콘서트: 내 몸과의 대화, 몸 문해력의 시대'다. 지역 주민들이 함께 모여 몸에 대한 다양한 이야기를 나누고 신체 긍정성과 건강한 바디 이미지를 구축하는 자리로, 주민들의 다양한 몸 이야기를 공유해보면 어떨까? 몸과 관련된 사회문화적 메시지를 재해석하며 몸과 정신 건강을 증진하는 다양한 프로그램으로 구성할 수 있다. 특히 우리 몸과의 소통을 주제로 각자의 몸이 가진 이야기를 강연, 음악, 무용, 신체 놀이, 공연, 토론 등의 다양한 형식으로 풀어내는 시간이 될 것이다. 구체적인 프로그램 구성은 다음과 같다.

<바디 토크 콘서트로 몸 문해력 시대 열기>

- **오프닝 공연 <몸의 표현, 리듬과 함께>**
지역 댄스 동아리나 커뮤니티 일원이 참여하는 공연으로 몸의 움직임을 통해 신체의 아름다움과 다양성을 표현한다. 이러한 공연은 몸의 예술성을 표현하기도 하지만, 신체 동작 표현은 몸의 기능, 미적 아름다움을 통해 긍정적인 바디 이미지를 형성하는 데에도 도움을 준다.

- **전문가 강연 <내 몸 주체성 찾기, 바디 리터러시로 다시 몸을 읽다>**
몸에 대한 다양한 분야의 전문가가 다양한 관점에서 몸에 대한 해석을 들려주며 바디 이미지, 자아 존중감, 정신 건강과 신체 능력과의 복잡한 관계에 대해 전문적인 시각을 제공한다. 특히 미디어에서 전파하는 바디 이미지가 우리의 심리적·정서적 상태에 미치는 영향에 주목해서 강연한다. 이로써 청중은 바디 리터러시, 미디어를 비판적으로 읽고 몸의 사회문화적 의미를 문맥적으로 해석하는 법을 배울 수 있다.

- **우리들의 바디 토크 <내 몸, 내 이야기, 몸과의 소통 시간>**
다양한 연령대의 주민이 몸과 관련된 고민, 경험담을 이야기한다. 어릴 적 몸에 대한 기억과 말들, 타인의 시선에 대해 받은 느낌과 생각, 미디어에서 받은 메시지 등에 대한 소주제들을 미리 준비해서 이야기한다. 바디 토크는 서로의 경험을 공유하며 몸에 대한 공통된 고민을 이해할 수 있고, 몸 긍정성을 높이는 대화를 통해 다양한 생각의 장을 펼칠 수 있도록 도울 수 있다.

- **체험 활동 <몸 긍정 메시지 만들기>**
지역 주민들과 함께 다양한 메시지를 담은 포스터와 문구들을 공유하고 디자인하여 행사장에 전시한다. 각자가 생각하는 몸에 대한 표현, 생각을 하나로 모으는 과정을 통해 몸 긍정성과 다양성을 시각적으로 표현할 수 있고, 창작 활동이 주는 새로운 즐거움을 커뮤니티에서 함께 경험하며 긍정적인 기운을 공유할 수 있다.

- **마무리 <신체와 소통하는 음악 공연>**

　　몸에 대한 자유로운 소통을 주제로 지역 밴드, 아티스트가 함께 몸과 마음의 조화를 노래하는 힐링 공연으로 마무리한다.

지역 커뮤니티에서 바디 리터러시 교육을 실행하는 방법

지역 커뮤니티에서 바디 리터러시 교육을 실행하기 위해서는 어떻게 해야 할까?

- **지역 커뮤니티 센터 및 공공기관 연계하기**: 커뮤니티 센터, 도서관, 지역 보건소와 협력하여 바디 리터러시 교육과 관련된 프로그램을 정기적으로 진행할 수 있다.
- **온라인 및 오프라인 결합형 강의 세미나 기획하기**: 오프라인 활동 외에도 온라인 플랫폼 소셜미디어, 줌 세미나 등에서 신체 긍정 메시지를 확산하고, 많은 사람들이 참여하도록 유도한다.
- **다양한 형태의 파트너십 형성하기**: 지역의 다양한 단체(학교, 의료기관, 비영리단체 등)와 협력하여 프로그램을 실행하고 커뮤니티 전반에 걸쳐 바디 리터러시의 중요성을 알린다.

제안:
바디 리터러시 강연 세부 계획안

[입문 세미나]
- 강연 목표: 바디 리터러시에 대한 개념을 소개하고, 몸과 마음의 연관성을 교육한다.
- 강연 형식: 지역 센터, 커뮤니티 센터, 도서관, 공공 교육 시설, 대략 1시간~1시간 30분 이내로 하되 지역 주민, 가족, 청소년, 부모 교육 등 몸에 대해 관심 있는 모든 사람을 대상으로 한다.
- 진행 방식: 이론 강의, 간단한 활동 또는 스몰 바디 토크 형식과 Q&A로 구성
- 강연 주제:

    PART 1. 바디 리터러시의 개념과 중요성: 바디 리터러시란 무엇인가?
    사회문화적 맥락에서의 몸, 어떻게 이해해야 하나?
    바디 이미지가 우리 일상에 미치는 영향과 그 중요성
    바디 리터러시를 이해함으로써 개인이 얻을 수 있는 긍정적 변화

    PART 2. 바디 이미지와 미디어: 미디어는 우리 몸을 어떻게 재현하는가?
    광고, 영화, 소셜미디어에 비치는 몸의 왜곡된 표현 분석하기
    미디어 속 몸의 이미지를 비판적으로 수용하는 방법
    다양한 신체 유형을 존중하는 문화가 중요한 이유
    이를 위한 미디어의 역할

    PART 3. 몸 긍정성을 높이는 환경 만드는 방법: 몸 긍정성, 바디 포지티브는 무엇인가?
    가정, 우리 사회, 커뮤니티에서 바디 포지티브 문화를 형성하는 방법은 무엇일까?
    일상에서 실천 가능한 신체 긍정 활동
    긍정적인 신체 관련 대화법
    커뮤니티 내에서 바디 리터러시를 증진하는 방안

[1일 특강 및 시리즈 강의 제안]

　　하나의 주제만으로 1일 특강이나 정기 강의를 구성할 수도 있다. 이를테면 '바디 리터러시로 몸을 다시 읽다', '내 몸 주체성 찾기: 신체 만족 시대를 열다' 같은 주제가 가능할 것이다. 특정 대상을 위한 좀 더 구체적인 가이가 필요할 수도 있다. 예를 들면, 다음과 같다.

- 가정에서 실천하는 바디 리터러시 교육
- 우리 가족 신체 긍정 대화법: 엄마와 딸, 아빠와 아들
- 청소년을 위한 바디 토크

5단계_ 미디어 미터러시와 몸을 만나게 하라

미디어 활용이 미래 인재의 핵심 역량이다

디지털 전환 시대에 미디어의 영향은 더욱더 커지고 있다. 교육부는 2022년 교육과정 개편에서 미디어 리터러시 교육의 중요성을 시사했고, 학교 교육과정에도 미디어 교육 강화를 시사했다["2022 개정교육과정, 미디어 리터러시 교육 반영해야", 〈뉴스로드〉(2021.08.26.)]. 이는 2021년 개정교육과정에서 미디어 리터러시 교육이 소홀하다는 문제의식이 받아들여진 결과였다["세종대왕이라면 지금 미디어 리터러시 교육부터 했을 겁니다", 〈한겨레〉(2021.11.15.) 참조].

그러면 2024년, 미디어 리터러시 교육의 현주소는 어떻게 될까? 2022년과 비교할 수 없이 늘어난 유튜브와 인스타그램, 게임 등의 콘텐츠는 이제 우리 아이들의 현실 세계에 너무 밀접히 들어와 있다. 이제는 부모들도 미디어 리터러시 교육이 자녀에게 매우 필요한 교육임을 직감할 것이다.

미디어(Media)란 어떤 메시지를 담아 전달하는 매체를 일컫는데, 사물과 사물, 인간과 사물, 인간과 인간을 연결해주고 커뮤니케이션을 가능하게 해주는 것을 말한다. 인터넷, 소셜미디어, 영화, 광고, 문자 텍스트 등 수도 없이 많은 예시가 있다. 온라인에서 소통하는 공간이 전부 미디어라 해도 과언이 아니다. 온라인에 연결되어 시간을 보내는 대부분의 사람들은 미디어와 함께 동고동락하는 것이다. 이처럼 우리 삶의 큰 부분을 차지하는 미디어를 어떻게 활용하느냐는 참으로 중요한 과제다. 그러니 미디어를 교육하고, 미디어를 어떻게 활용하는지가 미래 인재의 핵심 역량이 될 수밖에 없다.

미디어 리터러시의 핵심은 미디어를 '비판적으로 읽어낼 줄 아는' 능력이다. 그리고 미디어 리터러시 능력이 있어야, 미디어가 왜곡시키고 전파하는 몸의 이미지에서 나 자신을 지킬 수 있다. 올바른 미디어 문해력이 올바른 내 몸의 문해력(바디 리터러시)을 가능케 하기 때문이다. 미디어 리터러시와 몸을 만나게 하라는 의미는 몸 교육과 미디어 교육을 병행하라는 의미이기도 하다. 이를 위해서 다음과 같은 제안을 하고자 한다.

몸 교육을 미디어 리터러시와 함께 실시하자

미디어 리터러시란 미디어에 재현된 이미지와 텍스트를 읽고 해석하고 비판하고 재창조하는 일련의 모든 과정을 말한다. 미디어를 활용하여 콘텐츠를 만들고 분배하고 창조하는 일은 사회에 참여하는 역량에 대한 교육이기도 하다. 미디어로 지식을 습득하고, 미디어를 비평하는 능력을 갖추고, 미디어로 의사소통해내는 방법까지 두루 갖췄을 때라야 미디어 리터러시가 높다고 할 수 있다. 이처럼 미디어 리터러시 교육의 중요성이 부각되는 때에 몸도 미디어와의 영향 관계에서 주목해볼 필요가 있다.

요즘 같은 디지털 중심 시대에는 현실 세계의 몸만큼 중요한 몸이 있다. 바로 디지털 세계에서 나를 표현하는 몸이 그것이다. 요즘은 디지털 세상에서의 몸으로 대부분의 시간을 보낸다 해도 과언이 아니다. 그렇기에 우리 몸은 디지털 미디어에 재현된 이미지로 재해석되고, 또 그것이 나 자신의 몸인 것으로 타인에게 받아들여지기도 한다. 몸 교육이 (디지털) 미디어 리터러시와 떼려야 뗄 수 없게 된 이유가 여기에 있다. 따라서 이러한 변화된 환경에 맞게 미디어에 대해 바로 알고 미디어를 올바로 활용할 수 있는 몸 교육을 실시해야 한다.

올바른 몸 교육을 위해 학교 및 지역사회에서 광고, 영화, TV 프로그램 속 몸의 이미지가 어떻게 형성되고 소비되는지를 학생들과 함께 분석해보는 시간을 마련해야 한다. 이는 미디어를 읽고 해석하고 비판하고 재창조하는 일련의 미디어 리터러시 수업과 연결되며 궁극적으로 미디어 속 몸의 이미지가 어떻게 왜곡되어 우리에게 전달되는지를 알려줄 수 있다. 또한 학생들이 미디어에 등장하는 비현실적인 몸의 이미지를 비판적으로 인식하고, 자기 몸에 대한 긍정적인 태도를 형성하는 데 도움을 준다.

미디어 비평가가 되어보자

미디어에서 몸이 어떻게 다뤄지는지 분석하고 논의하는 세미나를 통해 미디어 비평을 해볼 수 있다. 학생들이 모둠 토론 시간에 미디어, 건강, 사회학 등의 다양한 관점에서 몸을 분석하고 해석하는 시간을 가질 수 있다.

특정 영화나 광고를 분석하면서 몸의 이미지와 관계된 사회문화적 의미를 탐구해본다. 몸의 이미지가 사회와 문화에서 어떤 역할을 하는지 깊이 있게 이해하고 나면 미디어를 소비하는 과정에서 비판적 사고 능력을 기르는 데 도움이 된다. 나는 늘 매의 눈으로 광고, 드라마, 영화를 보다 보니 어느새 비판적 사고가 몸에 배었다. 저 광고는 저 모델을 왜 저렇게 표현했을까? 이 영화에 쓰인 이 도구가 상징하는 것은 무엇일까 등 미디어를 보고 어떤 느낌이 들었는지 한 번 더 생각해보고 비판적으로 수용하는 습관을 몸에 붙여보자.

미디어 콘텐츠 제작자가 되어보자

앞서 제안한 것들을 했다면 이제는 콘텐츠 제작자가 되어보자. 사진을 편집해서 소셜미디어에 포스팅하거나 블로그에 글과 이미지를 넣어 공유했던 경험들이 있을 것이다. 콘텐츠를 만들 때 어떤 글을 쓸지, 어떻게 이미지를 보정할지 고민했던 기억을 떠올려보자. 이제는 새로운 메시지를 담은 몸 담론 관련 미디어 콘텐츠를 직접 제작해보자.

콘텐츠를 직접 제작해보는 것만큼 문화적 메시지를 이해하는 데 좋은 것이 없다. 왜냐하면 제작자의 의도를 느끼고 어떤 사회적 메시지를 전달할지 고민하며 어떤 내용을 중심으로 표현할지 고려할 수 있기 때문이다.

이미 만들어진 미디어를 재해석하여 다르게 표현해보는 것도 좋은 방법이다. 재창조된 이미지가 불러온 느낌을 적어보자. 예를 들어 몸 동작으로 몸을 긍정적으로 받아들이는 미디어 콘텐츠로 제작하는 것이다. 다양한 연령대가 참여할 수 있는 몸 동작 표현(춤, 연극, 등) 워크숍을 개회하고 참가 기획, 참가자 소감, 참가한 행사, 하이라이트 제작, 참가 후기, 관람평 등의 연속적인 콘텐츠를 만들어낼 수 있다. 요즘 유행하는 쇼츠도 좋고 다큐멘터리 형식도 좋다.

미디어 콘텐츠를 제작하여 소셜미디어나 온라인에 공유도 해보자. 참여자들은 자신이 몸을 표현하는 과정에서 몸에 대한 긍정적인 인식을 강화할 수 있고, 미디어를 통해 다른 사람들에게도 사회적 메시지를 전달할 수 있다. 소셜미디어처럼 직접적인 콘텐츠, '좋아요' 기능을 통해 수용자의 반응을 바로 볼 수 있는 쌍방이 소통 가능한 미디어 형태를 활용하는 것도 좋을 것이다.

미디어 리터러시 교육을 활용한
몸 교육 프로그램

　미디어 미터러시와 몸을 만나게 하기 위해서는 바디 리터러시를 위한 실천 프로그램을 가동하는 것이 좋다. 미디어 리터러시에 대한 이론 교육과 각 미디어 매체에 맞는 활동이 도움이 될 것이다.

[미디어 리터러시 바로 알기]
- 미디어 메시지 읽기: 같은 주제를 매체마다 어떻게 다르게 보도하는지 차이점 찾기
- 미디어 속 다양한 관점 알아보기: 같은 사건의 서로 다른 이야기 찾아보기
- 미디어 속 고정관념과 편견 찾아보기: 비판적 사고로 확장하기
- 미디어 제작자의 의도 파악하기: 모든 미디어에는 의도가 담겨 있다. 그 숨은 의도 파악하기
- 미디어 정보의 신뢰도 확인하기: 미디어 정보를 신뢰하지 말고 팩트 체크하는 습관 들이기

[다양한 미디어 매체를 비판적으로 읽고 해석하고 재창조하기]
- 다이어트, 건강 뉴스 비판적으로 읽기
  1단계_ 특정 몸에 대한 뉴스들이 어떤 주제와 연관되었는지 살펴본다.
  2단계_ 편향된 정보는 없는지, 사실의 왜곡이나 고정관념이 있지는 않았는지, 신뢰할 수 있는 정보인지 판단해본다.
  3단계_ 다른 관점에서 같은 뉴스를 다시 써본다. 예를 들어 다이어트 방법에 대한 뉴스였다면 건강한 몸을 위한 정신 수양, 명상법 등의 내용으로 바꿔본다.

- 뷰티, 패션, 광고 다시 생산해보기
  1단계_ 몸과 관련된 뷰티, 패션, 피트니스 등의 다양한 광고를 살펴본다. 몸의 이미지들이 어떻게 표현되었는지 느낀 대로 적어본다. 이미지 조작이나 과장된 점

은 없는지 찾아본다. 비현실적인 이미지가 아닌지 체크해본다.
2단계_ 뷰티 광고 모델 바꿔보기, 광고 이미지 새로 해보기, 광고 슬로건 다시 만들어 보기
3단계_ 미디어를 제작하면서 느낀 점을 적어본다. 내가 느낀 것과 다른 사람들의 감정 등의 차이점을 토론해본다.

- 소셜미디어 캠페인을 기획해보기
  1단계_ 인플루언서나 소셜미디어에 올라오는 몸의 이미지를 분석하고 편향된 이미지와 다른, 다양한 몸의 표현을 생각해본다.
  2단계_ 소셜미디어 캠페인을 위해 다양한 해시태그로 몸의 유형을 표현한다. 소셜미디어에서 함께할 수 있는 다양한 챌린지를 기획하는 것도 좋은 방법이다. 예를 들어 #몸다양성 #몸포용성 #몸주체성 #바디포지티브 #내몸긍정주의 #바디리터러시 등의 키워드로 함께할 사람들을 찾아보자.
  3단계_ 새로운 운동의 이름을 짓고 지속적인 활동을 한다. 예를 들어 #내몸내방식(#mybodymyway) #모든몸을존중해 #respectallbodies #지금당장몸다양성 #bodydiversitynow 등의 캠페인을 만든다.

6단계_ AI 시대, 디지털 신체와 기술을 이해하자

챗GPT가 없었다면

챗GPT가 세상에 등장한 지 이제 겨우 몇 년이 지나지 않았지만, 나는 이 프로그램 없이 그동안 어떻게 시간을 보냈을까 싶을 정도다. 챗GPT가 제공하는 기능이 너무나 획기적이고 충격적이어서, 처음에는 정신을 못 차릴 지경이었다. 이것저것 검색어를 넣고 놀기를 몇 달, 이제는 어느덧 커피 한 잔 없이는 일을 못할 정도로 중독되었듯이, 인공지능 챗봇과의 대화 없이 어떤 일이든 그냥 끝내버리릴 수가 없게 되었다. 사실 새로울 것이 없는 기능일 수도 있지만 무수히 많은 데이터 학습의 결과라고 하니 인간이 만들어놓은 작품들을 재창조해내고 논리적으로 전달해주는 인공지능 비서가 너무나 반갑다.

이제는 마블 히어로 영화 〈아이언맨〉의 인공지능 비서 '자비스' 처럼 누구나 개인 비서를 가진 세상이 되었으니 어찌 기쁘지 않겠 나. 하지만 인공지능 챗봇과의 진실된(?) 대화가 가능하고 그들이 제 시해준 정말 잘 정돈된 정보들이 우리에게 편리성을 제시해준다 하 더라도, 우리의 모든 결정을 이에 의존하기에는 아직도 갈 길이 멀 다. 사람의 손을 반드시 거쳐야 할 윤리 도덕적 문제들, 몸에 대해 제시해주는 그들의 대안이 아직 완전하지만은 않다. 따라서 우리는 몸의 문해력을 키우며 디지털 기술의 영향력을 이해하고, 이 기술과 함께 논의를 지속해야 한다.

인공지능 시대에 따른 몸 문해력 교육의 목표

디지털 기술이 빠르게 발전하면서 우리는 물리적 신체를 넘어 디 지털 공간에서도 우리 몸의 정체성을 탐구해야 하는 시대에 살게 되 었다. 디지털 세상에서 보내는 시간이 증가하고 이 공간이 사회적 정체성에 영향을 미치고 있는 만큼 디지털 몸에 대한 문해력 교육은 더 이상 선택이 아니라 필수적 과제가 되어야 하지 않을까. 인공지 능과 가상현실 같은 디지털 기술의 변화는 몸 문해력 교육에도 영향 을 미친다. 이제 몸 문해력은 단순히 자신의 신체를 이해하고 관리 하는 것을 넘어 디지털 신체와 기술의 비판적 이해와 활용을 포함해 야 한다.

다음 세 가지 목표는 이러한 교육이 나아가야 한 방향성을 제시할 것이다. 또한 디지털 시대의 몸 문해력 교육이 기존의 물리적 신체를 넘어서는 새로운 패러다임으로 전환활 필요성을 강조할 것이다.

첫째, 디지털 기술의 이해와 활용 능력 강화

디지털 기술의 발전으로 가상현실과 증강현실 같은 플랫폼에서 신체 표현과 상호작용이 더욱 중요해졌다. 교육은 이러한 기술을 비판적으로 이해하고 효과적으로 활용할 수 있는 능력을 길러야 한다.

둘째, 비판적 사고 함양과 디지털 윤리 교육

디지털 환경에서의 신체 표현은 허위 정보, 딥페이크 같은 조작의 위험에 노출될 수 있다. 이를 방지하고 책임 있는 디지털 행동을 실천하기 위해 비판적 사고와 윤리적 판단 능력을 길러야 한다.

셋째, 정체성과 사회적 상호작용의 재구성

가상 세계에서의 신체 표현은 개인의 정체성과 사회적 관계를 재구성하는 주요한 도구가 되고 있다. 교육은 디지털 신체를 통해 자신과 타인을 더 깊이 이해하고 포용할 수 있는 방향으로 나아가야 한다.

몸 문해력 교육에서 디지털 신체 이해의 적용

1장 '질문의 힘: 인공지능 시대, 우리 몸에 다른 질문을 던지자'에서 나는 인공지능을 활용해 질문을 바꿔보고, 몸에 대한 생각을 변화시키기를 촉구했다. 이번 글에서는 앞으로 다가올 디지털 시대에는 몸을 이해하기 위해 어떠한 것들이 필요한지 제시해보고자 한다. 여기 디지털 기술과 함께 신체를 경험하고 인식하는 방식을 학습할 수 있는 몇 가지 방법이 있다.

1) 비판적으로 디지털 신체 분석하기
학생들에게 디지털 신체 표현이 어떻게 설계되고 사회적 메시지를 전달하는지를 비판적으로 분석하는 능력을 심어주어야 한다. 예를 들어 디지털 아바타가 성별, 체형 또는 인종적 다양성을 얼마나 반영하고 있는지 탐구할 수 있다. 다음과 같은 몇 가지 방안을 소개한다.

첫째, 디지털 정체성 탐구 워크숍
가상현실(VR) 체험을 활용하여 다양한 아바타로 역할을 바꿔보며, 바디 이미지와 사회적 반응의 차이를 체험하도록 활동해본다. 한 예로 다양한 배경과 문화를 반영한 디지털 아바타 만들기를 통해 소통하는 실습 프로젝트도 가능하다.

둘째, 영화를 통해 디지털 신체 이해의 중요성 파악하기
디지털 신체는 단순히 가상공간에서 존재감을 넘어 우리의 정체성을 표현하고 사회적 메시지를 전달하는 강력한 도구로 자리 잡고 있다. 다음의 영화를 통해 디지털 신체에 대해 간접 경험하고, 비판적으로 디지털 신체를 이해하는 시간을 가져보자.

- <레디 플레이어 원(Ready player one)>: 가상현실 세계의 오아시스를 배경으로 사람들이 디지털 아바타를 통해 자신을 표현하고 관계를 형성하는 모습을 보여준다. 주인공은 현실 세계에서의 신체적 한계를 뛰어넘어 디지털 세계에서 자신을 새롭게 정의한다. 이는 디지털 신체가 새로운 정체성과 자아 표현의 중요한 수단이 될 수 있음을 시사한다.
- <아바타(Avatar, 2009), 아바타 2(2022)>: 인간이 다른 생명체(나비족)의 몸을 빌려 새로운 세계에서 활동하는 과정을 보여준다. 영화는 이 과정을 통해 디지털 신체가 기존의 물리적 신체를 확장하거나 대체할 수 있는 가능성을 탐구하며, 몸에 대한 새로운 생각을 열어 새로운 형태의 신체 경험과 정체성 탐색이 가능함을 시사한다.

앞에 소개한 영화들은 디지털 신체가 우리의 삶과 상호작용하는 방식을 깊이 있게 조명하며 몸 문해력 교육에서 실질적인 영감을 제공한다. 뿐만 아니라 가상현실과 디지털 신체의 가능성, 한계, 그리고 윤리적 도전을 탐구하는 데 유용한 창을 제공한다. 그런 의미에서 디지털 신체 이해의 중요성은 다음과 같다.

- **정체성의 확장**: 디지털 신체는 단순히 현실 몸의 대체물이 아니다. 새로운 정체성을 탐구하고 표현할 수 있는 도구가 된다. 이는 사용자가 아바타나 디지털 표현을 통해 자신을 재정의하거나 다른 시각에서 자신을 경험할 수 있도록 한다.
- **디지털 환경에서의 상호작용**: 가상현실과 증강현실은 디지털 신체가 다른 사람들과 소통하고 협력하는 방식을 재구성하고 있다. 이는 디지털 기술을 활용해 신체적으로 떨어진 거리에서도 몰입적이고 현실적인 상호작용을 가능하게 한다.
- **사회적 메시지와 바디 이미지**: 디지털 플랫폼에서 몸은 단순히 개인적 표현을 넘어 사회적 메시지를 전달하는 수단이 된다. 가상 세계에서 아바타를 선택하거나 커스터마이징하는 과정은 개인의 가치관, 사회적 규범, 그리고 문화적 배경을 반영한다.

2) 디지털 기술 활용 능력 강화

디지털 신체와 관련된 기술을 교육에 통합하며, 학생들이 디지털 환경에서 신체적 표현과 상호작용을 이해하고 활용할 수 있도록 한다. 학생들에게 간단한 어플리케이션을 사용해 자신의 디지털 신체 모델을 설계하고 팀 프로젝트로 다양한 문화적 배경을 반영한 아바타를 제작하는 과제를 부여해보자.

첫째, 디지털 신체, 아바타 만들기: 가상 신체 이론 수업

디지털 기술이 신체 경험을 어떻게 변형시키는지 학습한다. 예

로, 가상현실에서 경험하는 신체 활동이 실제 신체 감각과 어떻게 다를 수 있는지 알아보자. VR 피트니스에서 신체가 실제로 어떻게 반응하는지와 VR에서의 신체 인식의 차이를 분석하거나, 웨어러블 기술을 통해 수집된 신체 데이터가 개인의 바디 이미지와 건강 인식에 미치는 영향을 학습해볼 수 있다.

둘째, 디지털 게임을 통한 신체 활동 실습

다양한 가상 환경에서 신체 활동을 체험하고 이를 실제 신체 경험과 비교하는 실습을 진행한다. 이로써 가상 환경에서의 신체 활동이 실질적인 신체 건강에 어떤 영향을 미치는지 파악할 수 있다. 또한 디지털 기술을 활용한 신체 활동의 가능성과 한계도 배울 수 있다. 쇼핑몰에는 VR 스포츠, 오락 공간을 흔히 찾아볼 수 있다. 모션 센서를 통해 축구, 볼링, 사격 등을 경험하고 그 외 새로운 신체 경험도 해볼 수 있다. 이러한 가상 체험은 실제 활동과 비교했을 때 몸의 착각을 일으킬 수도 있다. 집에서 가볍게 즐기는 닌텐도 같은 오락은 디지털 체험에 신체적 재미도 더해준다.

3) 디지털 신체 윤리 교육

디지털 신체 표현과 관련된 윤리적 문제를 논의하고 이를 통해 책임 있는 디지털 행동과 표현을 장려해야 한다. 최근 디지털 조작의 피해 사례로 허위영상(딥페이크)이 악용되어 개인의 명예를 훼손하거나 허위 정보를 퍼뜨리는 문제가 사회적 이슈로 대두되었다.

이러한 사례는 디지털 환경에서 신체와 정체성이 얼마나 쉽게 왜곡될 수 있는지를 여실히 보여준다. 디지털에서의 신체 윤리 교육이 그 어느 때보다 시급하고 중요한 과제가 되었다. 이를 위해 다양한 교육 기관에서 디지털 신체 윤리 교육이 실시되기를 기대한다.

첫째, 딥페이크 생성과 방지 기술의 이해

딥페이크로 이미지 보정을 사용한 사례를 분석하고, 이의 피해를 방지하기 위한 기술적 도구인 검증 소프트웨어, 워터마크 등을 학습한 뒤 사회적 대응 방안에 대한 토론을 해보자. 비판적으로 디지털 콘텐츠의 진위를 판별하는 워크숍을 해보자.

둘째, 디지털 편집 기술의 영향 이해하기

디지털 이미지 편집 기술(포토샵, 필터 등)이 실제 몸의 인식에 미치는 영향을 이해하고 바디 이미지 왜곡에 대한 비판적 사고를 키워야 한다. 학생들이 다양한 소셜미디어에서 제시되는 바디 이미지를 분석하고, 자신이 느낀 바디 이미지에 대한 자기 반성 일지를 작성하는 활동을 해본다.

디지털 기업들의 윤리적 책임:
AI 기술을 활용한 바디 이미지 보호 정책

디지털 플랫폼 기업들 가운데 인공지능 기술을 활용하여 바디 이미지와 관련된 윤리적 기준을 수립하는 사례가 점차 증가하고 있다. 또한 미디어에서도 긍정적인 몸의 이미지를 구축하도록 윤리적 방침이 바뀌는 추세다. 이러한 조치는 청소년들에게 비현실적인 바디 이미지 왜곡이 발생하는 것을 막기 위함이다. 대표 사례는 다음과 같다.

- 인스타그램과 메타(페이스북): 다이어트 관련 제품이나 미용 시술과 관련된 콘텐츠를 18세 이하의 사용자에게 노출되지 않도록 제한하고 있다.
- 틱톡(TikTok): 신체에 대한 혐오 표현이나 괴롭힘을 방지하기 위해 AI 모니터링 시스템을 도입해 사용자들이 건강한 신체 인식을 유지하도록 지원하고 있다.
- 스냅챗(Snapchat): 바디 이미지와 정신 건강에 대한 지원을 제공하는 'Here for you' 프로그램을 운영한다. 사용자가 몸에 대한 정신 건강과 고민을 검색하면 지원할 수 있는 리소스나 정보를 제공한다.
- 구글(Google): 디지털 신체 왜곡을 방지하기 위해 딥페이크 탐지 및 검증 도구를 개발하고 있다. 이를 통해 디지털 신체와 관련된 허위 정보의 확산을 줄이고 윤리적 디지털 환경을 조성하려는 노력을 보여준다.

이러한 사례들은 디지털 신체와 관련된 윤리적 문제를 해결하는 데 기술과 교육이 어떻게 결합될 수 있는지 보여주었다. 몸 문해력 교육은 이러한 기업들이 정책과 기술 사례를 활용하여 디지털 환경에서의 신체 표현과 윤리적 행동을 심도 깊게 탐구할 수 있게 해준다. 이처럼 기업들이 제공하는 몇 가지 보호 정책들은 사용자들이 AI 기술을 통해 전문가 조언을 제공받고, 소셜미디어에서 겪는 다양한 신체 관련 정신적 문제들을 해결하는 데 도움을 주고 있다. 이러한 디지털 기업들의 윤리적 접근은 사용자들이 비현실적인 몸의 이미지에 기준을 맞추고 내 몸을 부정적으로 바라볼 수밖에 없었던 인식을 다른 방향으로 전환하는 데 중요한 역할을 한다. 앞으로도 더 많은 디지털 기업들이 AI 기술을 활용해 몸과 관련된 윤리적 문제를 해결하는 데 앞장설 것으로 기대된다.

7단계_ 기업과 정부가 함께 협력하여 사회적 영향력을 극대화하자

기업과 정부의 협력은 사회 변화를 위한 필수 요소다

앞에서 내 몸을 제대로 보고 읽기 위해 개인, 지역사회, 미디어, 가정 그리고 교육 당국이 어떤 활동과 실천을 해야 하는지 구체적인 실행 방법을 제안했다. 이제 마지막으로, 기업과 정부의 협력과 노력의 필요성을 이야기해보고자 한다.

우리 사회는 몸에 대한 사회적 인식의 변화가 필요한 시기에 다다랐다. 몸을 제대로 읽을 수 있는 문해력(바디 리터러시)은 중요한 주제가 분명하다. 몸 문해력 교육은 우리의 몸 주체성을 찾아주고 신체 다양성과 포용성의 중요성을 일깨워 건강한 신체와 정신을 가진 사회 구성원으로 살아가는 것을 가능케 할 것이다.

이러한 교육을 확산하기 위해서는 개인의 노력을 넘어 기업과 정부의 협력이 필수적이다. 기업은 대중의 인식을 개선하기 위해 광고와 마케팅에서 몸의 다양성을 표현해낼 수 있는 제품과 서비스를 제공하도록 노력해야 한다. 정부는 기업을 장려하는 지원책을 마련해야 한다. 이와 같은 협력 관계는 단순히 교육의 차원을 넘어 사회 전반에서 몸의 다양성과 포용성을 더욱 깊이 이해하고 존중하는 몸 문화를 확립하는 데 크게 기여할 것이다. 3장에 소개했듯 영국 정부가 다양한 기관들과 협력하고 지속적인 노력을 펼쳤던 것처럼 우리나라 역시 기업과 정부의 긴밀한 협력의 중요성을 명심해야 한다. 기업과 정부가 협력해야 할 구체적인 활동은 다음의 목표를 지향해야 한다.

첫째, 바디 리터러시 교육 확산
둘째, 몸에 대한 다양한 정책 구축
셋째, 몸에 대한 사회적 인식 전환

이를 구체적으로 살펴보자.

가장 먼저, 바디 리터러시 교육이란 몸의 주체성과 다양성, 포용성을 가르칠 수 있는 새로운 몸 교육을 말한다. 교육은 학교뿐 아니라 기업 교육, 공공기관, 지역사회를 포함한 모든 단계에서 함께 이룰 때 더욱 효과가 크다. 그 다음으로, 다양한 분야에서 몸에 대한 정책을 마련하여, 몸에 대한 차별을 방지하고 정신적·신체적 웰빙을 증진하는 사회적 기반을 마련한다. 패션, 뷰티 기업은 제품과 서비스에서 이를 가능하게 구현하고 직장 문화에서는 몸 다양성 정책을 마련하며 정부는 공공 서비스, 공기업의 문화를 재정비한다. 마지막으로, 전 사회적인 몸 문해력 증진 캠페인으로 몸에 대한 사회의 인식 변화를 촉진하고 새로운 몸 문화를 확산시키도록 노력해야 한다.

기업의 역할: 소비자와 직원 모두에게 긍정적인 신체 인식을

다양한 산업 중에서도 특히 뷰티, 패션, 미디어 산업은 대중의 신체 인식에 직접적인 영향을 미친다. 패션 브랜드가 다양한 사이즈와 체형을 포용하는 의류 라인을 출시하고 광고에서 다양한 신체 유형을 긍정적으로 표현할 때 대중의 신체 인식에 큰 변화를 일으킬 수 있다. 뷰티 산업은 제품 개발과 마케팅 전략에서 신체 긍정성 메시지를 강화할 필요가 있다. 모델 선정 시 다양한 신체 유형, 인종, 나이를 고려하는 방식은 소비자에게 자신을 긍정적으로 바라보는 기회를 제공한다. 더불어 패션 및 뷰티 기업이 제품 광고에서 과도한 포토샵 보정을 자제하고 현실적인 바디 이미지를 강조하는 규정을 마련하는 것도 중요하다. 이러한 변화는 소비자들이 자신을 자연스럽고 긍정적으로 받아들이도록 돕는다.

이를 위해서 기업들에게 다음과 같은 정책과 전략을 수립할 것을 제안한다.

1) 기업 내 직원들을 위한 몸 포용성 정책을 펼치자

기업은 직원들의 몸 다양성을 존중하는 포용적인 문화를 조성하는 것이 우선이다. 내부적으로 몸과 관련된 다양한 규정, 정책을 재정비해보자. 이는 직원들의 신체적·정신적 웰빙을 증진시키는 데 크게 기여할 수 있다.

- **몸 다양성 교육 세미나, 특강**: 회사 내에서 직원 복지 프로그램으로 신체 다양성 및 포용성 인지 교육을 제공하고 외모나 신체에 대한 편견을 줄이는 직장 문화를 촉진한다.
- **포용적 복장 규정**: 회사의 복장 규정에서 신체 형태나 크기에 대한 제한을 없애고 다양한 신체를 존중하는 규정을 마련한다.
- **직원 참여 캠페인**: 신체 긍정성을 홍보하는 사회적 캠페인에 참여하여 기업 내외부에서 몸 문해력에 대한 인식을 높인다. 예를 들어 #다양한몸존중 같은 해시태크 캠페인을 진행할 수 있다.

2) 몸 다양성을 위한 소비자 교육, 제품 및 광고 전략

기업은 제품 개발 및 마케팅에서 몸 다양성을 반영하고 미디어에서 왜곡된 바디 이미지를 강화하지 않도록 해야 한다. 소비자 교육 및 제품과 서비스에서 다양한 모델 기용하기, 다양한 상품과 서비스 제공을 위해 노력해볼 수 있다.

- **소비자를 위한 교육, 세미나 제공**: 자연스러운 아름다움을 추구하는

일상 속 뷰티 루틴, 세미나 교육이 가능하다.
- **다양한 모델 사용**: 다양한 체형, 연령, 성별을 반영하는 모델을 기용하여 제품 광고에서 신체 다양성을 표현한다.
- **다양성을 표현한 광고 제작**: 미디어 및 소셜미디어 플랫폼을 통해 왜곡되거나 편협하지 않은 몸의 이미지를 담은 광고를 만든다 3장 '도브, 비현실적인 아름다움의 기준에 도전하다'를 참조하자. 특히 해외 사례에서 찾아볼 수 있는 포토샵 및 이미지 보정 규정이 필요할 것이다. 광고 이미지에서 지나친 이미지 보정을 금지하고 현실적인 바디 이미지를 보여주는 규정을 도입해보자.

3) 미디어: 다양성으로 차별성을 극복하자

미디어는 다양성으로 차별성을 극복하는 방향으로 진화해야 한다. 바람직한 미디어 환경이 조성될 때 사회 구성원들 또한 건강한 정신과 건강한 신체에 대한 개념과 정의를 바로 세우게 될 것이다. 이것이 미디어가 대중에게 제공해야 할 마땅한 윤리적·도덕적 그리고 직업적 규준임을 잊지 말아야 한다. 이를 위해서는 다음과 같은 방안을 제안한다.

- **다양한 유형의 배우, 모델 등장시키기**: 드라마, 영화, 광고에서 다양한 배우, 모델을 등장시켜야 다양성과 포용적인 관점이 생길 것이다. 이를 위해 미디어, 방송 제작자들은 제작 과정에서 배우와 모델의 신체 다양성 반영 및 편향된 바디 이미지 탈피를

위한 구체적 방법들을 논의해야 할 것이다.

- **몸에 대한 미디어 콘텐츠 가이드라인 제시하기**: 드라마, 영화, 광고 제작 시 지나치게 왜곡된 바디 이미지를 조장하지 않도록 하는 구체적인 가이드라인을 마련한다. 배우 캐스팅 시 다양한 신체 유형을 포함하도록 명시하는 정책들을 마련할 수 있다.
- **몸의 리얼리즘 강화 규정**: 미디어, 방송 기업은 비현실적인 몸의 이미지가 시청자들에게 미치는 영향에 책임감을 느끼고 긍정적 변화에 기여할 수 있는 방안을 제시하는 세미나를 진행한다. 몸의 리얼리즘 강화란 시청자들이 미디어를 통해 접하는 바디 이미지가 과도하게 비현실적이지 않도록 제작자들에게 리얼리즘을 강화하는 방향성을 제시하는 규정이다.

몸 문해력의 든든한 후원자가 되기 위한
정부의 정책과 교육

정부는 교육부나 보건복지부와 같은 여러 기관이 협력하여 바디 리터러시 교육을 체계화하고 전국적으로 확산시키는 데 핵심적인 역할을 해야 한다. 초중등 학교 교육 과정에서 몸의 다양성과 긍정적인 바디 이미지 형성을 위한 교과목을 포함시키는 것이 몸 교육의 초석이 될 것이다. 학교뿐 아니라 지역 커뮤니티 센터나 공공기관에서 성인들도 몸에 대한 긍정적인 인식을 가질 수 있는 평생 교육 프로그램을 운영해야 한다.

또한 뷰티, 패션 기업 및 미디어 규제 측면에서도 정부의 역할이 크다. 특히 미디어에서 왜곡된 바디 이미지를 줄이기 위한 가이드라인을 제정하고, 콘텐츠 제작자들에게 현실적이고 포용적인 바디 이미지를 담도록 유도하는 정책을 마련할 수 있다. 이러한 정책들은 대중이 미디어를 통해 형성하는 바디 이미지에 긍정적인 영향을 미치고 사회적 인식을 변화시키는 데 큰 기여를 할 것이다.

하지만 교육적 접근만으로 대중의 행동 변화를 이끌어내는 데는 한계가 있으며, 이 지점에서는 기업과 정부의 협력이 필요하다.

왜 몸 문해력 교육에 기업과 정부의 협력이 필요할까?
- **몸 문제의 복합성과 다층성**: 몸 문해력은 단순히 몸에 대한 지식을 넘어서 건강, 자존감, 사회적 관계, 그리고 소비문화와 깊이 연결되어 있다. 따라서 이를 효과적으로 교육하기 위해서는 정책적 지원뿐 아니라 대중이 자주 접하는 미디어와 상업적 메시지를 활용한 접근이 필요하다.
- **자원의 상호 보완**: 정부는 교육정책 및 공공 보건 캠페인에 대한 제도적 기반과 신뢰성을 제공할 수 있고, 기업은 마케팅 자원, 재정적 지원, 그리고 대중과의 접점을 활용해 메시지를 보다 효과적으로 전달할 수 있는 장점이 있다.
- **지속 가능성 확보**: 정부의 예산과 정책만으로는 장기적인 변화를 이끌어내기 어려울 수 있다. 반면 기업은 사회적 책임 활동의 일환으로 지속 가능한 프로그램 운영을 위한 재정적·물적 자원을 제공할 수 있다. 따라서 기업과 정부가 적절히 협력하며 사회적 변화를 이끌어내는 계기를 마련할 것이다.

정책 추진 단계

다음과 같은 단계를 거쳐 몸 문해력 교육을 실천하고 적용해가야 할 것이다.

1단계_ 몸 문해력 교육 보급 및 실행하기

정부는 공교육과 연계하여 확산시킬 수 있는 정책을 대상에 따라 마련할 수 있다.

- 공교육 내 바디 리터러시 교육 실행하기: 초중고등학교에서 몸 문해력을 체육, 보건 교육이나 기본 생활 과목으로 도입하여 청소년들이 다양한 몸을 존중하고 자신과 타인의 바디 이미지를 긍정적으로 바라보는 법을 학교교육 과정 내에서 배우도록 하자.
- 평생 교육 프로그램: 몸 문해력 관련 평생 교육 프로그램을 운영하여 성인들도 신체 긍정성과 웰빙을 증진할 수 있는 교육을 받을 수 있어야 한다. 이러한 프로그램은 각 지역 사회 센터나 구청, 보건소, 도서관, 공공기관 등이 다양하게 제공할 수 있도록 한다.

2단계_ 공공 보건 시스템과의 연계 강화

- 의료기관과 협력: 의료기관에서 신체 다양성을 존중하는 상담 프로그램을 운영하고 건강 리터러시 관련 정보 제공을 강화해야 한다. 이는 바디 이미지 문제로 인해 발생하는 정신적 문제를 예방하는 데 중요한 역할을 할 수 있다.

3단계_ 기업 및 미디어 윤리 강화를 위한 정책과 지원

정부는 기업과 미디어에서 왜곡된 바디 이미지를 제공하는 것을 규제하고 다양성과 포용성을 장려하는 콘텐츠를 제작하는 우수 기업을 지원하고 협력해야 한다.

- 미디어 가이드라인 제공: 방송 및 광고 매체에서 바디 이미지와 관련된 왜곡된 표현을 피하고 다양한 신체 유형을 표현하는 가이드라인을 제정한다.
- 신체 다양성 촉진 콘텐츠 제작 지원: 영화, 드라마, 광고에서 신체 다양성을 다루는 콘텐츠를 제작하는 데 정부의 지원을 제공하여 긍정적인 메시지를 강화한다.

4단계_ 신체 다양성과 포용성을 위한 관련 법제 강화

정부는 법적으로 신체 다양성을 보호하고 차별을 방지하는 방안을 마련해야 한다.

- 외모 및 신체에 대한 차별금지법 강화: 외모나 신체적 조건에 따른 차별을 금지하는 법을 강화하고 이를 기업이나 기관이 준수하도록 규제한다.
- 국가 주도 캠페인: 신체 다양성과 긍정성을 주제로 한 정부 차원의 캠페인을 전개하여 국민적 인식을 전환하고 건강한 신체 문화 조정을 촉진한다.

제안:
뷰티 및 패션 기업들을 위한 세미나

뷰티 및 패션 기업들에게 몸 주체성과 다양성으로 패러다임을 바꾸라고 제안하고 싶다. 도브의 사례에서 보았듯이 기업이 새로운 가치를 전파하는 전도사가 될 수 있다. 건강한 뷰티를 위한 캠페인, 교육 프로그램은 무궁무진하다. 이들 기업이 아름다움에 대한 재정의를 해주면 많은 소비자가 새로운 미의 가치관을 가질 기회가 될 것이다.

- 백인 백색 뷰티 세미나: 기업 내 제품 개발팀을 대상으로 몸의 철학, 윤리, 가치 교육을 진행한다. 몸의 주체성, 다양성, 포용성을 표현하기 위해 무엇이 필요할지 연구하는 태도를 길러보자. 소비자 가치 중심의 제품 개발이 되도록 기업 문화를 변화시켜보자. K-뷰티의 성공 원인도 다양성의 수용에 있다. 이는 소비자를 위한 세미나에도 활용될 수 있다. 예를 들어 다양한 피부 톤에 맞춘 파운데이션 라인을 확대해 글로벌 시장을 장악한 한국 뷰티 브랜드와 같은 사례를 통해 교육할 수 있다.
- '자기 수용의 뷰티 루틴' 프로그램: 소비자들이 뷰티 산업의 다양한 제품을 사용할 때 신체에 대한 긍정적 시각을 유지하도록 돕는 교육을 제공한다. 이를 위해 개인에 맞는 피부 관리나 자연스러운 메이크업 튜토리얼을 제공한다. 특정 모델이나 연예인들의 스타일을 따라 하는 것이 아닌 개개인의 기준에 맞추는 것이 핵심이다. 개인의 주체성, 다양성을 존중하는 접근 방식이 중심이 되어야 한다.
- 내 인생 최초의 기초 화장과 세안법: 지역사회 청소년을 위한 문화센터, 공공기관에서 뷰티 프로그램을 주최할 수 있다. 청소년기는 미에 대한 관심은 크지만 제 나이에 맞는 피부 관리법과 제품 선택법은 모르는 시기다. 이를 위해 청소년을 대상으로 현실적인 뷰티 교육 프로그램을 실시한다면 브랜드의 사회적 가치를 높여주는 마케팅이 될 것이다.
- 모두를 위한 패션 디자인 워크숍: 패션 디자이너와 마케터들이 다양한 신체 유형을 반영하는 의류 디자인을 배우는 워크숍을 마련한다. 대중화되 사이즈뿐만 아니라 플러스사이즈 및 다양한 체형을 고려한 디자인을 포함시킨다. 또는 소비자들이 주인공이 되어 자신이 꿈꾸는 디자인을 해보는 워크숍, 이벤트도 가능하다.

| 에 |
| 필 |
| 로 |
| 그 |

몸 문해력 교육을 위한
노력은 계속되어야 한다

    디지털 전환 시대에 살아가는 우리는 미디어를 완전히 피해갈 수 없다. 미디어 리터러시 교육의 중요성이 대두되는 이유도 이 때문이다. 미디어에서 우리가 보는 몸이 진짜가 아님을 알아차리는 데 너무나 긴 시간이 걸렸다. 사회문화적 맥락 안에서 외모 품평, 비현실적인 이상형, 사회적 규범, 편견, 편집된 미디어 이미지들은 우리 몸을 신체적으로나 정신적으로 취약하게 만들었다. 이것은 단지 미디어 기업들이 시정해야 할 문제일까? 아니면 정부의 정책적 노력이 필요한 것일까? 그도 아니면 개인의 인식이 부족한 탓일까? 애초에 노력해도 소용 없는 일이었을까? 정말 많은 생각이 오갈 수밖에 없다.

    인공지능 시대에 우리는 또다시 새로운 질문과 고민에 맞닥뜨렸다. AI 시대의 '아름다움'에 대한 재정의를 새롭게 할 수 있는 시기이기 때문이다. 어쩌면, 지금이라도 몸에 대한 잘못된 인식들을 바로잡을 기회가 온 것일지도 모른다. 우리는 인간 본연의 아름다움에 대해 어떤 몸의 이미지를 인공지능 프로그램에 교육시켜야 할까? 어떤 정보와 가치들을 기계가 학습하고 새로운 방향성을 제시할 수 있을지 고민해야 한다.

최근 AI로 몸의 이미지를 마음껏 보정 수정할 수 있는 각종 도구들이 많아졌다. AI 사진 편집 앱에서 외설적인 몸의 이미지로 합성되어 이미지가 만들어져 사회에 충격을 준 뉴스가 떠오른다. 모든 연령대가 사용할 수 있는 앱에서 성적인 이미지가 무작위로 나온다면, 생각만 해도 섬뜩하다. 단순히 기계적 결함이라고 하기에는 너무나 인간적 오류가 아닐까 싶다. 왜냐하면 그동안 수많은 미디어에서 몸의 이미지가 성적으로 어필되어왔고, 획일적인 미의 추구가 수많은 미디어 데이터로 증명되고 있기 때문이다. 몸을 다양하게 보여주지 않는 수억 개의 데이터들이 갑자기 긍정적이고 다양한 이미지를 보여주지 않을 것은 명백하지 않은가?

도브는 'The Code'(2024. 4. 9)라는 새로운 캠페인으로 인공지능에게 교육시켜야 할 몸의 이미지에 대한 화두를 던졌다. 아름다움에 대한 이미지를 창작하라고 인공지능에 명령어를 넣었을 때 도브만의 가치를 추가해서 넣으면 몸의 다양한 이미지들이 만들어진다며, 본연의 아름다움을 위해 노력하는 브랜드의 자부심을 담아냈다. 현실적인 있는 그대로의 모습이 아름답다는 도브의 철학은 이 시대에 더욱 필요해 보인다. 이처럼 기업들의 노력은 꼭 필요하다.

이 책의 3장 "긍정' 된 몸: 바디 포지티브로 다이어트 패러다임에 맞서다"

에서 보여준 다양한 사례들에서 나는 몸 다양성을 위한 갖은 노력들이 있어 왔으며, 이는 앞으로도 해야 할 노력들이 많다는 것을 방증하는 것이라고 말했다. 영국이 여전히 몸의 다양성을 위해 꾸준히 싸워나가듯, 우리도 모든 노력을 멈춰서는 안 된다. 정부의 꾸준하고 지속적인 노력과 함께 사회 전반의 변화를 이끌어낼 다양한 단체와 개인이 모두 힘을 합쳐, 모든 몸이 평등할 권리를 되찾아야 한다. 이것이야말로 내 몸의 '평등권'을 찾고 나아가 국민의 기본 권리인 '평등권'을 찾는 기본 출발점이 되어줄 것이니 말이다.

몸 문해력 교육이야말로 우리가 새로운 시대에, 새로운 몸 문화를 만들어내는 데 꼭 필요한 마중물이다.

참고 자료

1장 혼돈에 빠진 몸: 지금 우리는 바디 패닉(Body Panic)에 빠졌다

- 19쪽 부운주, 《외모 자존감 수업》, 그래도봄, 2022.
- 33쪽 "화난 소년들과 불안한 소녀들… 청소년 섭식장애도 '껑충'", 〈부산일보〉(2024.06.04.)
- 33쪽 "자녀의 과도한 다이어트, 어떻게 도와줘야 할까?", 〈정신의학신문〉(2024.05.28.)
- 36쪽 토머스 캐시, 《바디 이미지 수업》, 박미라 외 옮김, 사우, 2019.
- 39쪽 Tylka (2011); (positive body image): Tylka, T. L. (2018). Overview of the field of positive body image. *Body positive: Understanding and improving body image in science and practice, 1*, 6-33. Cambridge University Press.
- 39쪽 Tylka & Wood-Barcalow (2015) Tylka, T. L., & Wood-Barcalow, N. L. (2015). What is and what is not positive body image? Conceptual foundations and construct definition. Body Image, 14, 118-129.
- 41쪽 Wood-Barcalow, Tylka & Augustus-Holvath (2010): Wood-Barcalow, N. L., Tylka, T. L., & Augustus-Horvath, C. L. (2010). "But I like my body": Positive body image characteristics and a holistic model for young-adult women. Body image, 7(2), 106-116.
- 41쪽 Cohen et al., (2019): Cohen, R., Fardouly, J., Newton-John, T., & Slater, A. (2019). #BoPo on Instagram: An experimental investigation of the effects of viewing body positive content on young women's mood and body image. New media & society, 21(7), 1546-1564.
- 47쪽 James W. Pennebaker (2004) (글쓰기): Pennebaker, J. W. (2004). Theories, therapies, and taxpayers: On the complexities of the expressive writing paradigm. Clinical Psychology: Science and Practice, 11(2), 138-142.
- 61쪽 록산 게이, 《헝거: 몸과 허기에 대한 고백》, 노지양 옮김, 사이행성, 2018.
- 63쪽 김가영, '바디 포지티브 문화 이해하기에 대한 자문화기술지', 〈한국리듬

운동학회지〉, 16(3), p. 75-93, 2023.
- 64쪽 박순용, 장희원 & 조민아 (2010). '자문화기술지: 방법론적 특징을 통해 본 교육인류학적 가치의 탐색', 〈교육인류학연구〉 13(2), 55-79.
- 64쪽 여지은 (2022). '완경여성의 내 몸 재학습에 관한 자문화기술지', 〈한국체육교육학회지〉, 27(5), 91-102.

2장 지배된 몸: 몸매 지상주의 문화의 틀 해부하기

- 83쪽 Kim, K., & Sagas, M. (2014). Athletic or sexy? A comparison of female athletes and fashion models in Sports Illustrated swimsuit issues. Gender Issues, 31, 123-141.
- 86쪽 www.swimsuit.si.com
- 89쪽 Butler, J. (1990). 〈Gender trouble〉, Routledge, New York.
- 90쪽 Sharlene Nagy Hesse-Biber, 〈Cult of thinness〉, Oxford University Press, 2007.
- 95쪽 Calogero, R. M., Herbozo, S., & Thompson, J. K. (2009). Complimentary weightism: The potential costs of appearance-related commentary for women's self-objectification. Psychology of Women Quarterly, 33(1), 120-132.
- 101쪽 "메간 폭스 '내 몸 사랑한 적 없어'… 그가 고백한 '신체이형장애'란?", 〈헬스조선〉(2023.05.17.)
- 110쪽 김가영, '피트니스 시장의 디지털 전환 이해하기: 인플루언서 커뮤니티의 네트워크 네러티브 연구', 〈한국리듬운동학회지〉, 15(2), p. 33-49. 2022.
- 121쪽 이원미 & 김가영, '#운동녀의 완벽한 몸매 가꾸기: 인스타그램에서의 운동자극 이미지 분석', 〈한국스포츠사회학회지〉, 30(4), p. 25-43. 2017.
- 123쪽 심으뜸, 《으뜸체력》, 다산북스, 2022.
- 125쪽 김난도 외, 《트렌드코리아 2022》, 미래의창, 2022
- 128쪽 피에르 부르디외, 《구별 짓기: 판단의 사회적 비판》, 1979.
- 133쪽 다이어트신 홈페이지 (www.dietshin.com)
- 133쪽 김가영 & 김유겸, '온라인 커뮤니티 문화 이해하기: 네트노그라피 연구법을 통한 #피트스피레이션 분석', 〈한국체육학회지〉, 58(4), p. 271-286, 2019.
- 133쪽 김가영 & 권웅, '온라인 운동 소비문화 #피트스피레이션 이해하기: 네트노그라피 연구법을 활용한 디지털 시대의 소비자 행동 연구', 〈한국사회체육학회지〉, 80, p. 233-248, 2020.

- 141쪽 필립 코틀러, 《필립 코틀러의 마켓 4.0(Marketing 4.0)》. 이진원 옮김, 더퀘스트, 2017.
- 149쪽 AI 건강관리 서비스 리얼 피티(Real PT), 한국신체정보 주식회사 블로그 [https://blog.naver.com/realpt0108]
- 149쪽 "'자율선택형 체육수업'으로 건강해진 보평중학교", 〈스포츠경향〉 (2017.07.12.)
- 153쪽 Mediasmarts(Canada's Centre for Digital Media Literacy) [https://mediasmarts.ca]
- 153쪽 Health Literacy: Australian commision on safety and quality in healthcare [https://www.safetyandquality.gov.au/our-work/patient-and-consumer-centred-care/health-literacy]

3장 '긍정' 된 몸: 바디 포지티브로 다이어트 패러다임에 맞서다

- 157쪽 김난도 외, 《트렌드코리아 2019》, 미래의창, 2019.
- 161쪽 "통통한 마네킹·트랜스젠더 모델.. 패션, '편견'을 벗다", 〈이데일리〉 (2019.10.02.)
- 165쪽 Murray, D. P, Branding "real" social change in Dove's Campaign for Real Beauty.Feminist Media Studies,13(1), p. 83-101. 2013. [https://doi.org/10.1080/14680777.2011.647963]
- 166쪽 www.dove.com
- 166쪽 Cost of Beauty: A Dove Film | Dove Self-Esteem Project(5,161,060 views Apr 12, 2023#BeautyStandards #BodyConfidence #Dove) [https://youtu.be/2ngESNoacxM?si=GWqNP7VGXXnYAWPJ]
- 168쪽 Dove | Reverse Selfie | Have#TheSelfieTalk (2,662,038 views Apr 20, 2021) [https://youtu.be/z2T-Rh838GA?si=YhEw5ybkM5RNnxNT]
- 169쪽 Dove Self-Esteem Project x Steven Universe: We Deserve To Shine Music Video | Cartoon Network (90,185 views Jul 19, 2018#ConfidentGirl) [https://youtu.be/al8OGLESLHQ?si=_GWG09jHjWZzVT7m]
- 169쪽 도브 홈페이지 (Be Real Campaign)
- [https://www.dove.com/nz/dove-self-esteem-project/help-for-parents/talking-about-appearance/be-real.html]
- 172쪽 Hesse-Biber, S. N. (Ed.). (2013). Feminist research practice: A primer.

Sage Publications.
- 176쪽 김가영 & 권웅, '소셜미디어에서 긍정적 신체이미지 문화의 가치 탐색: 바디 포지티브 캠페인 사례를 중심으로'. 〈한국리듬운동학회지〉, 14(1), p. 39-58. 2021.
- 178쪽 "일반인 10명이 패션쇼 모델이 된다면?", [Teaser](CHEEDO, 5,552view, 2021.4.4.), [https://youtu.be/j6LfGRmFmYs?si=gwmkiTK6gjA9E9pl]
- 179쪽 "제2회 사이즈 차별 없는 패션쇼 쇼윈도에 등장한 모두의 몸(Every, body)", (CHEEDO, 23K views, 2021.4.6.) [https://youtu.be/cjoDN_w5tx8?si=-m2PSUvtR5T1E7rs]
- 189쪽 박이슬(치도), 《다이어트를 그만두었다》. 비타북스, 2020.
- 189쪽 박이슬(치도), 《친애하는 나의 몸에게》. 주니어RJK, 2023.
- 190쪽 강혜영 외, 《몸의 말들》, 아르떼, 2020.
- 196쪽 Callaghan, S., Lösch, M., Pione, A., & Teichner, W., Feeling good: The future of the $1.5 trillion wellness market, 2021.
- [https://www.mckinsey.com/industries/consumer-packaged-goods/our-insights/feeling-good-the-future-of-the-1-5-trillion-wellness-market] (Accessed: 06.11. 2022).
- 203쪽 영국 정부 홈페이지 [https://www.gov.uk/search/all?keywords=body+confidence&order=relevance]
- 205쪽 〈몸 이미지에 대한 고찰(Reflections on body image)〉 연구 보고서
- [http://www.berealcampaign.co.uk/assets/filemanager/documents/appg_body_image_final.pdf]
- 206쪽 YMCA 유럽 홈페이지 [https://www.ymcaeurope.com/ymca-be-real-campaign/]
- 206쪽 도브 홈페이지 (Be Real Campaign)
- [https://www.dove.com/nz/dove-self-esteem-project/help-for-parents/talking-about-appearance/be-real.html]
- 208쪽 Swami, V., et al. (2023). Body appreciation around the world: Measurement invariance of the Body Appreciation Scale-2(BAS-2) across 65 nations, 40 languages, gender identitites, and age. Body Image, 46, 449-466.
- 203쪽 Hakim, C. (2010). Erotic capital. European sociological review, 26(5), 499-518.
- 214쪽 캐서린 하킴, 《매력자본: 매력을 무기로 성공을 이룬 사람들》. 이현주 옮

김, 민음사, 2013.
- 215쪽 김가영, & 김유겸. (2016). '여성 스포츠 선수 매력자본 구성요소의 이해 및 탐색', 〈한국여성체육학회지〉, 30(3), 233-251.
- 215쪽 Sarpila, O. (2014). Attitudes towards performing and developing erotic capital in consumer culture. European Sociological Review, 30(3), 302-314.
- 220쪽 "[BTSNews]방탄소년단 정국 생일기념, 전세계 팬들 '기부행렬'… 4개국 암 자선단체 1000달러 이상기부로 선한 영향력 전해", 〈톱스타뉴스〉(2024.09.03.)
- 221쪽 Na, Y., Kang, S., & Jeong, H. (2021). A study on the network effectiveness of sustainable K-Fashion and Beauty creator media (social media) in the digital era. Sustainability, 13, 8758.
- 226쪽 "'조선미녀 선크림'미·유럽서 돌풍, 실리콘투 주가 올 들어 5배 올랐다", 〈중소기업신문〉(2024.06.14.)
- 226쪽 김난도 외, 《트렌드코리아 2025》, 미래의 창, 2024.
- 226쪽 "흑인 피부에도 착! 30가지 색상으로 아마존 1위 오른 K뷰티", 〈조선비즈〉(2024.06.13.)
- 227쪽 "90년대 마이클 잭슨 춤-z세대는 'K팝 댄스'… 전세계 '열풍'의 비밀", 〈머니투데이〉(2022.07.31.)

4장 다시 주체성을 회복할 몸: 내 몸을 제대로 읽을 보디 리터러시 7단계

- 236쪽 루이스 L. 헤이, 《하루한장 마음챙김 긍정 확언 필사집》. 박선령 옮김, 니들북, 2022.
- 257쪽 "2022 개정교육과정, 미디어 리터러시 교육 반영해야", 〈뉴스로드〉(2021.08.26.)
- 257쪽 "세종대왕이라면 지금 미디어 리터러시 교육부터 했을 겁니다", 〈한겨레〉(2021.11.15.)
- 258쪽 '몸 교육을 미디어 리터러시와 함께 실시하자', 이현주·이현옥, 《챗GPT 인공지능 시대 철저 대비법: 미디어 리터러시》, 북스타, 2023; 박점희·은효경, 《미디어 리터러시, 교육과 만나다》, 애플북스, 2022.